Ullstein Sachbuch

DAS BUCH:

Die Kreuzzüge aktivierten mehr Kräfte und Ideen des europäischen Mittelalters als jede andere Bewegung dieser Zeit. An der ersten bewaffneten Wallfahrt nach Jerusalem, von 1096 bis 1099, werden die vielschichtigen Motive aller Beteiligten am deutlichsten sichtbar: Es entstand jene päpstliche Kreuzzugsideologie (»Gott will es!«), mit deren Hilfe sich die landhungrigen Ritter Frankreichs, Lothringens und der Normandie in »Kämpfer des Herrn« für die »Befreiung« Jerusalems von den Türken verwandelten. Es kam zu barbarischen Plünderzügen gegen die Heiden und zu ersten nationalen Rivalitäten zwischen den Ritterheeren; am Rhein nutzten fanatische Scharlatane die Aufbruchsstimmung zu Judenpogromen; doch auch ein Kreuzzug des einfachen Volkes brach auf in dem Glauben, auf dieser Pilgerfahrt von Sünden frei zu werden. In der Spannung zwischen christlichem Glauben und machtpolitischen Interessen liegen die Faszination und auch die Aktualität dieses europäischen Abenteuers.
Was von den mittelalterlichen Geschichtsschreibern aus den Blickwinkeln ihrer Herren und Auftraggeber berichtet wurde, was Historiker unterschiedlichster Schulen über viele Jahrhunderte kontrovers interpretiert haben, faßt Humbert Fink in einen ebenso spannend wie kritisch geschriebenen Bericht.

DER AUTOR:

Humbert Fink wurde 1933 in Salerno geboren. Er schrieb Gedichte und Romane und widmete sich als Publizist vor allem kulturhistorischen Themen. 1963 erhielt er den Österreichischen Staatspreis für Literatur. Humbert Fink ist mit mehreren Sendereihen Mitarbeiter des Österreichischen und des Bayerischen Rundfunks und Autor zahlreicher Reise- und Sachbücher. Jüngste Veröffentlichungen: *Peloponnes* (1984), *Land der Deutschen. Reportagen aus einem sonderbaren Land* (1985), *Ich bin der Herr der Welt. Friedrich II., der Staufer* (1986).

Humbert Fink

Der Weg nach Jerusalem

Die unglaubliche Geschichte
des Ersten Kreuzzugs

Mit einer Karte

Ullstein Sachbuch

Ullstein Sachbuch
Ullstein Buch Nr. 34398
im Verlag Ullstein GmbH,
Frankfurt/M – Berlin

Ungekürzte Ausgabe

Umschlaggestaltung:
Atelier: Noth u. Hauer
unter Verwendung eines Fotos
aus dem Archiv für Kunst
und Geschichte, Göpel, Berlin

Mit freundlicher Genehmigung
des List Verlags, München

Karte: Christel Aumann
Printed in Germany 1987
Druck und Verarbeitung:
Elsnerdruck, Berlin
ISBN 3 548 34398 8

August 1987

CIP-Kurztitelaufnahme
der Deutschen Bibliothek

Fink, Humbert:
Der Weg nach Jerusalem: d. unglaubl.
Geschichte d. 1. Kreuzzugs. /
Humbert Fink. – Ungekürzte Ausg. –
Frankfurt/M; Berlin: Ullstein, 1987.
(Ullstein-Buch; Nr. 34398:
Ullstein Sachbuch)
ISBN 3-548-34398-8
NE: GT

Inhalt

ERSTER TEIL

ZWEITER TEIL

DRITTER TEIL

VIERTER TEIL

FÜNFTER TEIL

NORDSEE
Lübeck
Stettin
Gnesen
London
Magdeburg
FLANDERN
Köln
Breslau
Rouen
Prémontré
LOTHRINGEN
Mainz
Krak
NORMANDIE
St.Denis
Stenay
Paris
Trifels
Peter v. Amiens
Regensburg
Vendôme
Cloyes
Volkskreuzzug
Clairvaux
Ulm
Wien
Tours
Vezelay
Salzburg
Gra
Bourges
Basel
Ödenburg
Gottfried v. Bouillon
Hugo v. Verm.
Pontarlier
Clermont
27.11.1095
Genf
Lyon
Bordeaux
Mailand
Aquileja
Turin
Pavia
Triest
Robert v.d. Normandie
Verona
Sirmiu
Venedig
TOULOUSE
Bari
Genua
Toulouse
Aigues-Mortes
Ravenna
Raimund
Florenz
Zara
Raimund v. Toulouse
Marseille
Pisa
Ancona
Spalato
Zaragoza
Barcelona
KORSIKA
Skod
Mte. Cassino
ROM
Bari
Valencia
Gaeta
Benevent
Brindisi
Salerno
Otranto
SARDINIEN
NORMANNEN
MITTELLÄN
Messina
Palermo
Reggio
SIZILIEN
Tunis
Volkskreuzzug Peters v. Amiens
Gottfried v. Bouillon
Raimund v. Toulouse
Robert v.d. Normandie
Hugo v. Vermandois
Boëmund
Balduin v. Boulogne u.a.

EUROPA UND VORDERASIEN
ZUR ZEIT DES
ERSTEN KREUZZUGS
Kronstadt
SCHWARZES MEER
Sinope
Trapezunt
Mantzikert
Sofia
Philippopel
Adrianopel
Konstantinopel
Chalkedon
Nikomedia
Civetot
Boëmund, Raimund, Robert
Monastir
Thessalonike
Kastoria
Gallipoli
Nicäa
Doryläum
Angora
RUM-SELDSCHUKEN
Caesarea
Philomelium
Tyana
Heraclea
Iconium
Marasch
Edessa
Balduin
Pergamum
Thyatira
Smyrna
Ephesus
Laodicea
Laranda
Tarsus
Adana
Aleppo
Antiochia
Attalia
Famagusta
ZYPERN
Tortosa
Homs
Tripolis
Beirut
Tyrus
Damaskus
Akkon
Hittin
Jaffa
Ramleh
Askalon
JERUSALEM
1099
Modon
KRETA
Alexandria
Kairo

Für meine Frau

ERSTER TEIL

Gott will es

Jedes geschichtliche Schauspiel, das zeigt, wie sich die jeweilige Situation der Welt verändert, hat einen Prolog, der, wie von einem verwirrten oder disziplinlosen Schauspieler vorgetragen, dem Anschein nach etwas ganz anderes ausdrückt, als dann im Stück selbst erzählt wird; und der doch, ähnlich einer Ouvertüre, schon alle Themen anklingen läßt, die dann den Inhalt des Stückes ausmachen: jene Szene zum Beispiel, in welcher der Kalif Omar, der die Visionen Mohammeds weit über die Grenzen des arabischen Raumes hinaustragen sollte, im Jahre 638 auf einem – wie das die Geschichtsschreiber berichten – schneeweißen Kamel und an der Spitze eines gewaltigen Heeres nach Jerusalem kam, das damals byzantinisch war, um hier, geleitet vom greisen Patriarchen Sophronios, das Banner des Islam über den heiligen Stätten der Juden und Christen zu entfalten; jene Szene also dürfte im Augenblick, als sie stattfand, weit weniger dramatisch gewesen sein, als sie heute, da wir die Folgen daraus kennen, auf Christen, Juden und Mohammedaner wirkt; sie trägt schon den Keim in sich für alles das, was 458 Jahre später für das Erwachen des halbbarbarischen, von jeder Zivilisation fast entblößten, durch Bruderzwist heillos zerstrittenen und am Abgrund der Selbstzerstörung dahintaumelnden Europa von grundlegender Bedeutung sein sollte. Denn eine – und vielleicht die wichtigste – der Voraussetzungen für das Zustandekommen des Ersten Kreuzzuges war, daß Jerusalem arabisch und damit islamisch wurde. Es ist also das erste islamische Gebet, das der Kalif in der Vorhalle der Grabeskirche zu Jerusalem spricht, in Wahrheit schon die Ansage für ein Drama, das viele Generationen später die Welt erschüttern und ihre Verhältnisse von Grund auf verändern wird.

Da sind aber auch Schauplätze wie etwa das ostanatolische Mantzikert, das kaum jemals eines europäischen Christen Fuß betreten sollte, weil dieses Mantzikert – das heutige Malazgirt nördlich des Van-Sees – damals, als die frommen Pilger in die Levante zogen, um an den heiligen Stätten Palästinas zu beten, und heute, da die Touristen bis nach Kurdistan vordringen, viel zu abseits von allen Pilger- und Touristenpfaden liegt; solche Schauplätze also, die dem Europäer so gut wie nichts bedeuten, waren damals mitbestimmend für sein Schicksal. Denn unweit dieser osttürkischen Stadt, die nicht so sehr wie eine Stadt im herkömmlichen mitteleuropäischen Sinne anmutet, sondern eher wie eine vernachlässigte, verarmte, in den grauen und bitteren Staub des ostanatolischen Hochlandes eingehüllte Siedlung menschlicher Hilflosigkeit, unweit von Mantzikert überfiel an einem Freitag – es war der 19. August des Jahres 1071 – eine seldschukische Armee unter ihrem legendären Anführer Alp Arslan ein byzantinisches Heer von annähernd hunderttausend Mann, vernichtete dieses, das in der Hauptsache aus Söldnern bestand, aus Slawen, Skandinaviern, Normannen und Franken, nahm den Kaiser von Byzanz, Romanos Diogenes, gefangen; ein Ereignis, das zugleich Wendepunkt einer Geschichte ist, die bis dahin Byzanz neben Bagdad als Zentrum der Zivilisation und zudem als Hüterin des Christentums begriffen hatte. Es war diese blutige Schlacht von Mantzikert, bei welcher wie üblich Verrat und Dummheit, Hochmut und Unvermögen eine entscheidende Rolle spielten, aber auch der Beginn jener seldschukischen, türkischen Invasion zuerst Kleinasiens und dann Europas, deren Sturmlauf erst im September des Jahres 1683 vor Wien beendet werden konnte. Aber das ist schon wieder eine andere Geschichte, die nur am Rand mit dem Versuch Europas zu tun hat, sich den Weg nach Jerusalem freizukämpfen.

Ein arabischer Kalif also und ein seldschukischer Nomadenführer, beide Analphabeten und, selbst nach damaligen Maßstäben, hoffnungslos ungebildet, zwei Männer der Tat und nicht des Gedankens, denen das Abendland unter anderem seinen zivilsatorischen Rang verdankt, weil sie Verhältnisse schufen, auf die Europa reagieren mußte; und weil diese Reaktion den Schwerpunkt der Zivilisation nach Westen verschob. Beides Repräsentanten der rohen Gewalt, wenngleich vernunftbegabt und mit einem ungewöhnlichen Instinkt für das Machbare in der Politik ausgestattet, der es ihnen ermöglichte, das gewaltsam Eroberte auch über den Augenblick des Triumphs hinaus zu erhalten und es ihrer eigenwilligen Ordnung zu unterwerfen, dennoch zuerst und vor allem anderen Soldaten, Heerführer, denen der Geruch des Blutes und der Lärm des Kampfes vertrauter waren als die Beschäftigung mit den schönen Künsten oder mit einer Philosophie, die friedliche Sanftmut lehrt: Sie also sollten tatsächlich jene Helden sein, die auf weitentfernten Schauplätzen sozusagen ein erstes Konzept erstellten für ein Schauspiel, das dann andere Regisseure und andere Akteure verwirklichen würden, das aber das Erwachen Europas aus seinem eigenen Blutrausch und aus seiner dumpfen Barbarei darstellen wird? Ein Reiterführer aus den Wüsten Arabiens und ein Reiterführer aus den Steppen des kurdischen Hochlandes, welche die normannischen, fränkischen, italienischen Ritter Jahrhunderte später ungewollt und doch nachdrücklich dazu zwangen, sich auf den Weg nach Jerusalem zu machen? Es sind manchmal merkwürdige Zusammenhänge, auf die man stößt, wenn man diesen Akt aus dem Drama der Menschheitsgeschichte, der das unglaubliche Abenteuer des Ersten Kreuzzuges schildert, bis in seine Grundkonzeption zurückverfolgt. Und vieles davon, was zuerst verwirrend und widersprüchlich oder auch zusammenhangslos wirkt, wird erst deutlich, wenn man, nachdem man die ganze Geschichte zu kennen glaubt, noch einmal nach den Ursachen forscht, die sie ermöglicht haben könnten.

Und Ursachen gab es mehrere, manche davon kaum bekannt, andere in ihrer tatsächlichen Bedeutung für die nachfolgenden Ereignisse unterschätzt: die Wanderung der christlichen Armenier, die eher einer Flucht glich, nach Westen und Südwesten bis ins Gebiet des Taurus, ständig verfolgt und bedrängt von den Seldschuken; das Vordringen dieser seldschukischen Nomaden in Anatolien bis an die Ufer des Marmarameeres und zugleich der Aufmarsch von Slawen und türkischen Petschenegen entlang der Donau; der allmähliche, jedoch unaufhaltsame Niedergang des Byzantinischen Imperiums – Kaiser Alexios, einer der Protagonisten des Ersten Kreuzzuges, obgleich er selbst Byzanz oder Konstantinopel, wie sich die Stadt damals seit Jahrhunderten schon in Erinnerung an Konstantin den Großen selbst nannte, nie verlassen sollte, »Alexios sah sich bei seiner Thronbesteigung vor die Entscheidung gestellt, gegen welchen seiner Feinde er zuerst zu Felde ziehen sollte« (Steven Runciman) –; der unstillbare Landhunger und die Lust am Abenteuer normannischer Adeliger; die christliche Reconquista in Spanien, wo die islamischen Mauren zwar langsam, jedoch beständig nach Süden, auf ihre wichtigen Stützpunkte in Andalusien, zurückgedrängt werden konnten und wo der beutegierige, ruhmsüchtige europäische Adel erstmals eine Ahnung davon erhielt, wie erfolgreich der sogenannte Heilige Krieg sein konnte, der nicht bloß eine Erfindung der Araber, sondern auch eine brauchbare Formel war, mit der propagandistisch geschickte und politisch hochbegabte Päpste wie etwa Gregor VII. umzugehen wußten; und schließlich das Phänomen der Friedenssehnsucht, das sich alle paar Jahrhunderte wiederholt und stets unerwartete, manchmal sogar katastrophale Auswirkungen hat. Das alles, was bei der bloßen Aufzählung noch unübersichtlich wirken muß, scheinbar keine inneren Zusammenhänge zeigt und auf eine ganze Reihe voneinander unabhängiger Geschichten schließen läßt, ist in Wahrheit schon das Gerüst für die Bühne, auf welcher das große Spektakel des Ersten Kreuzzuges ablaufen wird. Und dieses Gerüst oder eigentlich diese Umrisse eines Gerüstes erfahren sogleich eine erste und nachhaltige Verdeutlichung, wenn man sich der Rolle entsinnt, welche Papsttum und römische Kirche einerseits und die weltliche Macht andererseits in jenem 11. Jahrhundert spielten, als Europa das schöne und schmückende Wort vom christlichen Abendland erst noch zuwachsen sollte und dieser Kontinent, der in Wahrheit noch gar keiner war, unterm Schatten des Mittelalters um seine wahre Identität rang.

Das Papsttum, seit dem 29. Juni des Jahres 1073 vertreten durch Gregor VII., den Sohn eines langobardischen Handwerkers aus dem südtoskanischen Sovana, benötigte dringender als je zuvor eine starke Persönlichkeit. Gregor VII. war eine solche starke Persönlichkeit. Denn er war zuerst berühmt geworden als moralische Autorität und als Mönch, der bei den Benediktinern auf dem römischen Aventin und dann bei den Cluniazensern im burgundischen Cluny die Welt zu verachten und sie zugleich zu beherrschen gelernt hatte; seine wahre Begabung war nicht so sehr geistlicher als vielmehr politischer Natur; dieser von ganz Europa bewunderte Mönch Hildebrand sollte als Papst dieses Europa dann fast an den Rand des Ruins treiben und für Roms Zerstörung durch die Normannen mitverantwortlich sein; frühzeitig schon faßte er den tollkühnen Plan, »an der Spitze eines europäischen Heerbanns erst Normannen, Griechen und Sarazenen aus Italien zu jagen, dann Byzanz vor den islamischen Seldschuken zu retten und der römischen Kirche zu unterwerfen und endlich das Kreuz in Jerusalem aufzupflanzen« (Ferdinand Gregorovius), einen Plan, den er nicht einmal in Ansätzen einzuhalten vermochte, der aber die ungewöhnliche Intelligenz und politische Phantasie dieses Mannes bezeugt. Gregor VII. sprengte die Fesseln, die der Feudalismus der Kirche angelegt hatte, suchte diese von allen Geschwüren zu säubern, die ihr im Verlaufe der Jahrhunderte zugewachsen waren; als er kurz nach seiner Inthronisation die Priesterehe mit Nachdruck untersagte, fehlte es plötzlich an Geistlichen, welche in den Kirchen Roms die Messe hätten zelebrieren können, weil es fast keinen Priester gab, der unbeweibt gewesen wäre. Dadurch, daß er auch die Laieninvestitur aufhob – kein Bischof oder

Abt sollte künftighin vom König oder vom Adel sein Amt gleichsam als Lehen erhalten, sondern dieses nur noch durch die Kirche zugesprochen bekommen –, griff er mit harter Hand in einen zur Gewohnheit gewordenen königlichen und adeligen Entscheidungsprozeß ein, der die Kirche seit vielen Generationen in eine demütigende Abhängigkeit gedrängt hatte. Es war diese Abhängigkeit für jeden Papst, dessen Charakter und Ehrgeiz nach eigenen politischen Aktivitäten und damit nach einem Höchstmaß an Unabhängigkeit drängten, eine Zumutung. Sie war allerdings auch eine Garantie gewesen für die Eintracht der weltlichen und geistlichen Herrschaft, solange sich die Geistlichkeit damit begnügte, als Lehensträger und damit auch als Untertan der weltlichen Macht zu fungieren. Ein Papst wie Gregor VII., der neben den politischen auch die wirtschaftlichen Konsequenzen einer solchen Haltung genau begriff – niemals konnte der Kirche jener Landbesitz und damit jenes Potential an materieller Unabhängigkeit zuwachsen, das die Grundlage war für jeden politischen Einfluß –, ein solcher Papst brauchte das Chaos, um daraus eine neue, für die Belange der Kirche günstigere Ordnung zu schaffen. Gregor VII. war nicht nur der richtige Mann, um ein solches Chaos zu entfachen, sondern er hatte auch das fragwürdige Glück, auf einen Gegner zu stoßen, der ihm beinahe ebenbürtig und also ein hilfreicher Verbündeter war bei der Zerstörung aller bisher geltenden Normen und Ordnungen. Dieser Gegner war Heinrich IV., Repräsentant des Feudalismus und unnachgiebig auf dem uralten Recht der Könige beharrend, die Kirche gewissermaßen als Eigentum des Staates zu betrachten.

Auf die naheliegende Idee, die Kirche aus jedem politischen Streit herauszuhalten und sie von ihrer Abhängigkeit durch den Staat dadurch zu befreien, daß die Priesterschaft jener materiell und politisch desinteressierten Spiritualität zugeführt würde, wie sie einst von den Aposteln vertreten worden war, auf diese Idee kam Gregor VII. selbstverständlich nicht. Sein Plan war, die Kirche von allen Abhängigkeiten zu befreien und ihr zugleich allen Besitz zu erhalten.

Das Chaos also, das von Gregor und von Heinrich verursacht wurde: Es bannte der Papst den König, und der »Bannstrahl Gregors flammte wie ein Blitz durch die Welt und traf wie ein solcher das Haupt des ersten Monarchen der Christenheit«. (F. Gregorovius) Heinrich IV., ein ebenso unbeugsamer Charakter wie Gregor, und der von Gott berufene König, wollte und durfte nicht gelten lassen, was der Papst forderte, daß nämlich die römische Kirche von Gott allein gestiftet und dem Papst allein das Recht gegeben sei, neue Gesetze zu erlassen, neue Gemeinden zu gründen, Bischöfe einzusetzen und die Monarchen zu krönen. Heinrich also setzte sich zur Wehr, trotzte dem Bann, ließ den Papst absetzen und einen anderen, seinen Plänen ergebenen Pontifex wählen.

Eine solche Konstellation, ein solches Gegeneinander zweier eigenwilliger und starker Persönlichkeiten belebt einerseits die Geschichte auf dramatische Weise, verheißt aber andererseits den Menschen, die in dieser Epoche leben, nur Furcht und Elend. Denn der Kampf, den der Papst für die Unabhängigkeit der Kirche ausfocht, und der Kampf, den Heinrich zugunsten seines Standes und seiner Interessen führte: Das war nicht bloß ein Gefecht unter Intellektuellen, das beschränkte sich nicht auf jene berühmten drei Tage von Canossa im Jänner des Jahres 1077, als Heinrich, das Büßerhemd übergezogen, von Sonnenaufgang bis Sonnenuntergang vor dem Tor der mächtigen Burg, die auf steilem Felsen thronte, Einlaß und Verzeihung erbat, während der Papst, dem es angeblich das Herz zerriß angesichts dieser Demütigung eines stolzen Königs, ruhig und selbstbewußt diesen größten seiner Triumphe genoß, der auch und vor allem ein Triumph der Kirche war; dieses Canossa war nicht nur ein Ausdruck jener mittelalterlichen Politik, die wir heute, da Stolz und persönliche Neigungen in der Politik kaum noch von Bedeutung sind, nur mühsam begreifen, sondern das war auch und weit mehr die Fortsetzung der Politik mit brutaleren, wirksameren Methoden, nämlich mit denen des Krieges; und wo Krieg stattfindet, fließt Blut;

und Blut, das der Krieg verursacht, Not, die durch Krieg beschworen wird, ist fast immer das Blut, ist fast immer die Not des gemeinen Mannes. Denn es überwand Heinrich IV. die moralischen und praktischen Folgen von Canossa, es vermochte der Papst diesen Sieg nicht in einen dauerhaften Zustand zu verwandeln. Andere Mächte, fremder Ehrgeiz, neue Akteure begannen eine Rolle zu spielen; und die Motive waren so unterschiedlich wie die Figuren in diesem schauerlichen Spiel: die der Normannen etwa unter Robert Guiscard; oder die der berüchtigten toskanischen Gräfin Mathilde, des Erzbischofs Wibert von Ravenna, der, durch Heinrich und die sogenannte deutsche Partei unterstützt, als Clemens III. zum gefährlichen Gegenpast Gregors wurde; und dann gab es noch römische Adelige, deutsche Ritter, fränkische Abenteurer, Sektierer, Fanatiker und Weltverbesserer, die alle ihren Anteil hatten am Elend, das bald halb Europa erfaßte und lähmte, während in Rom der Papst, der die Welt als Lehen der Kirche betrachtete, sich des Gegenpapstes und seines königlichen Erzfeindes nur durch die Hilfe der Normannen und der sizilianischen Sarazenen, die Heiden waren, erwehren konnte. Es ging Rom in Flammen auf und sank hin in Schutt und Asche; es wurde Deutschland wie so oft in seiner Geschichte von Bruderzwist zerrissen; es wütete die Furie des Krieges durch ganz Italien, wo sich im Norden die Anhänger des Papstes mit jenen des Königs duellierten, während im Süden die Normannen gegen die byzantinische Macht, die in jener Zeit zumindest nominell noch Apulien und Kalabrien umfaßte, heftige und erfolgreiche Angriffe führten; und es endete dieses grauenhafte Furioso, dieses durchaus absichtsvoll und aus bedeutenden politischen Gründen herbeigeführte Chaos keinesfalls mit dem Tod Gregors am 25. Mai des Jahres 1085; und auch nicht mit dem Untergang und dem Tod Heinrichs; und erst recht nicht mit der Erschöpfung aller Parteien, die sich von Schlachtfeld zu Schlachtfeld schleppten und jenem Gott, dem sie zu dienen vorgaben, ebenso unerhörte wie grausame Opfer brachten.

Europa, dieser im 11. Jahrhundert von Barbarei und Niedertracht ebenso wie von genialen Persönlichkeiten beherrschte Halbkontinent, hatte sich gerade erst darauf besonnen – nicht zum ersten- und wahrlich auch nicht zum letztenmal – gegen den Krieg den Gottes- und Landfrieden zu setzen. Die Philosophie des östlichen Christentums und damit die vorherrschende Meinung im Byzantinischen Reich war in dieser Hinsicht eindeutig: Der Krieg war etwas Unwürdiges, ein Mittel zum Zweck nur für den äußersten Notfall; und das Schwert gegen Christen zu erheben, galt überhaupt als fluchwürdig; und jene eigenartige Auffassung, die das westliche Christentum vertreten sollte, wenn es zum Ersten Kreuzzug nach Jerusalem aufbrechen würde, daß nämlich der auf dem Schlachtfeld gegen die Heiden Gefallene ein Märtyrer sei, war den Menschen in Konstantinopel völlig fremd. Auch das doppelbödige Geschäft mit dem Ablaß, gleichfalls eine Erfindung im Zusammenhang mit der Kreuzzugsidee, kannte man in Konstantinopel nicht.

Das westliche Christentum vertrat eine ganz andere, gegensätzliche Meinung und stützte sich dabei auf Autoritäten wie den heiligen Augustinus, der einst erklärt hatte, daß Kriege zugunsten Gottes zugleich auch eine Erfüllung der Befehle Gottes darstellten; und mancher ehrgeizige Papst, zuletzt Gregor VII., entwickelte diese fromme Definition zur realistischen Auffassung: Jeder Krieg im Interesse und zugunsten der Kirche sei ein Heiliger Krieg und daher nicht nur berechtigt, sondern auch wünschenswert. Dagegen freilich wandte sich bald der Instinkt der Menschen, die nicht Schlachtopfer sein wollten für irgendwelche Ideen und Ideale, die sie entweder gar nicht begriffen oder deren Nutzen für sie ein zwiespältiger war. Auf manchem Konzil, aber auch aufgrund königlicher Dekrete wie jenes Heinrichs IV. von Lüttich 1082 und dann noch einmal von Köln 1083 wurde der Gottesfrieden beschworen. Wer ihn brach, verlor seinen Besitz; das Lehen ging zurück an die übergeordnete Herrschaft. Die Unfreien mußten sogar mit dem

Tod oder zumindest mit Verstümmelung rechnen. Der Normanne Wilhelm, der Eroberer Englands, hatte schon vierzig Jahre zuvor für die Normandie eine Waffenruhe zwischen dem Tag der Himmelfahrt Christi und der Woche nach Pfingsten gefordert. In Frankreich hatte sich sogar eine eigene Friedensliga gebildet, die – und darin verbarg sich auch schon das ruhmlose Ende dieser Bewegung – gegen jeden Friedensbrecher mit Waffengewalt vorzugehen bereit war. Die Kirche wiederum »nahm zu jener Zeit an dieser Bewegung hauptsächlich Anteil, um ihren eigenen Besitz vor den Verwüstungen und Drangsalen des Krieges zu schützen«. (S. Runciman)

Aber alle diese Anstrengungen, sich aus eigener Kraft aus dem Sumpf der unaufhörlichen Gewalt zu ziehen und den Krieg, diesen ständigen Begleiter der Menschen, durch eine moralische Haltung zu bannen, die dem Wort Gottes und den wesentlichen Idealen der christlichen Lehre entsprach, alle diese Land- und Gottesfrieden mit ihren pompösen Erklärungen und feierlichen Schwüren blieben nutzlos, mußten nutzlos bleiben, solange ein anderes christliches Ideal zur gleichen Zeit und mit ähnlich feierlichem Pathos die Vernichtung aller Feinde der Religion durch Waffengewalt forderte oder ein Papst wie Gregor VII. selbst die Hilfe heidnischer Sarazenen nicht verschmähte, um sich gegen seine Widersacher, die ja auch Christen waren, zu behaupten. Im übrigen unterschied sich die Friedensbewegung jenes 11. Jahrhunderts, das eines der wüstesten und blutigsten Jahrhunderte der Menschheitsgeschichte war, nicht im mindesten von anderen, ähnlichen Aktionen zugunsten eines dauerhaften Friedens. Jene Männer, die am nachdrücklichsten dafür eingetreten waren, Fürsten, Könige und Bischöfe, waren die ersten, die bei passender Gelegenheit jeden eifrig beschworenen Waffenstillstand, jeden öffentlich verkündeten Gottes- und Landfrieden wieder brachen. Wilhelm der Eroberer zum Beispiel siegte in der Schlacht von Hastings an einem christlichen Sabbat; Heinrich IV., der nach Lüttich und Köln auch noch in Mainz den Gottesfrieden hatte ausrufen lassen, war einer der größten und hitzigsten Kriegsherren seiner Zeit; und in Frankreich, wo man gegen die Friedensliga und deren Wüten gegen den Adel, der nicht ganz zu Unrecht von den Pazifisten als Kriegshetzer verdammt wurde, Militär einsetzen mußte, wurden in einer Schlacht einige Tausend dieser selbsternannten Friedensapostel erschlagen, darunter mehr als fünfhundert Geistliche. Es bewahrheitete sich also an allen Fronten, was der englische Historiker Steven Runciman einmal so ausdrückte: »Die Kriegslust des Westens und sein Durst nach militärischem Ruhm waren so leicht nicht zu stillen. Es war klüger, zur früheren Politik zurückzukehren und diesen Tatendrang nutzbringend zu verwenden, indem man ihn auf Kriege gegen die Heiden ablenkte.«

Krieg gegen die Heiden: Das war in der Tat ein Ventil, das man benutzen konnte; und damit ließ sich auch auf erfolgversprechende Weise Politik betreiben; und den geistlichen, religiösen Anforderungen, die man allein schon der eigenen Reputation wegen stellen mußte, war auch Genüge getan. Immerhin waren erste Voraussetzungen dafür schon getroffen worden, so etwa von Papst Alexander II., der bereits im Jahre 1064 jenen Soldaten, die jenseits der Pyrenäen im Dienste der Reconquista gegen die Mauren kämpften, eine umfassende Vergebung ihrer Sünden garantierte; und von Gregor VII., der allen Rittern und Knappen, die im Kampf gegen die Heiden und zum Ruhm Christi ihr Leben ließen – und da dachte man immer noch ausschließlich an Spanien –, das Paradies zusicherte. Aber gab es nicht auch noch eine andere Front gegen den islamischen Feind, die man errichten konnte, nachdem das byzantinische Heer bei Mantzikert so vernichtend geschlagen worden war und Konstantinopel, ohnedies von inneren Wirren erschüttert, keine Garantie mehr abgeben konnte für die Bewahrung und den Schutz des Christentums im Osten? Was man in Spanien als Heiligen Krieg deklariert hatte, verlief in mehrfacher Hinsicht so ungemein erfolgreich, weil nicht nur die Heiden immer weiter in den Süden abgedrängt werden konnten, sondern auch immer mehr an Land zur Verfügung stand, das die Kirche den Rittern als Dank für ihre Dienstleistungen zum Lehen geben konnte, was wiederum sowohl den Eifer des Adels als auch den Erwerbssinn der Kirche ungemein anspornte; ließ sich diese Politik nicht anderswo fortsetzen, wo das Christentum gleichfalls bedroht schien? Und wäre das nicht ein moralisch einwandfreier und gottgefälliger Beweggrund, das verwüstete und ausgeblutete Europa, das am erbitterten Streit zwischen Papsttum und weltlicher Macht beinahe zugrunde gegangen war, einer Schonung zuzuführen, die es dringend benötigte, und zwar durch einen solchen Heiligen Krieg, den man auf fremdem Boden führen konnte? Krieg, das begriffen alle, würde es ohnedies immer geben. Aber konnte man nicht einen Krieg inszenieren, der allen nützlich war? Der Kirche, indem sie ihn als heiligmäßig deklarierte, als gottgewollt, gottgefällig; und auch weil sie auf materiellen Zugewinn hoffen durfte; dem Adel, der dadurch neues, dem Feind abgerungenes Besitztum erwarb; und nützlich schließlich allen, die Christen waren, weil ihnen, wenn sie für Gott in den Krieg zogen, der vollkommene Ablaß ihrer Sünden zugesichert werden könnte?

Es war eine aus der Not geborene Idee, die in den Köpfen einiger Männer umging, ungenau noch, bizarr, auch unausgereift; aber mit jeder neuen Fehde, die in Europa ausbrach, mit jedem neuen verwüsteten Landstrich, den der Adel oder die Kirche zu beklagen hatte, gewann diese Idee an Kontur. Papst Gregor VII. verfolgte sie. Mancher landlose Ritter träumte davon, sich im maurischen Spanien ein Herzogtum zu erobern. Und ein französischer Adeliger namens Odo de Lagery, geboren im Jahre 1042 in der Nähe von Reims – er war Mönch und Prior in Cluny, ein Schüler des heiligen Bruno, des nachmaligen Gründers der Kartäuser, und er diente unter Gregor VII, noch als Kardinal von Ostia; ein kluger Kopf und fähiger Diplomat, dessen Karriere ihn auch als Legat nach Deutschland gebracht hatte –: Träumte er, der bald als Urban II. den Stuhl Petri einnehmen würde, nicht auch von einem solchen Krieg, der, fern von Europa geführt, dieses unglückliche Europa von seiner Selbstzerfleischung erlösen könnte?

Was in Jerusalem einst mit dem Gebet Omars, gesprochen in der Vorhalle der Grabeskirche, begonnen hatte; was der seldschukische Reiterführer Alp Arslan, dem der christliche Gott und die christlichen Gewohnheiten gleichgültig waren, bei Mantzikert fortgesetzt hatte; was Päpste und Könige nördlich wie südlich der Alpen an Unheil, das freilich die Geschichte vorantrieb, angestiftet hatten: Konnte man daraus nicht mit Gottes Hilfe und der Menschen Frömmigkeit, die es auszunützen oder eigentlich in die richtige Bahn zu lenken galt, brauchbares Kapital schlagen? Und überhaupt: War das alles letztlich nicht Gottes Wille, dem es zu gehorchen galt?

Beschreibung eines Schauplatzes

Man muß ein wenig die Phantasie spielen lassen, wenn man sich Europas Städte und Landschaften – und natürlich auch die Menschen – in jenem ausgehenden 11. Jahrhundert vorzustellen versucht, das mit dem Ersten Kreuzzug eine zukunftweisende Entscheidung bringen sollte. Rom zum Beispiel, ohnedies längst schon nicht mehr der Mittelpunkt der christlichen Welt, seit die Nachfolger Konstantins des Großen Konstantinopel zur ersten Kapitale der Christenheit entwickelt hatten und die Stadt am Bosporus in so gut wie allen Belangen das Erbe des antiken Rom angetreten hatte, Rom war seit dem Frühling 1084 eine zerstörte, eine fast schon sterbende Stadt. In der Dämmerung des 28. Mai 1084 waren nämlich normannische Ritter und Sarazenen aus Sizilien über die Porta San Lorenza und die Porta Flaminia in die Stadt eingedrungen, um Papst Gregor VII., der zuvor von König Heinrich und dem Gegenpapst Clemens III. in große Schwierigkeiten gebracht worden war, buchstäblich in letzter Sekunde zu Hilfe zu eilen; an diesem 28. Mai hatten die Normannen und Sarazenen Guiscards mit ihren Plünderungen begonnen; ihnen warfen sich dann die unglücklichen Römer mit dem Mute der Verzweiflung entgegen, freilich erst am dritten Tag des barbarischen Wütens, aber dann mit um so größerer Wut und mit soviel Anfangserfolg, daß die hart bedrängten Normannen keinen anderen Ausweg mehr sahen, als ganze Stadtviertel anzuzünden; seit diesem Tag war Rom nur noch ein tragischer Torso. Es lag »vor den Augen Gregors als qualmender Schutthaufen da; verbrannte Kirchen, Trümmer von Straßen, die Leichen der Römer waren tausend Ankläger gegen ihn; der Papst mußte sich abwenden, wenn er die Römer scharenweise, mit Stricken gebunden, von Sarazenen ins Lager fortschleppen sah.

Edle Frauen, Männer, die sich Senatoren nannten, Kinder und Jünglinge wurden öffentlich wie das Vieh in die Sklaverei verkauft, andere als Staatsgefangene nach Kalabrien abgeführt . . . Die Stadt war jetzt tief verarmt, und selbst die Kirchen waren leer an Schmuck. Die bestialische Wut der Eroberer sättigte sich tagelang an Plünderung und Mord, bis die Römer, den Strick und das bloße Schwert am Halse, sich den Normannen zu Füßen warfen«. – So schilderte Ferdinand Gregorovius diese Ereignisse, die den Untergang des mittelalterlichen Rom bedeuteten. Noch zwanzig Jahre später würde ein französischer Bischof, nämlich jener von Tours, als er in geistlichen Geschäften Rom aufsuchen mußte, eine Art Nekrolog über die zerstörte Stadt schreiben, ein ergreifendes Klagelied, das uns eine genaue Vorstellung vom Ausmaß der Verwüstungen gibt, welche die Normannen, aber auch die streitbaren Päpste Gregor und Clemens und nicht zuletzt Heinrich IV. angerichtet hatten und von denen sich die Stadt auf lange Zeit nicht mehr erholen sollte.

Ähnliches läßt sich aus jenen stürmischen Jahrzehnten auch über die anderen wichtigen Städte Europas erzählen, mit Ausnahme von Venedig, das damals bereits mitten in seinem stürmischen Aufschwung stand und das durch das Zeitalter der Kreuzzüge zur mächtigsten und reichsten Stadt Italiens avancieren sollte. Paris zum Beispiel litt immer noch unter den Nachwehen normannischer Überfälle, die zwar nicht die Stadt selbst zerstört, ihr aber immense Kosten verursacht hatten; durch Kontributionen hatte man sich eine fragwürdige Freiheit erkauft; und sein zukünftiger Ruhm, Europas Zentrum der jungen Intellektuellen zu sein? Hier würde ein so ungewöhnlicher und in die Zukunft weisender Lehrer wie Petrus Abälard bis zu seiner Verfolgung durch die Cluniazenser und die römische Kirche eine neue, revolutionäre Art des Denkens verkünden; in Paris sollte die erste Hohe Schule Europas entstehen, an der tatsächlich eine universelle Geistesbildung vermittelt werden konnte, weil es an dieser Universität im Gegensatz zu den älteren

Hochschulen in Salerno, Padua und Bologna mehrere Fakultäten und nicht bloß eine medizinische oder juridische geben würde. Das alles konnte man sich jetzt, im letzten Drittel des 11. Jahrhunderts, wahrlich nicht vorstellen.

Die südeuropäischen Städte wiederum, vor allem jene Italiens, zählten gewiß zu den farbigsten und vitalsten Beispielen der mittelalterlichen Welt, aber sie büßten sowohl unter den allgemeinen politischen Verhältnissen als auch unter der ungestümen Streitlust ihrer eigenen Bürger manches von ihrer Vitalität wieder ein: Venedig, Genua, Pisa waren gegeneinander in langwierige Fehden verwickelt; Florenz kämpfte mit Siena; Mailand führte Krieg mit Cremona, Bologna mit Modena, Verona mit Padua; in Arezzo und Mantua läuteten die Sturmglocken; die befestigten Städte in der Romagna, aber auch jene in den Marken oder in Ligurien waren ständig in hitzige Händel mit den Nachbarn verwikkelt und litten zugleich, während die Heere Heinrichs oder Gregors über sie hinwegstürmten, unter den blutigen Auseinandersetzungen der adeligen Familien in ihren eigenen Mauern. Denn auch dieses Bild muß man sich einprägen, wenn man die Verhältnisse vor dem Aufbruch der europäischen Christenheit zum Ersten Kreuzzug nach Konstantinopel und Jerusalem begreifen will, Verhältnisse, die entscheidend dazu beigetragen haben, die Menschen in jene Raserei zu versetzen, die alles aufgibt, Heimat, Hab und Gut und die Familie, um in ein ungewisses Abenteuer zu ziehen: in den wichtigen Städten Italiens der eifersüchtige Haß des Adels auf die Konkurrenten um Einfluß und Reputation; die himmelwärts wachsenden Geschlechtertürme – allein in Rom gab es vor dem Normannensturm an die dreihundert solcher Bollwerke –, von denen aus man die benachbarte, befehdete Familie, oft aus scheinbar nichtigem Anlaß, erbarmungslos bekämpfte; und das wenig beneidenswerte Los der Bürger, die immer auch Parteigänger spielen mußten in solcher Umgebung. Der Blutzoll war dementsprechend hoch: Siena, Pisa, Florenz, drei der berühmtesten Städte jener Zeit, zählten jeweils nicht viel mehr als achtbis neuntausend Einwohner; Assisi, das ein Jahrhundert später zum Mittelpunkt des religiösen Geschehens in Europa werden sollte, hielt Ende des 11. Jahrhunderts bei nicht einmal dreitausend Einwohnern; Rom brachte es nach dem Normannensturm auf kaum dreißigtausend; Paris beherbergte um die Mitte des 11. Jahrhunderts annähernd zwanzigtausend Menschen – und in Frankreich waren zu jener Zeit Reims, Toulouse oder Laon bedeutender als Paris. In Deutschland wiederum gab es keine einzige Stadt, Aachen, Köln, Mainz, Worms und Bamberg eingeschlossen, die im auslaufenden 11. Jahrhundert wesentlich mehr als zehntausend Einwohner gezählt hätte. Und dem auf Befehl Wilhelms des Eroberers im Jahre 1086 angelegten *Domesday Book* können wir entnehmen, daß die Bevölkerung des Königreichs England damals ungefähr eine Million Menschen betrug. Insgesamt läßt sich sagen, daß die mittelalterlichen Städte, die immerhin eine Hauptrolle im wirtschaftlichen, sozialen und politischen Leben jener Zeit spielten, nicht viel mehr als Kleinstädte waren, wenn wir ihre Größe nach heutigen Begriffen betrachten.

Und doch hatte sich in diesen sogenannten Kleinstädten bereits eine Mentalität entwickelt, die im schroffen Gegensatz stand zur evangelischen Lehre des Urchristentums und die vielleicht gerade deshalb jenen wirtschaftlichen Aufschwung vorbereitete und ermöglichte, der das vielfach unterentwickelte, in ökonomischer Hinsicht gegenüber dem Byzantinischen Reich und der arabischen Welt beängstigend rückständige Europa innerhalb weniger Jahrzehnte zum führenden Wirtschaftsimperium machen sollte; wobei auch hier der Erste Kreuzzug und die nachfolgenden Unternehmungen dieser Art von Heiligem Krieg von außerordentlicher Bedeutung sein sollten. Es lebte der mittelalterliche Mensch des auslaufenden 11. und beginnenden 12. Jahrhunderts im völligen Widerspruch zu allen christlichen Prinzipien, während er zugleich von einer an Fanatismus grenzenden Gläubigkeit besessen war. Die Sklaverei zum Beispiel, die ein Dorn sein mußte in den Augen derjenigen, denen die Lehre Christi ein ernstes Anliegen war, blühte in Italien während des ganzen 11. und 12. Jahrhunderts: wie etwa in Pistoia, einem Industriezentrum Mittelitaliens, wo man sie offiziell erst im Jahre 1205 abschaffte, im frommen Assisi erst 1210 – in den Färbereien der Familie Bernardone, der jener Giovanni entstammt, welcher als Franz von Assisi Unsterblichkeit erlangte, waren Dutzende von Sklaven beschäftigt, deren unzumutbares Dasein der schönen Lehre von der apostolischen Armut, wie Franz sie später predigen sollte, aufs gräßlichste widersprach –; und in Bologna schufteten bis 1256, in Florenz gar bis 1299 die Sklaven für die Interessen und den Geldbeutel ihrer christlichen Herrschaft. Ein Hohn auf die fromme Christenmoral jenes Zeitalters war auch die bittere Komödie rund um den sogenannten Gottes- und Landfrieden, der immer wieder ausgerufen und beschworen und dann immer wieder mit ebensolchem Eifer gebrochen wurde. Es entblößte sich der mittelalterliche Mensch, bevor er auf seine erste waffenstarrende Pilgerfahrt nach Jerusalem ging, leichten Herzens von aller christlichen Ethik, während er doch zutiefst davon überzeugt war, ausschließlich den Gesetzen und einer Moral zu gehorchen, die ihm von Päpsten, Bischöfen, Äbten und Königen diktiert wurden.

Es beherrschten also Kaufleute – in Italien, Flandern, in der Provence, in Süddeutschland – und die Aristokratie die Städte Europas, von denen sich zwar keine einzige, auch Rom nicht, mit den tatsächlichen Zentren der damaligen Zivilisation messen konnte, mit Konstantinopel, Bagdad oder Kairo, die aber doch in dieser zweiten Hälfte des 11. Jahrhunderts einen teilweise unerhörten Aufschwung nahmen, und das ungeachtet der ständigen Verluste, die sie durch Seuchen, Krieg und Bürgerkrieg hinnehmen mußten. Der Historiker François Louis Ganshof bemerkt in seinem ausführlichen Essay über »Veränderungen in Wirtschaft und Gesellschaft des Hochmittelalters« in diesem Zusammenhang: »Dieses Wiederaufkommen städtischen Lebens zeigte sich auf verschiedene Weisen: in der wachsenden Aktivität alter Zentren, in neuen Siedlungen in deren Nachbarschaft oder Neugründungen mit städtischem Charakter ... Entscheidend bei der Erneuerung des städtischen Lebens wurde die Entwicklung von Handel und Industrie. Das darf aber nicht zu der Annahme verleiten, die Stadtbewohner hätten dem ökonomischen Hauptwirkungsfeld der Epoche ferngestanden, dem Ackerbau und der Viehzucht. In nicht wenigen Städten arbeitete, besonders in der frühen Periode ihrer Geschichte, noch ein beträchtlicher Teil der Bevölkerung in der Landwirtschaft; die meisten Städte waren Märkte für Agrarerzeugnisse und blieben es.« – In zahlreichen Industrie- und Handelsstädten Italiens und Frankreichs mußten deren Bürger in der einen oder anderen Form unaufhörlich Partei ergreifen in den großen religiösen und politischen Auseinandersetzungen ihrer Zeit, im Investiturstreit zwischen Gregor VII. und Heinrich IV. etwa oder in Verbindung mit der spanischen Reconquista; allerdings waren alle diese Städte mit der islamischen Welt verbunden, sie standen in regelmäßiger Handelsbeziehung mit den großen Umschlagplätzen der Levante oder des Maghreb; und in manchen Fällen machte man sogar gemeinsame Sache mit arabischen und maghrebinischen Piraten, so etwa in der Provence, aber auch manchenorts entlang der süditalienischen Küste. Der Erwerbssinn der Bürger war sehr oft besser ausgeprägt als jener für Religiosität und Heidenverachtung. Sklavenmärkte zum Beispiel gab es in Toulouse, Venedig, Florenz und Rom, aber auch im normannischen Palermo; und die Lieferanten waren nicht nur christliche, sondern auch arabische Händler, wie die Opfer auch nicht bloß Araber, sondern auch Christen waren. Man machte, wenn es ums Geld ging, keinen Unterschied zwischen Damast, Musselin, Gaze aus Damaskus, Mossul und Gaza und christlicher Menschenware, erbeutet an südfranzösischen und italienischen Küsten: Der christliche Sklave war auf den europäischen Sklavenmärkten genauso gefragt wie der arabische.

Eine Gesellschaft, die sozusagen von Gott durchdrungen ist und die zugunsten und im Namen dieses Gottes in einen

Heiligen Krieg ziehen wird, der mit einigen kürzeren Unterbrechungen fast vierhundert Jahre andauern und erst am 26. September des Jahres 1396 mit der Schlacht von Nikopolis enden wird, in welcher die Elite der europäischen Aristokratie eine vernichtende Niederlage gegen die Türken erleidet, handelt widersprüchlich, indem diese Gesellschaft alle christlichen Ideale mit einer an Verachtung grenzenden Gleichgültigkeit verleugnet; dieser Widerspruch ist zwar nicht grundsätzlich neu, hat aber gerade im Mittelalter Ursachen, die in der Art des Glaubens, gleichsam in dessen Struktur, begründet liegen, welcher die Menschen dieses Zeitalters gehorchen. Denn der Glaube des mittelalterlichen Menschen – und da unterscheidet sich der Landadel kaum vom bäuerlichen Proletariat, der städtische Bürger nicht von der städtischen Aristokratie – war so etwas wie ein Kaleidoskop aus den unterschiedlichsten antiken, also heidnischen, und christlichen Elementen. Das reine Christentum, auf das sich Europa unentwegt berief, war in Wahrheit nichts weiter als eine Chimäre.

In mehr als nur einer Hinsicht andersgeartet waren die Verhältnisse in Konstantinopel, dem anderen wichtigen christlichen Schauplatz dieser Geschichte, die von den Voraussetzungen und der Entwicklung zum Ersten Kreuzzug handelt. Dieses Konstantinopel war die prächtigste und lebhafteste Stadt nicht bloß am Schnittpunkt von Orient und Okzident, sondern der damals bekannten Welt überhaupt, vergleichbar mit dem glanzvollen Bagdad oder mit dem maurischen Sevilla auf dem Höhepunkt der islamischen Kultur in Südspanien, dieses allerdings an Bevölkerungszahl und Reichtümern bei weitem übertreffend, weil gegen Ende des 11. Jahrhunderts allein im Stadtgebiet von Konstantinopel annähernd eine Million Menschen lebte; dieses Konstantinopel konnte sich mit dem antiken Rom nicht nur seiner sieben Hügel wegen messen, auf denen die Stadt über dem Bosporus und dem Goldenen Horn angesiedelt war, sondern auch, und das im Gegensatz zum mittelalterlichen

Rom, seiner luxuriösen Bauwerke und Sehenswürdigkeiten wegen, wozu unter anderem die Foren mit ihren kostbaren Säulengängen, die marmornen Prachtstraßen und natürlich auch die Hagia Sophia gehörten, die schon Kaiser Justinian eine Kirche genannt hatte, »wie sie seit Adam nicht da gewesen war und wie sie niemals mehr entstehen« würde. In Konstantinopel herrschten im Gegensatz zu allen europäischen Residenzen seit vielen Jahrhunderten in ununterbrochener Reihenfolge die byzantinischen Kaiser, also auch wesentlich länger, als Rom mit seinen Caesaren und Kaisern hatte triumphieren können; es war diese Stadt zwischen Asien und Europa eine Weltmetropole in einer einmalig günstigen Lage, ein Zentrum der Politik, Bürokratie, aber auch des Glaubens, der Wissenschaft, der Kultur und Zivilisation, das bis dahin, da das Zeitalter der Kreuzzüge beginnt, niemals erobert, geplündert, zerstört worden war. Und es hatte sich inmitten dieser unvergleichlichen Dekoration eine Gesellschaft herangebildet, die, entstanden durch die Vermischung vieler Völker und Rassen, eine der westeuropäischen Barbarei bei weitem überlegene Form des Daseins gefunden hatte, die »auf einem Fundament zeremonieller Regeln« (S. Runciman) aufgebaut war und hervorragend funktionierte. Diese Gesellschaft von Konstantinopel war ein gutes Beispiel dafür, wohin und wie sich ein Volk entwickelt, das ungeachtet aller Stürme, die draußen vor den Mauern und in der Welt toben mögen, über eine lange Zeitdauer in verhältnismäßigem Wohlstand, ja in Luxus existiert und seine ganze Kraft nicht bloß auf den Erwerb des täglichen Lebensunterhaltes oder zur Abwehr seiner Feinde anwenden muß.

Sonderbar – freilich nur in der naiven Meinung westeuropäischer Christen, die nach Konstantinopel kamen, um »mit eigenen Augen das Paradies auf Erden zu erblicken«, wie das ein anonymer fränkischer Reisender des 11. Jahrhunderts ausgedrückt hatte, oder sonderbar in der ungenauen, teils übertriebenen, teils absurden Vorstellung, welche man in Europa von Konstantinopel, seinen Menschen und deren

Sitten hatte –, sonderbar war das Verhältnis der Byzantiner zur Religion, die sie nahezu ausnahmslos als eine selbstverständliche Voraussetzung des Lebens betrachteten, ja die für sie etwas bedeutete, dem man mit fanatischer Intensität zu gehorchen hatte, mit einer Intensität oder Inbrunst, wie sie der Westen nicht kannte. Aller irdische Prunk war lediglich ein Anlaß zur Lobpreisung Gottes. Die Politik, die der Kaiser und seine Hofbeamten vollzogen, begriff man als eine theokratische Angelegenheit. Jene naive Lebensfreude, welche einst die antiken Griechen genossen und vorgelebt hatten und die sie in so vielen Belangen zu Lehrmeistern der Menschheit gemacht hatte, war freilich in Konstantinopel fast gänzlich verlorengegangen, denn ein transzendentaler religiöser Sinn verdunkelte alle Daseinsfreude. Mystizismus und eine reichlich abergläubische Auffassung von Gott und seinen irdischen Helfershelfern waren eine Folge dieser Haltung, so daß jenes geschäftige Unwesen mit Reliquien, das der ganzen Christenheit bis auf den heutigen Tag seinen Stempel aufdrücken sollte, im spätantiken Konstantinopel sozusagen erfunden und dann nach Europa exportiert wurde.

Nun war zweifellos der Heilige, der Asket, der Mensch, »der sich maximal von den irdischen Interessen, den Sorgen und Versuchungen abgewandt hatte und daher mehr als alle übrigen Gott nahestand« (Aaron J. Gurjewitsch), jenes absolute Ideal, dem der mittelalterliche Mensch seine Anerkennung zollte, ohne daß man deshalb schon sagen könnte, dieser mittelalterliche Mensch, der in Spanien und bald auch in der Levante Heilige Kriege führte, der sich Sklaven hielt und es in der Kunst der Selbstzerfleischung und des Brudermordes zur tragischen Vollendung brachte, habe diesem schönen und frommen Ideal alle seine egozentrischen Interessen geopfert. Aber tatsächlich dominierte sowohl im Westen und mehr noch in Konstantinopel die Vorstellung, daß nicht das Diesseits mit den schlimmen Praktiken des Krieges und der gegenseitigen Unterdrückung und Ausbeutung der Weisheit letzter Schluß sein könne, sondern eben das Transzendente und alles Irdische Überwindende, wie das der sowjetische Historiker Aaron J. Gurjewitsch in seinem grundlegenden Werk *Das Weltbild des mittelalterlichen Menschen* ausgeführt hat. Am Beispiel des Adeligen erläutert Gurjewitsch diese besondere Haltung: »Beim Ritter galten nicht nur die physische Kraft und der Kampfgeist und sogar nicht allein das Bewußtsein der Standesehre und das Befolgen des üblichen Verhaltenskodexes als der Hochachtung und Nachahmung würdig, sondern die Unterordnung dieser Eigenschaften unter höhere, ideale Ziele; die Krieger mußten ihre Waffen in den Dienst Gottes und der Kirche stellen. Der Kreuzzug galt als ein hervorragendes Beispiel kriegerischer Praxis, der Ordensritter war der Idealtyp des Ritters.«

Allerdings muß man auch in diesem Zusammenhang auf einen Unterschied aufmerksam machen, der zwischen westlicher und byzantinischer Auffassung bestand und der sich bereits im Verlaufe des Ersten Kreuzzuges, als dieser Konstantinopel berührte, als ziemlich gravierend erweisen sollte: Nicht die, wenngleich ohnedies in Grenzen gehaltene wechselseitige Hilfe, wie sie der sozialen Struktur der westlichen Feudalgesellschaft entsprach, war in Konstantinopel die Regel, sondern eine »einseitige sklavische Abhängigkeit der Untergebenen gegenüber den Höherstehenden« (A. J. Gurjewitsch) bestimmte den Charakter der byzantinischen Gesellschaft. Jene großartige »Magna Charta libertatum« des Westens, darin Rechte und Pflichten sowohl der Herrschenden als auch des sogenannten gemeinen Volkes enthalten waren und die eine moralische und rechtliche Verbindlichkeit besaß, die das Porträt des mittelalterlichen Menschen bis in die Neuzeit hinein prägen sollte, diese »Magna Charta libertatum« war im Byzantinischen Imperium unvorstellbar. Hier spiegelte sich das obrigkeitshörige, gewissermaßen pragmatische Denken des byzantinischen Menschen vor allem auch in seiner Haltung gegenüber den heiligen Stätten der Christenheit wider. Es war nämlich der immerwährende Kampf gegen Heiden, gegen Seldschuken, Türken und Araber für ihn gar nichts Neues oder Unerhörtes, sondern eine ebenso lästige, kostspielige wie selbstverständliche Staatsnotwendigkeit. Diesen Kampf führte man nicht aus religiösen, sondern aus politischen Gründen. Und im übrigen betrachtete man Jerusalem, das, nachdem es nach der ersten arabischen Invasion durch Kalif Omar ein wechselhaftes Schicksal erlitten hatte, zuletzt im Jahre 1077 von den Seldschuken erobert worden war, nach wie vor als byzantinisches Eigentum, als eine levantinische Provinz, deren Zurückeroberung keinesfalls durch einen Heiligen Krieg – diesen Begriff lehnte man in Konstantinopel überhaupt ab –, sondern durch gezielte militärische Aktionen erreicht werden sollte. An solche Aktionen war jedoch in einem Augenblick, da in Europa dieser Heilige Krieg in den Köpfen von Päpsten, Königen und Rittern immer deutlichere Formen annahm, allein schon deshalb nicht zu denken, weil sich Konstantinopel kaum der angriffslustigen, landhungrigen Normannen zu erwehren vermochte, die seine Provinzen in Süditalien der Reihe nach eroberten – zuletzt war 1071 mit Bari die wichtigste byzantinische Stadt des Westens den Normannen in die Hände gefallen – und in mehreren Feldzügen auf dem südlichen Balkan, im Gebiet des heutigen Albanien und in Nordgriechenland, den byzantinischen Armeen empfindliche Niederlagen beibrachten. Eine andere, direkte Gefahr drohte von den türkischen Petschenegen, die im Jahre 1090 bis vor die gewaltigen Mauern Konstantinopels vorrückten, während zur gleichen Zeit der seldschukische Emir von Smyrna mit einer riesigen Flotte in die Dardanellen einfuhr, was der altehrwürdigen Metropole am Bosporus einen ungemein schwierigen Winter bescheren sollte und zu einer bedrohlichen Situation führte, wie man sie in Konstantinopel seit Jahrhunderten schon nicht mehr erlebt hatte.

Und hier beginnen die Fähigkeiten, die Genialität und der außerordentliche politische Instinkt jenes Kaisers wirksam zu werden, der als Alexios I. nicht nur für die Wiedererrichtung des Byzantinischen Reiches, sondern auch für das Zustandekommen und den Ablauf des Ersten Kreuzzuges und alle daraus resultierenden Folgen von eminenter Bedeutung sein sollte. Gegen die Normannen bediente er sich venezianischer Hilfe, die sich diese Unterstützung allerdings teuer bezahlen ließen, so unter anderem durch einen Handelsvertrag, der ihnen das einträgliche Recht zusicherte, in allen Gebieten des Byzantinischen Reiches mit allen Waren freien Handel zu treiben, eine Konzession, die Venedig zum konkurrenzlosen Transporteur europäischer Kreuzzugsarmeen machen und die dadurch freilich auch schon den Keim zum Untergang Konstantinopels enthalten sollte. Gegen die Petschenegen und die Armada aus Smyrna behauptete sich Alexios durch politische Intrigen, die er meisterhaft und ganz in der Tradition byzantinischer Politik beherrschte, und durch ein Bündnis mit den türkischen Kumanen, die freilich wenige Jahre später plündernd und mordend Thessalien verheeren sollten. Alexios, der mit seiner Thronbesteigung im Jahre 1081 ein schweres Erbe angetreten hatte, begriff bald, daß er gewichtige Verbündete brauchte, wenn er alle Feinde seines Imperiums erfolgreich bekämpfen wollte, eines Imperiums allerdings, das diesen Namen gar nicht mehr verdiente, weil das Byzantinische Kaiserreich bereits in den Jahren vor dem Machtantritt Alexios' gebietsmäßig beträchtliche Einbußen erlitten hatte: In Anatolien saßen längst schon die Seldschuken; sie hatten auch die christlichen Armenier, die lange Jahrzehnte ein Bollwerk gegen die türkische Invasion gewesen waren, weit nach Westen abgedrängt; auch die syrischen Provinzen waren verlorengegangen, lediglich das starkbefestigte Antiochia widerstand lange Zeit allen Angriffen; und auf dem Balkan befanden sich die Slawen in offenem Aufruhr. Was Konstantinopel in dieser Situation tatsächlich benötigte, waren also nicht bloß die Galeeren Venedigs gegen die Normannen oder irgendwelche unsicheren Bündnisse mit türkischen Stammesfürsten, die eines raschen Vorteils wegen zu jedem Verrat fähig waren, sondern das waren auch und vor allem wohlausgerüstete und kampferprobte Soldaten, die man als Söldner gegen Seldschuken, Türken und Araber einsetzen konnte. Dann, so kalkulierte Alexios, wäre auch die Zurückgewinnung alter byzantinischer Provinzen – wie jener Nikäas, wo einst eine Reihe wichtiger Konzile stattgefunden hatte und wo jetzt der legendäre Sultan Suleiman residierte – oder Jerusalems vorstellbar. Irgendwelche geistlichen Überlegungen waren in diesem Konzept, das ein politisch-strategisches und kein religiöses war, mit Sicherheit nicht vorhanden. Und die Verhandlungen, die der byzantinische Kaiser mit den führenden Persönlichkeiten des Westens aufnahm, darunter mit Gregor VII. und Heinrich IV., später auch mit Papst Urban II., waren nicht von frommer Ekstase oder von religiösen Motiven diktiert, sondern von der dringenden Notwendigkeit, militärische Hilfe gegen die Übermacht der zahlreichen Feinde Konstantinopels zu erhalten.

Pilger und Reliquien

Alle wirklich großen, das Schicksal der Menschen tiefgreifend beeinflussenden und verändernden Abenteuer, die gleichsam die Basis sind für dieses Kontinuum, das wir Geschichte nennen, entspringen nicht so sehr dem Willensakt eines einzelnen und sind auch nicht bloß das Ergebnis eines in sich abgeschlossenen Prozesses, der überschaubar und geradlinig eine einzige Konsequenz verfolgt; diese Abenteuer, zu denen der Erste Kreuzzug zweifellos zählt, sind nicht selten das Produkt einer Reihe von Ereignissen, die wie Zufälle wirken, von einer Verkettung merkwürdiger Dinge, von denen jedes einzelne und für sich allein genommen alles andere als beispielsweise ein auslösendes Moment für einen Krieg oder für einen Kreuzzug ist. Jene gewaltige Bewegung etwa, die, von Europa ausgehend, seit der Spätantike viele Zehntausende von Pilgern ins Heilige Land getrieben hatte, war in ihren Anfängen weder ein politisches noch ein gewalttätiges Unternehmen, und es wäre auch völlig falsch, wollte man diesen Pilgerstrom, der seit dem 4. Jahrhundert ständig nach Palästina unterwegs war, als eine Art Vorhut der Kreuzzüge verstehen; diese Bewegung war eine Voraussetzung unter mehreren für diesen Waffengang, der sich als Pilgerzug tarnte, wie ja auch der Erste Kreuzzug nicht nur ein Glaubens- oder nicht nur ein Wirtschaftskrieg war, sondern auch noch zahlreiche andere Motive hatte sowie von verschiedenen Anlässen ausging, die untereinander manchmal kaum in einem plausiblen Zusammenhang standen. Und auch die Pilgerbewegung, die sich in späteren Jahrhunderten zu einem wichtigen materiellen und politischen Instrument der römischen Kirche entwikkeln sollte, war in jenem Augenblick, als sie entstand – angeregt durch die fromme Aktivität Helenas in Palästina –, der Ausdruck einer individuellen, sozusagen privaten Leidenschaft. Der heilige Augustinus und die einflußreichen griechischen Kirchenväter, die mit Befremden beobachtet hatten, welche Auswirkungen die angeblichen Entdeckungen Helenas, der Mutter Kaisers Konstantin des Großen, auf sensible und romantische Charaktere hatten, wandten sich mit scharfen Worten gegen diese Pilgerbewegung, während andere bedeutende Männer wie der heilige Hieronymus die Meinung vertraten, daß es durchaus ein verdienstvoller Akt des Glaubens sei, an jenen Stätten zu beten, welche Christus durch seine Anwesenheit ausgezeichnet hatte. Und im übrigen wirkten die sensationellen Entdekkungen Helenas – aufgrund einer Vision fand die mehr als achtzigjährige Greisin nicht nur das heilige Grab, darin Christus seine Auferstehung erlebt hatte, sondern auch das Kreuz, an dem er gehangen, die Nägel, unter denen er gelitten, und den Rock, darin er seine letzten qualvollen Stunden erduldet hatte – machtvoll auf das abergläubische Gemüt der europäischen Christen, die in jenem 4. Jahrhundert, als diese Entdeckungen oder frommen Rekonstruktionen gemacht wurden, noch vielfach heidnischen Überlieferungen gehorchten, wobei es gar keine Frage sein sollte, daß der Aberglaube etwas ist, das die Menschen seit dem Beginn ihrer Existenz getreulich begleitet. Jedermann, der über etwas Phantasie, Sensibilität und auch Abenteuerlust verfügte, wollte nun erstens gleichfalls jene heiligen Stätten betreten, an denen der christliche Glaube buchstäblich Gestalt angenommen hatte, und war zweitens darauf bedacht, eine Reliquie für sich zu gewinnen, also etwa einen Splitter vom Kreuz Christi oder einen Span von einem der Nägel, mit denen Christus ans Kreuz geschlagen worden war. Solche Reliquien besaßen nach der abergläubischen Vorstellungskraft aller Pilger der Spätantike und des Mittelalters einen Zauber, waren magische Wundermittel gegen Krankheit, Not, Verdammnis, und je kostbarer diese Reliquie war, um so größer und stärker mußte ihr Zauber sein. Das hatte nur sehr wenig mit Religiosität zu tun; oder vielmehr: Es war ein Teil dieser sonderbaren Gläubigkeit, welche die Gesellschaft des Mittelalters in die Abhängigkeit von Dämonenfurcht und Reliquienverehrung zwang.

Aus solchen Anfängen, aus solchen Situationen, deren erste und aufs nachhaltigste wirksamsten in Jerusalem und in Konstantinopel stattfanden, von wo aus sie dann ihre Ausstrahlung auf Europa hatten, daraus also entwickelte sich sehr rasch eine Art von Industrie, denn wo es Reliquien gab, fanden sich alsbald Pilger ein; und die Anwesenheit von Pilgern bedeutete materiellen Umsatz. Auf einem Konzil im damals noch byzantinischen Nikäa im Jahre 787 wurde beschlossen, daß eine Kirche nur dann geweiht werden dürfe, wenn sie eine Reliquie besaß; rund zwei Jahrzehnte später verfügte man die Zerstörung aller Altäre, die über keine Reliquien verfügten. Ein Ausspruch Papst Gregors VI. Ende des 6. Jahrhunderts lautete: »Wer dem Heiligen dient, soll auch vom Heiligen leben.« – Zu welchen makabren Auswüchsen es dabei kam, vermag man sich heute kaum vorzustellen, da der Aberglaube des Menschen gewissermaßen aufs Profane und damit Banale des Devotionalienhandels ausgerichtet ist und niemand mehr eines ausgebleichten Skelettes oder eines mumifizierten Leichnams wegen in Ekstase gerät oder einen Raubzug unternimmt wie etwa Bari, das die Gebeine des Bischofs Nikolaus von Myra aus Kleinasien nach Apulien brachte, oder wie Venedig, das den Leichnam des Evangelisten Markus unter höchst dubiosen Begleitumständen aus dem ägyptischen Alexandria holte. In Rom zum Beispiel, wo man Tausende von Märtyrern und anderen Heiligen in den Katakomben sozusagen zur bequemen Verfügung hatte, entstand ein eigenes Gewerbe, nämlich der professionelle Handel mit Reliquien, daran hauptsächlich Geistliche beteiligt waren. »Wenn man diese Toten auf geschmückten Wagen aus der Stadt führte, begleiteten sie römische Priester und Laien im feierlichen Zuge mit Fackeln in den Händen und mit frommen Gesängen eine Strecke lang. In allen Orten strömte das Volk dem Leichenwagen entgegen, Wunder, namentlich Heilungen erflehend;

am Ziel angelangt, in einer Stadt Deutschlands, Frankreichs oder Englands, wurden diese Toten mit tagelangen Festen gefeiert. Solche schauerlichen Triumphzüge gingen damals oft aus Rom in die Provinzen des Abendlandes, und indem sie Städte und Völker durchzogen, verbreiteten sie dort einen düsteren Moderglauben und einen Geist abergläubischer Leidenschaft, von dem wir heute kaum eine Ahnung haben.« (F. Gregorovius)

Nun wäre es allerdings grundfalsch, die Pilgerbewegung nur als eine Art unaufhörlichen Jahrmarktes, als einen willkommenen Anlaß zur Vergnügung, zum Geschäft und zur Ausschweifung zu betrachten, obgleich der Umstand, daß es entlang der europäischen Pilgerwege nach Santiago de Compostela und Rom und an den Wallfahrtsorten selbst zu Promiskuität und zu einer Anhäufung aller möglichen Verbrechen kam, ebenso unbestritten ist wie die Tatsache, daß die Reliquienverehrung über viele Jahrhunderte hinweg bis ins 16. und 17. Jahrhundert der Kirche und ihren geschäftstüchtigen Mitarbeitern die Etablierung einer krisensicheren Industrie ermöglichte. Aber es überwog mehrheitlich dennoch das Spirituelle, denn die Wallfahrt wurde von den meisten Pilgern nicht bloß als ein touristischer Besuch heiliger und besonders interessanter Stätten begriffen, sondern auch und vor allem als »geistiger Weg zu Gott«, als eine »imitatio Christi«, was wiederum damit zusammenhing, daß der Mensch des Mittelalters die Welt nicht als verschiedenartig, vielgestaltig begriff, sondern sie stets nach den beengten Verhältnissen seiner eigenen Heimat beurteilte; und erst durch die aufs abenteuerlichste ausgeschmückten Erzählungen von Kaufleuten und Pilgern, die zum Beispiel, indem sie den Spuren der Kaiserinmutter Helena folgten, den Weg nach Jerusalem gefunden hatten, ahnte man in Europa, daß der Orient, der in Konstantinopel begann, etwas Außerordentliches, Fremdartiges und Faszinierendes sein mußte, etwas, das einem nützlich sein und von dem man lernen, profitieren konnte. Den materiellen Luxusgütern, welche von den Kaufleuten Italiens und Frankreichs nach Europa importiert wurden, folgte nun, da der Pilgerstrom nach Palästina anschwoll, eine Unzahl sogenannter religiöser Kostbarkeiten, die ein nüchterner Kaufmann zweifellos als Objekte allererster Wahl bezeichnet hätte. Allein in Konstantinopel hatte sich, zuerst angeregt durch Helena, eine solche Fülle von kostbaren Reliquien angesammelt, daß die Stadt am Goldenen Horn, was ihre Bedeutung als Wallfahrtsort betraf, bald in Konkurrenz treten konnte mit Rom, Santiago de Compostela und sogar mit Jerusalem. Da gab es das »Holz vom wahren Kreuz Christi«, das Blut des Gekreuzigten, seinen Rock, seine Dornenkrone, Nägel vom Kreuz und jene Lanze – die später andernorts erneut auftauchen sollte –, mit welcher ein römischer Legionär dem Sterbenden die letzte Qual zugefügt hatte; ferner befand sich in Konstantinopel jenes geheimnisvolle Leichentuch Christi, das heute in Turin aufbewahrt wird, sowie eine größere Anzahl von Dingen, die in einem unmittelbaren Zusammenhang mit dem Wirken Christi standen, darunter einige Brotlaibe, welche nach der wundersamen Brotvermehrung übriggeblieben waren; selbstverständlich gab es auch zahllose Reliquien von Heiligen. »Die religiösen Museen hatten nicht ihresgleichen auf der Welt; und obwohl sonst der Staat wenig übrig hatte für Fremde ohne Einreisegenehmigung, wurden Pilger, die den Reliquien in der Hauptstadt ihre Verehrung bekunden wollten, jederzeit ermuntert und unterstützt.« (S. Runciman)

Der Weg nach Jerusalem, dem der gewaltige Heerbann des Ersten Kreuzzuges im Jahre 1096 erstmals folgen sollte, war also schon seit Jahrhunderten bekannt und gleichsam ausgetreten von zahllosen Pilgern, die allein, in kleinen Gruppen oder auch als riesige Karawanen in die Levante zogen, wobei es zwei Möglichkeiten gab, die lange und gefahrvolle Distanz zu überwinden: einmal den Weg durchs Landesinnere des Balkan, was bis ins 10. und 11. Jahrhundert ein mühsames Unterfangen war, weil die Magyaren bis zum Jahre 975 Heiden waren; aber auch nach der Bekehrung dieses Volkes zum Christentum blieb die Route über den Balkan eine äußerst unsichere bis lebensbedrohliche, was sich erst durch die endgültige Unterwerfung des ganzen Balkan unter die Oberhoheit Konstantinopels änderte. Und zum anderen gab es den kostspieligen Seeweg, der in den Häfen von Venedig und Brindisi oder auch in jenen Südfrankreichs begann, was aber durchaus keine Garantie für eine sichere Überfahrt bedeutete, da seit Jahrhunderten das Piratenunwesen blühte, wobei es einem frommen Pilger, der beispielsweise in Venedig seine Passage nach einem palästinensischen Hafen gelöst hatte, ohne weiteres passieren konnte, daß er schon vor den Küsten Apuliens oder Albaniens oder spätestens jenen der Peloponnes einem christlichen Kaperkapitän in die Hände fiel und anstatt in Jerusalem auf einem der berüchtigten Sklavenmärkte Nordafrikas oder Südeuropas über sein erbarmungswürdiges Schicksal nachsann. Die einzigen, die an diesem Unternehmen vorerst wirklich verdienten, waren die Agenten Venedigs und einiger anderer südeuropäischer Hafenstädte, die sich schon frühzeitig auf diese Art von Passagierverkehr spezialisiert hatten.

Aber alle Mühsal und alle Gefahren, die die Pilger bedrohten, die vielen von ihnen die Freiheit oder sogar das Leben kosteten, vermochten die Menschen jenes Zeitalters nicht mehr davon abzuhalten, den Weg nach Jerusalem zu beschreiten. Rom, Konstantinopel und Santiago de Compostela, das Zentrum des christlichen Widerstandes gegen den maurischen Islam in Spanien, diese bedeutendsten Pilgerstätten des Mittelalters, hatten in Jerusalem eine Ergänzung oder eigentlich einen krönenden Höhepunkt erhalten. Im Verlaufe der Jahrhunderte hatte es sich zudem eingebürgert, eine solche Pilgerfahrt einem Sünder auch als kanonische Buße aufzuerlegen; und je größer, schwerwiegender die Verbrechen waren, die ein Christ auf sich geladen hatte, um so entfernter und beschwerlicher sollte das Ziel seiner Buß- und Pilgerfahrt sein, so daß tatsächlich viele Missetäter den mühsamen Weg nach Palästina antreten mußten, wenn sie sich von ihrer Schuld befreien wollten. Mancher von ihnen ertrug dabei besondere Strapazen, so etwa jener dänische Fürst Gowinsson, der, um einen Mord zu sühnen, barfuß quer durch Europa marschierte, bis er in den Hochebenen Anatoliens jämmerlich zugrunde ging. Auch von einem norwegischen König wissen wir, daß er, um eine Blutschuld zu büßen, auf besonders mühselige Weise nach Palästina pilgerte. Überhaupt befanden sich viele Skandinavier unter den Pilgern, ein Umstand, der seine Erklärung dadurch findet, daß der Anteil skandinavischer Söldner im byzantinischen Heer ein außerordentlich hoher war; und viele dieser Söldner, die eine eigene Abteilung bildeten, nämlich die legendäre Varägergarde, machten es sich bald zur Gewohnheit, ihren Urlaub oder das Ende ihrer Dienstzeit zu einer Reise nach Jerusalem zu benützen. Im übrigen kann man mit Gregorovius sagen, daß es tatsächlich ein Naturgesetz der Menschheit sei, »daß sie sich bewege: Kriege und Geschäfte, Handel und Reisen haben von jeher das Leben der Gesellschaft in Fluß erhalten; aber in jener Zeit bestand die friedliche Bewegung der Menschheit im allgemeinen in der Pilgerung, welche dann in den Kreuzzügen, dieser größten Pilgerfahrt der Weltgeschichte, ihren Gipfel erreichte«. – Und wirklich nahmen, als ob die europäische Christenheit von einer Massenhysterie erfaßt worden wäre, alle Geschlechter, Alter und Klassen daran teil, ungeachtet der Strapazen, Kosten und Gefahren, die eine solche Reise zu einer mehr als fragwürdigen Angelegenheit machten.

Zwei der aufsehenerregendsten Unternehmungen dieser Art, die auch noch Nachwirkungen haben, also sozusagen meinungsbildend sein sollten, weil die näheren Details ihres jeweiligen Scheiterns auf die europäischen Christen einen tiefen Eindruck machten, waren der Pilgerzug des Erzbischofs Liedebert von Cambrai im Jahre 1054 und jene gewaltige Karawane, die zehn Jahre später von den beiden Städten Passau und Regensburg nach Palästina aufbrach. Die Franzosen, angeblich einige Tausend, wahrscheinlich aber nicht viel mehr als fünf- oder sechshundert Mann stark, zogen den Landweg vor, was ihnen möglicherweise das Leben rettete, weil sie, hätten sie die Seeroute gewählt, ein Opfer seldschukischer oder arabischer Piraten oder, sofern sie ungefährdet die östliche Levante erreicht hätten, der seldschukischen Fürsten geworden wären, die damals in weiten Teilen Palästinas und Syriens herrschten und deren Haltung eine den Christen gegenüber feindselige war, denn gerade in jenen Jahren war es für Europäer wieder einmal so gut wie unmöglich geworden, bis nach Palästina vorzudringen; im Jahre 1056 wurde zum Beispiel allen Europäern das Betreten Jerusalems generell verboten, und alle Ausländer, sofern es Christen waren, wurden aus der Stadt vertrieben. Liedebert, der bereits auf dem Sklavenmarkt von Belgrad mit Entsetzen die Menge der aneinandergeketteten Christen erblickt hatte, was auf den Erzbischof besonders irritierend gewirkt haben mußte, da man sich ja auf byzantinischem und damit christlichem Boden befand, Liedebert gelangte mit seiner Schar nur bis Antiochia, wo ihm die Weiterreise nach Palästina endgültig untersagt wurde; über Zypern kehrte er mit seinen Pilgern mehr oder minder wohlbehalten nach Frankreich zurück. Weniger glücklich endete hingegen der Pilgerzug jener mehr als zehntausend Deutschen, deren geistliche und weltliche Anführer, darunter der einflußreiche Erzbischof von Mainz, die Bischöfe von Regensburg und Utrecht sowie ein rundes Dutzend Fürsten und Herzöge, allerdings jede vernünftige Vorsicht missen ließen und sich allzu leichtfertig auf die große Zahl und gute Bewaffnung ihrer Begleitmannschaften verließen; überdies hatten sie, die in Jerusalem den damals zum wiederholten Male vorhergesagten Weltuntergang erwarten wollten – er würde, wie viele Menschen hauptsächlich in Deutschland glaubten, auf den 27. März des Jahres 1056 fallen –, all ihr weltliches Hab und Gut mitgeschleppt, wobei auf ewig ungewiß bleiben muß, ob aus irrationaler Habsucht, weil man möglichen Erben nichts hinterlassen wollte, oder aus Eitelkeit und Prunksucht, um selbst im Augenblick des Untergangs der Welt die Schätze dieser Welt bei sich zu tragen; die Mehrzahl dieser Pilger, die man in mehr als einer Hinsicht als Vorläufer einer bestimmten Gruppe von modernen Touristen bezeichnen könnte, endete aufs kläglichste, wobei jene, die unter den Säbelhieben seldschukischer Reiter starben, möglicherweise das bessere Los zogen als die Überlebenden, die auf den Sklavenmärkten der Levante und Syriens einer elenden Zukunft entgegendämmerten. Immerhin beeindruckte das glücklose Ende dieser gewaltigen Pilgerschar das christliche Europa so sehr, daß noch dreißig Jahre später Papst Urban II., als er im November des Jahres 1095 auf dem Konzil von Clermont zum erstenmal öffentlich sein »Gott will es« verkündete und damit das Signal zum Ersten Kreuzzug gab, die Masse seiner Zuhörer besonders zu bewegen vermochte, indem er sie an das tragische Schicksal dieses Unternehmens erinnerte.

Allerdings waren solche Katastrophen wie die der deutschen Pilgerkarawane eher selten, sie waren die Ausnahme von der Regel, die darin bestand, daß man sowohl auf byzantinischem als auch auf palästinensischem Boden dem europäischen Pilger, sofern er sich gesittet benahm, ausgesprochen wohlwollend, zuweilen sogar freundschaftlich entgegenkam, nicht zuletzt auch deshalb, weil dieser ständig wachsende Pilgerstrom auch wirtschaftliche Vorteile mit sich brachte. Natürlich mußten die politischen Voraussetzungen dementsprechend sein: also geordnete Verhältnisse in Palästina selbst, wo unmittelbar vor dem Beginn des Ersten Kreuzzuges tyrannische Seldschukenfürsten in Jerusalem und im Norden des Landes die Bevölkerung rücksichtslos unterdrückten und ausbeuteten, während im Süden die Fatimiden herrschten, ein schiitischer Araberstamm, der einst ganz Nordafrika, Syrien und Sizilien beherrscht hatte und der auch verantwortlich sein sollte für die Zerstörung der Grabeskirche in Jerusalem, was dann wiederum einer der vielen Anlässe sein würde für den Ersten Kreuzzug; und dann natürlich auch geordnete Verhältnisse im Byzantinischen Kaiserreich, wo jetzt, Ende des 11. Jahrhunderts, Kaiser Alexios nach der Überwindung der bedrohlichsten Gefahren, die seinem Reich durch Normannen, Seldschuken und Petschenegen entstanden waren, seine weitreichenden Pläne zur Wiedereroberung verlorenen byzantinischen Territoriums und Ansehens allmählich zu verwirklichen begann.

Es war dies alles freilich, was sich im Orient abspielte, in den Augen europäischer Reisender reichlich unübersichtlich, denn manchenorts, wo dunkelhäutige Araberfürsten die Macht an sich gerissen hatten, lebten Christen und Mohammedaner in schöner Eintracht nebeneinander, während anderswo nominell das christliche Byzanz regierte und es dennoch zur Verfolgung beispielsweise der christlichen Armenier kommen konnte: Und alles Land, das der europäische Pilger betrat, war alter byzantinischer Boden, gleichviel, ob nun Seldschuken, Türken, Fatimiden, Armenier oder irgendwelche obskuren Abenteurer und korrupte Statthalter die Macht innehatten, die ohnedies ständig wechselten.

Solche Verhältnisse, die übrigens in Europa weder besser noch übersichtlicher waren, erlauben den Verdacht, daß der Wallfahrer jener Zeit, der sich immerhin für die Dauer von vielen Monaten, ja von Jahren dieser ungeordneten, von Krieg, Feindseligkeit und Not zerrissenen Welt anvertrauen mußte, wenn er auf Pilgerfahrt ging, nicht so sehr ein gottesfürchtiger, frommer und ausschließlich dem Spirituellen ergebener Pilger als vielmehr ein robuster, mitunter zynischer, häufig fatalistischer und ständig den vielen Versuchungen, welche die Welt ihm bot, ausgesetzter Charakter gewesen sein muß, dessen Glaube eher mit Dämonenfurcht und egoistischem Materialismus als mit irgendwelchen edlen evangelischen Inhalten zu tun hatte. Es ist überhaupt und vor allem im Zusammenhang mit Pilgerbewegung und Kreuzzug die Frage nach Art und Inhalt dieses Glaubens zu stellen, der sich in etlichen grundlegenden Belangen von jenem Glauben unterschied, dem wir heute aufs nachlässigste und oberflächlichste weniger gehorchen als angehören, wie man einer Partei oder einer Vereinigung angehört, ohne ihr wirklich verbunden zu sein, weil dem modernen Menschen viel von jener mittelalterlichen Unbedingtheit fehlt, vom Aberglauben auch und von der Dämonenfurcht oder von jenem absoluten Überzeugtsein, daß zum Beispiel jeder Reliquie eine Magie innewohne, ein Zauber, dem man sich nicht entziehen dürfe; oder weil einfach die Reliquien andere geworden sind, profanere, praktischere und damit wohl auch banalere. Ein Kreuzzug zugunsten Gottes und der Kirche ist heute undenkbar; und selbst das Wesen der Pilgerbewegung ist gewissermaßen rationeller geworden: Man verbindet heutzutage viel stärker als in jenen Jahrhunderten das Notwendige mit dem Angenehmen. Der Glaube des Menschen im Mittelalter hingegen ist »nüchtern, ohne jede Sentimentalität – die, wie jede Romantik, diesem Mittelalter fremd ist –, er ist hart, ernst und froh, erfüllt durch seine beiden charakteristischen Elemente, nämlich sein rechtliches und sein kämpferisches Element. Dies sind vitale, wichtige Funktionen in einer Gesellschaft, in der permanenter Krieg herrschte und jedermann um sein Recht kämpfen mußte, täglich vom Rechtsbruch bedroht. Dieser Glaube erfüllte dazu noch eine besondere wichtige Funktion, da Welt und Natur im argen lagen, voll unbekannter, geheimnisvoller Kräfte, voll Gefahr und Schrecken erschienen, die in Hunger, Springflut, Seuchen, in täglichen Unfällen, die das Leben kosteten, offenbarten, daß unter der dünnen und schönen Haut der Erscheinungen furchtbare Mächte zugegen sind, stets bereit, in Explosionen auszubrechen. Dieser Erfahrung konnte nur ein Glaube gewachsen sein, der alle Schrecken und alle Schrecknisse des Lebens in der Einbildungskraft voll hereinnahm in sein Gottesbild. Gott, der Herr über Leben und Tod, ist der Herr des Schreckens und als solcher der Herr der Freude«. (Friedrich Heer)

Das alles also waren auch Ursachen und Voraussetzungen jener großen Bewegung, die im Gefolge der Entdeckungen Helenas, aber auch aufgrund der menschlichen Natur zustande kam, einer Natur, deren vielleicht wichtigster Vorzug es ja ist, jenes starke Gefühl mystischen Zusammenhangs mit Gott und seinen verehrungswürdigen Heiligen vor allem an jenen Schauplätzen zu suchen, wo diese gewirkt hatten. Und heute wie damals gilt, was Steven Runciman einmal so ausgedrückt hat: »Wenn die großen Männer der äußeren Welt schon ihre Wallfahrtsstätten haben, zu denen ihre Bewunderer von weither kommen, so wandern die Menschen noch um vieles eifriger zu den Orten, wo, wie sie glauben, das Göttliche die Erde geheiligt hat.« – Und wo sonst als gerade und vor allem in Jerusalem war dem Christen die Möglichkeit geboten, dem Mythos, an den er glaubte, dem er gehorchte, der sein ganzes Tun und Denken beherrschte, gleichsam hautnah zu begegnen!

Die Folgen dieser Bewegung waren eine Erweiterung des geistigen Horizonts – neben der Befriedigung, des mystischen Zusammenhangs mit Gott und seinen Heiligen teilhaftig geworden zu sein – sowie das starke Verlangen, diese Schauplätze, an denen »das Göttliche die Erde geheiligt hat« und von denen sich gerade die berühmtesten in fremder, heidnischer Hand befanden, wieder einer christlichen Oberhoheit zuzuführen. Es neigt der Mensch nämlich vom Anbeginn seiner Existenz an dazu, alles das, was seine Zuneigung, seine Bewunderung und schließlich auch sein Begehren erweckt, in seinen Besitz zu bringen; und dies auch dann, wenn es ihm an jeder moralischen Berechtigung für eine solche Inbesitznahme mangelt. Er erfindet sich einfach eine solche Berechtigung; oder er spekuliert mit der Möglichkeit jenes nützlichen Augenblickes, der in der Geschichte immer kommt und wo gewisse äußere Umstände dem Menschen das Recht zusprechen, gegen die allgemeine Moral zu handeln. Und diese äußeren Umstände sollten jetzt im letzten Jahrzehnt des 11. Jahrhunderts der westlichen Christenheit wie eine reife Frucht in den Schoß fallen.

Ein Papst hat eine Vision

Durfte man, ohne als unglaubwürdiger Phantast zu gelten, in jenem unglücklichen Europa der achtziger und beginnenden neunziger Jahre des 11. Jahrhunderts die Befreiung Jerusalems aus den Händen seldschukischer Tyrannen durch eine christlich-abendländische Invasion vorhersagen? Oder waren alle diese tollkühnen Pläne, die es damals bereits seit rund tausend Jahren gab – schon Papst Silvester II., ein Mann von hoher Bildung und einem eher schwach entwikkelten Sinn für die politische Wirklichkeit, hatte um das Jahr 1000 einen ersten Aufruf an die Christenheit zur Wiedereroberung Jerusalems erlassen –, waren alle diese Visionen und Programme der Kirche oder eigentlich hauptsächlich des Papstes Gregor VII., der wahrscheinlich der bedeutendste Politiker seines Jahrhunderts war, wenn auch nicht dessen erfolgreichster, war das alles nur die Frucht einer überreizten Phantasie, nur das Ergebnis vieler enttäuschter Hoffnungen, nur ein verzweifelter Versuch, die Parteigänger der römischen Kirche nicht vollends zu entmutigen? Die politische Realität war nämlich eine ganz andere, als sie ein so kühnes Unternehmen benötigt hätte; sie war sogar in einem bestimmten Augenblick, was die Situation der römischen Kirche betrifft, so gut wie hoffnungslos. Gregor VII. starb immerhin im Exil, vor seinen Verfolgern durch die normannische und sarazenische Militärmacht geschützt. Die offizielle Macht des Papsttums bestand zu diesem Zeitpunkt aus inhaltsleeren Phrasen und mehr oder minder wirkungsvollen Bannflüchen; es war dies eine höchst anfechtbare moralische, aber keine politische oder militärische Macht. Aber noch in seiner tiefsten Niederlage – denn als Niederlage hatte dieser vitale, leidenschaftliche Charakter seine Flucht aus Rom wohl empfinden müssen –, noch in einem Augenblick, da jeder andere Held mit einer ähnlich tragischen Konstellation, wie Gregor sie hatte, resigniert hätte, bewahrheitete sich durch diesen außergewöhnlichen Mann, was Gregorovius einmal so treffend beschrieben hat: »Die Kraft, womit Gregor die Freiheit der Kirche eroberte und die Herrschaft der Hierarchie gründete, ist staunenswert. Das Reich von Priestern, die keine anderen Waffen in der Hand führten als ein Kreuz, ein Evangelium, einen Segen und einen Fluch, ist bewundeungswürdiger als sämtliche Reiche römischer oder asiatischer Eroberer. Dieses geistliche Imperium wird, solange die Erde steht, ein einziges unwiederholbares Phänomen moralischer Macht sein.« – Und eine Institution, die ihre politische Kraft durch dieses Phänomen moralischer Macht empfängt, überdauert jede Katastrophe und jeden mißlichen Rückschlag. Es mochte das Chaos, das durch Gregor und seinen Widersacher Heinrich IV. hervorgerufen worden war, halb Europa in ein Schlachtfeld und die andere Hälfte in eine Wüstenei verwandelt haben; es mochte die Kirche nach dem Tode Gregors »einer öden Schaubühne gleichen, welche sich nur zögernd mit kleineren Gestalten wieder füllt« (Gregorovius): Jene gleichermaßen gefährliche und verlockende Idee vom Weg nach Jerusalem, die aus vielen und unterschiedlichen Gründen in den Köpfen einer immer größeren Schar von einflußreichen Männern umging, lag sozusagen als gebrauchsfertige Fortsetzung und Verbesserung einer unseligen europäischen Politik vor und bedurfte nur noch eines letzten Anstoßes, um verwirklicht zu werden.

Dabei sah es vorerst in Rom und an den europäischen Fürstenhöfen nicht danach aus, Europa durch eine letzte und gewaltige Anstrengung des Willens, durch einen energischen Schritt, den zum Beispiel ein Papst setzt, aus den vielen Schatten, die es verdunkelten, an die Spitze damaliger Machtverhältnisse zu bringen. Der Papst, der auf Gregor folgte, ein gebildeter Abt aus Montecassino namens Desiderius, war ein schwacher Charakter, der freilich auch zu klug war, um das gewaltige und zugleich furchteinflößende Erbe Gregors ohne Widerspruch anzutreten, und der doch wieder zu lange zauderte, um die Bürde, die man ihm buchstäblich aufzwang, endgültig und energisch auszuschlagen. Er – Papst Victor III. – war als Abt den Mönchen von Montecassino ein musterhafter Anführer gewesen; als Papst war er tatsächlich eine ruhmlose Schattengestalt. Sein frühzeitiger Tod hinterließ keine spürbare Lücke. Und auch sein Nachfolger, den rund vierzig Kardinäle, Bischöfe und Äbte unter den argwöhnischen Augen der Öffentlichkeit am 12. März des Jahres 1088 in Terracina – einer kleinen und uralten Stadt am Tyrrhenischen Meer ziemlich genau in der Mitte zwischen Rom und Neapel – zum Nachfolger auf den Stuhl Petri erhoben, schien vom ersten Tag seines Pontifikats an eine wenig beneidenswerte, möglicherweise sogar unrühmliche Rolle in diesem Schauspiel übernehmen zu müssen, das einer verzweifelten Christenheit alles das eindringlich demonstrierte, woran sie zugrunde gehen würde, wenn ihr nicht im letzten Augenblick irgendein Retter erschien oder irgendein genialer Gedanke die Flucht aus dem Chaos ermöglichte. Dieser neugewählte Papst, seiner Herkunft nach ein französischer Adeliger aus der Champagne – Odo de Lagery de Monteil lautete sein Name –, ein Gelehrter und Mönch mit feinem Sinn für eine rasche Karriere, zuletzt Kardinal von Ostia und ein Parteigänger Gregors, jetzt Urban II. genannt, er schien allein schon durch die Umstände, die seine Wahl begleiteten und belasteten, kaum in der Lage, dieser Retter der europäischen Christen und der Kirche zu sein. Es herrschte in Rom immer noch Clemens III., der Gegenpapst, den die deutsche Partei und auch die meisten Römer unterstützten, deren Haß auf das offizielle Papsttum durch den schrecklichen Normannensturm, der durch Gregor verursacht worden war, ins Maßlose gestiegen war. Es konnte Urban unmittelbar nach seiner Wahl auch keinesfalls sogleich nach Rom gehen, um die Hauptstadt der kirchlichen Macht und deren Insignien in seinen Besitz zu nehmen; sondern er mußte zuerst fast ein ganzes Jahr in Süditalien und unter dem zweifelhaften Schutz der Normannen verbringen, ehe es ihm gelang, sich nach Rom sozusagen hineinzuschwindeln, wo er wie ein Gefangener auf der Tiberinsel saß, »machtlos und so arm, daß ihm die Matronen Roms Almosen reichten«. (F. Gregorovius)

Was für ein Charakter war das eigentlich, der auf so entscheidende Weise mitverantwortlich sein sollte für die revolutionäre Veränderung des mittelalterlichen Europa, die in ihren politischen, wirtschaftlichen und zivilisatorischen Auswirkungen nur noch vergleichbar ist mit jenen umwälzenden Geschehnissen, wie sie etwa durch die Französische Revolution im 18. Jahrhundert oder durch die Schüsse von Sarajewo oder durch den analytischen Intellekt eines Lenin im 20. Jahrhundert verursacht wurden? Welche Eigenschaften zeichneten Urban wirklich aus, der im Urteil der Historiker nie gänzlich aus dem Schatten hervorzutreten vermag, den die übermächtige Gestalt Gregors auf ihn wirft; und welche Fehler von jenen zahlreichen, welche ihm eine kritische Nachwelt vorwirft, sind ihm tatsächlich anzulasten? War er, ohnedies ein Anhänger Gregors und von diesem zu dessen Lebzeiten nachdrücklich protegiert, war er jetzt, da er selbst als Papst und Nachfolger Gregors in Erscheinung treten durfte, nur ein Erfüllungsgehilfe der genialen Politik Gregors, ein biederer Feldwebel der Kirche sozusagen, der die meisterhafte Strategie seines Generals nach besten Kräften nachvollzieht, ohne freilich, wie das manche Autoren behaupten, das Mittelmaß zu verlassen? Oder schuf er Eigenes, auch Eigenwilliges, indem er selbst als Stratege in Erscheinung trat, als ein Schöpfer völlig neuer Verhältnisse und damit einer neuen Ordnung, die das Chaos beenden sollte, das sein berühmterer Vorgänger – der ein herrischer Protagonist war, wo Urban nur als Figur auftritt – durch seine Politik hervorgerufen hatte?

Die Meinungen über Urban klaffen weit auseinander, scheinen das Bild, das man sich von diesem Papst machen darf, eher zu verwischen als zu verdeutlichen: einen fragwürdigen Abenteurer nennen ihn die einen, einen diffusen Charakter, einen eitlen Menschen, dem öffentlicher Prunk und materielle Vorteile mehr bedeuteten als die Würde seines Amtes und die damit verbundene Bürde, die jeder Papst auf sich nimmt, der dieses Amt antritt; sogar als trinkfester Genießer weltlicher Freuden wird er dargestellt, weit mehr Weltkind als Heiliger »und alles andere als ein Freund von Traurigkeit«, wie das Rudolf Pörtner formuliert, der Urban sogar grundsatzlos nennt und ihm vorwirft, beide Augen zuzudrücken, »wenn ein Abt oder Bischof durch die Hintertüren der Simonie auf unziemliche Weise ins Amt gelangte«. – Und eher geringschätzig stellt Pörtner abschließend fest: »Nein, dieser Graf aus der Champagne war kein zweiter Gregor.« – Allerdings verschweigt er keinesfalls die etwas differenziertere Meinung anderer Autoren, die Urban zwar einen Papst »der unsauberen Mittel« nennen, ihm jedoch attestieren, ein konsequenter Vollstrecker des politischen Testamentes Gregors gewesen zu sein.

Gregorovius, für gewöhnlich ein strenger, jedoch auch objektiver Richter über die Personen des Dramas, das er in seiner *Geschichte der Stadt Rom im Mittelalter* mit faszinierendem Einfühlungsvermögen schildert, Gregorovius scheint für diesen Papst gleichfalls keine besondere Sympathie empfunden zu haben: »Mit feiner Kunst spann er rastlos Gewebe der List, in denen er seine Feinde fing.« – Das ist einer der Schlüsselsätze zum Verständnis des Charakters Urbans, wie ihn Gregorovius sieht. Freilich verschweigt dieser im Gegensatz zu anderen Autoren keinesfalls die immensen Schwierigkeiten, mit denen Urban vom Augenblick an, da er im süditalienischen Terracina die Wahl zum Papste angenommen hatte, nicht bloß fertig zu werden, sie nicht nur zu überwinden, sondern aus ihnen auch eine neue Form der Durchsetzung kirchlicher, päpstlicher Interessen zu finden hatte. Schließlich betrat dieser Papst eine Szene, auf welcher gerade die erklärten Gegner des Papsttums triumphierten, Heinrich IV., Clemens III., dieser der wahre Beherrscher Roms, während Urban, als er endlich in Rom nicht so sehr einziehen als es vielmehr durch eine bescheidene Hintertür betreten konnte, tatsächlich vom Wohlwollen frommer Witwen und der materiellen Unterstützung einiger weniger papsttreuer Geistlicher abhängig war; hier machte sich bereits ein grundlegender Unterschied zur Politik Gregors bemerkbar: Urban investierte die Almosen, die man ihm mitleidsvoll gab, nicht in Waffen, nicht in eine Söldnertruppe, sondern benützte sie als Mittel zum Einkauf von Seelen, legte sie sozusagen gewinnbringend in jenen Charakteren an, die der Bestechung zugänglich waren und die für eine hinlänglich große Summe jederzeit das Lager wechselten. Man mag eine solche Politik mit wenig schmeichelhaften Ausdrücken verurteilen. Sie erscheint dennoch besser geeignet, den Gang der Geschichte zu beeinflussen als jeder Krieg; und sie ist zudem preiswerter. Im übrigen aber dürfte jenes Porträt Urbans, das Steven Runciman gezeichnet hat, der historischen Wahrheit am nächsten kommen: »Urban war für seine Aufgabe wohl geeignet. Er war ein eindrucksvoller Mann, hochgewachsen, ansprechenden bärtigen Antlitzes, mit höflichen Umgangsformen und überzeugender Redegabe. Ermangelte er auch des Feuers und der Zielstrebigkeit Gregors VII., so übertraf er ihn doch an Weite des Blickfeldes und in der Kunst der Menschenbehandlung. Er war weder so stolz noch so eigensinnig wie Gregor; aber er war nicht schwach. Um seiner Treue zum Papst und seines Glaubens willen war er in Deutschland von Heinrich IV. in den Kerker geworfen worden. Er konnte streng und unnachgiebig sein, gab er freundlicher Sanftmut den Vorzug; er zog es allzeit vor, Meinungsverschiedenheiten zu vermeiden, die geeignet waren, Zank und Verbitterung heraufzubeschwören.« – Und um dieses Urteil noch abzurunden, muß man sich nachdrücklich die Situation vergegenwärtigen, in welcher Urban und mit ihm die Kirche, die Christen, das ganze Abendland sich Ende der achtziger, Anfang der neunziger Jahre des 11. Jahrhunderts befanden, eine Situation, wie sie verzweifelter und heilloser nicht hätte sein können: »Denn es standen in der Welt Vater gegen Sohn, Bruder gegen Bruder, Fürst gegen Fürst, Bischof wider den Bischof, Papst wider den Papst. Eine Spaltung des Lebens so tiefgehender Natur, wie sie nie zuvor in der Geschichte war gesehen worden, schien das Christentum selbst zu zerreißen und die ehrwürdige Macht seiner Mysterien zu vernichten . . . Wenn damals Christus zurückgekehrt wäre, so würde er mit Erstaunen bemerkt haben, daß die von ihm gestiftete Religion der Liebe bis zur Unkenntlichkeit von den reinen Quellen ihres Ursprungs sich entfernt hatte . . .« (F. Gregorovius).

Das alles wurde noch außerordentlich belastet durch die diffusen politischen oder diplomatischen Beziehungen, die zwischen dem Oberhaupt der byzantinischen und jenem der römischen Kirche bestanden und die sich durch nichts von jenen feindseligen, haßerfüllten Beziehungen unterschieden, welche die Päpste zu den weltlichen Machthabern Europas hatten. Es schien, als ob die Welt in jenen Jahrzehnten wirklich nur noch von Unvernunft und Grausamkeit, von der Erbitterung unversöhnlicher Gegner und den Intrigen, die zwischen diesen inszeniert wurden, beherrscht worden sei, eine Welt, darin die schönen Ideale der christlichen Lehre wie ein Hohn wirken mußten auf alle jene, die noch daran glaubten, daß Christus am Kreuz die Qualen der Menschheit auf sich genommen habe, um die Menschen davon zu erlösen.

Aber gerade in dieser verworrenen Situation leistete Urban Außerordentliches, ohne daß man ihn deshalb schon rühmen dürfte, ein frommer Mensch gewesen zu sein, dessen höchste Tugend die Demut ist. Er war zweifellos ein Intrigant, der, um das Gute oder Nützliche zu erreichen, auch den Einsatz zwielichtiger Methoden nicht verschmähte. Nur sollte man, wenn man ein Urteil abgibt über diese Art, Politik zu betreiben und, im Falle dieses Papstes, Gottes Interessen zu vertreten, nicht darauf vergessen, in welcher Zeit und unter welchen Voraussetzungen dies alles geschehen mußte, wobei noch die Frage offenbleibt, ob sogenannte gute Menschen, vorbildliche Charaktere und ehrenwerte Moralisten überhaupt dazu imstande sind, einen ausgezeichneten Politiker abzugeben. Jedenfalls wußte sich Urban wie ein Fuchs, der sich gezwungen sieht, seine zahlreichen Feinde durch immer neue Finten zu düpieren, der tödlichen Umklammerung geschickt zu entziehen, die Heinrich IV., der Gegenpapst Clemens, die sogenannte römische Partei, die hauptsächlich ihre eigenen Interessen vertrat, solange aufrecht erhielten, bis plötzlich – zu Anfang und Mitte der neunziger Jahre – die Situation sich grundlegend verändert hatte; oder bis dieser Papst, bisher von allen unterschätzt, die Situation zu seinen Gunsten entschieden hatte. Gegen Heinrich intrigierte Urban durch dessen Sohn Konrad, den er zum Kampf gegen den eigenen Vater animierte; andererseits überzeugte er die Vertreter der weltlichen Macht allmählich davon, daß er im Gegensatz zu seinem Vorgänger Gregor keinesfalls daran dachte, den absoluten Machtanspruch der Kirche aufrechtzuerhalten. Und den unseligen Kirchenstreit, der seit Generationen von Päpsten und Patriarchen zwischen Rom und Konstantinopel schwelte, suchte er dadurch zu beenden oder zumindest so weit zu verharmlosen, um daraus keine wirklich gefährliche, die Stellung der römischen Kirche bedrohende Situation entstehen zu lassen, daß er im September des Jahres 1089 auf einem Konzil im süditalienischen und normannisch beherrschten Melfi den von seinen Vorgängern ausgesprochenen Bann gegen den byzantinischen Kaiser aufhob, was in Konstantinopel sogleich ein freundliches Echo fand und, gleichfalls im September 1089, dort zu einer Synode führte; auf dieser – animiert durch Kaiser Alexios, der auch viele gute Gründe hatte zur Beilegung jeglichen Zwistes mit der westlichen Christenheit – gab der Patriarch Nikolaus III. von Konstantinopel im Beisein des Patriarchen von Antiochia die Erklärung ab, daß kein Grund vorläge für irgendeine Feindseligkeit, für irgendeinen Streit zwischen den Kirchen Roms und Konstantinopels. Diese Erklärung übersandte Nikolaus III. dem Papst. Urban wiederum profilierte sich immer mehr als ein Meister der strategischen Kunst, alles zu versprechen, alles zu riskieren, um sich, ohne mehr als das Notwendige von den gemachten Versprechungen einzulösen, schrittweise an den Erfolg heranzutasten, den er wie jeder Große dieser Welt zum Überleben benötigte; er hütete sich, alte theologische Streitfragen aufzuwerfen; er beließ alles in der Schwebe, erreichte dadurch mehr als bloß einen Waffenstillstand und konnte der westlichen Christenheit und ihren weltlichen Repräsentanten, die er mit sanfter Nachdrücklichkeit immer stärker in die Abhängigkeit von Rom und der Kirche zog, nach und nach die Bedeutung des Papsttums demonstrieren.

Natürlich hatte Urban auch Glück; das Glück des Tüchtigen oder das des Schlauen, der nicht mit der Waffe, sondern mit der Vernunft oder doch, zumindest dem Anschein nach, mit den besseren Argumenten, mit der geschickteren Überredungskunst seine Siege erringt. Ein Glück des Papstes war, daß Heinrichs Sohn Konrad charakterlich so geartet war, daß er sich überreden ließ zum verhängnisvollen Kampf gegen seinen Vater, der diesen politisch schwächte und menschlich zutiefst traf; und ein Glück für Urban war, daß Kaiser Alexios dringender denn je zuvor Soldaten benötigte, Verbündete brauchte, um sein kühnes Programm zur Wiederherstellung des Byzantinischen Kaiserreiches in dessen traditionellen Grenzen, innerhalb derer nach wie vor Seldschuken, Türken und Araber herrschten, verwirklichen zu können; und Söldner, Verbündete, deren soldatische Erfahrung groß genug war, um sie erfolgreich gegen die kriegsgewohnten Mohammedaner einsetzen zu können, waren nur vom Westen zu erwarten. Und ein Glück für diesen Papst – dessen taktische Fähigkeiten von so vielen damals als zu gering veranschlagt wurden und dessen Person heute noch zu gering eingeschätzt wird – war auch, daß er, der listenreiche Diplomat und leise Intrigant, die Kraft und die Fähigkeit zur Vision besaß.

Die Visionen eines Papstes, sofern die Nachwelt ihm diese außerordentliche Fähigkeit zubilligt, werden natürlich zumeist geistlicher oder gar charismatischer Natur sein, werden zuerst das Schicksal der Kirche zum Inhalt haben und dann erst die Geschicke der Welt; bei Urban sollte man noch hinzufügen, daß er erstens tatsächlich kein Mann der Intuition war und daß er zweitens jene Vision, die ihn gleichrangig machte jenen großen Päpsten, die das ganze Mittelalter hindurch das Werden Europas auf entscheidende Weise beeinflußten, sozusagen von seinen Vorgängern übernehmen durfte; er entlehnte sie wie etwas, das Ende des 11. Jahrhunderts fast schon Gemeingut geworden und nur deshalb noch nicht verwirklicht worden war, weil gewisse Voraussetzungen dazu fehlten. Einen Heiligen Krieg gegen die Mohammedaner hatten viele zuvor schon geplant, die Männer der Kirche wie die der weltlichen Macht; und die Gründe dafür liefen eigentlich alle auf dasselbe hinaus: Zuwachs an Macht; Verlagerung des Krieges, der unabdingbar schien, und seiner maßlosen Greuel, die alle auch wirtschaftliche Folgen hatten, auf weitentfernte Schauplätze; religiöser Ehrgeiz und die uralte Besitzgier der Menschen.

Jetzt, zu Beginn des Jahres 1095, hatten sich die Verhältnisse zugunsten der römischen Kirche konsolidiert; der Papst hatte sich, ohne einer pathetischen oder dramatischen Geste zu bedürfen, in allen Sätteln, die der geistliche Fürst des Abendlandes benutzen durfte und mußte, verhältnismäßig gut eingerichtet; Frankreich, Spanien, die meisten italienischen Städte respektierten ihn, Heinrich war ein geschlagener, vom Tode gezeichneter Gegner, der nicht mehr entscheidend reagieren konnte, Konstantinopel setzte auf Versöhnung und Freundschaft und sandte Boten in den Westen, die, weil sie gute Ergebnisse heimbringen mußten, dem Papste schmeichelten; jetzt also, in den späten Wintermonaten des Jahres 1095, konnte sich Urban, nachdem er sich auch in Rom gegen Clemens III. endgültig behauptet hatte, seines nächsten Schrittes, der ihm und der Kirche Erfolge bringen sollte, beinahe sicher sein. Er reiste nach Norden, berief die Repräsentanten der westlichen Kirche – soweit sie ihm ergeben waren – nach der lombardischen Stadt Piacenza und diktierte dort – es war März und der nahende Frühling verschönte den stolzen Bischöfen und Äbten die immer spürbarere Abhängigkeit, die sie diesem leisen und listenreichen Papste gegenüber empfanden – wichtige Gesetze gegen den Ämterschacher und die Korruption, gegen die Eheschließung von Geistlichen und gegen die nach wie vor drohende Spaltung innerhalb der Kirche. Es war das altvertraute Programm Gregors VII., das hier neuerlich zur Sprache kam. Der Papst ordnete an; der Klerus gehorchte, ohne zu murren. Eine Einladung von Konrad, dem Sohn Heinrichs, der nunmehr zugleich dessen gefährlichster Gegner war, traf ein; man würde sich in Cremona zu einer politischen Konferenz treffen; und Konrad würde dem Papste huldigen. Die exaltierte Ehefrau Heinrichs, eine russische Prinzessin aus Kiew namens Praxedis, erschien persönlich vor dem Konzil und klärte die geistliche Versammlung, darunter sich mancher befand, der zum Zölibat nicht fähig war, über die ausschweifenden sexuellen Neigungen des deutschen Königs auf; es war eine undelikate Erzählung, aber sie paßte ins politische Konzept Urbans, der davon überzeugt war, daß man einen Feind durch viele kleine Nadelstiche eher zur Strecke bringt als durch einen mühseligen und kostspieligen Krieg. Und schließlich waren da auch noch die Boten des byzantinischen Kaisers, die vor dem Konzil über die Schwierigkeiten sprachen, die ihr Herr, Kaiser Alexios, bewältigen mußte, um die mohammedanischen Feinde – die mohammedanische Gefahr, wie man sich wohl ausgedrückt haben wird – endgültig zu bannen.

Der Wortlaut dessen ist nicht überliefert, was die Byzantiner in Piacenza diesem »Obersten Gerichtshof der westlichen Christenheit« vortrugen. Der Inhalt lag ohnedies auf der Hand. Konstantinopel war bereit zur Gegenoffensive in Anatolien, Syrien, Palästina. Dazu brauchte Alexios mehr und bessere Soldaten, als er im Augenblick zur Verfügung hatte. Und war es nicht Christenpflicht, einander zu helfen im Kampf gegen den gemeinsamen Glaubensfeind? Wir dürfen als sicher annehmen, daß die klugen byzantinischen Abgesandten weniger auf die weltlichen, machtpolitischen, ökonomischen Aspekte als vielmehr auf das religiöse Motiv dieses geplanten Feldzuges gegen Türken, Seldschuken und Araber zu sprechen kamen.

Nichts von alledem, was hier in Piacenza im März 1095 geschah, war grundsätzlich neu; nichts war eine Erfindung Urbans; nicht einmal die Vision, die er hatte, war es, eine Vision, die er – während er weiterreiste nach Cremona, wo er mit Konrad zusammentreffen würde, und nach Clermont, wohin das nächste Konzil einberufen worden war – zunächst einmal als politisches Programm begriff: Nicht bloß eine militärische Unterstützung Konstantinopels sollte das sein, was er, Urban, jetzt inszenieren wollte, sondern dieser große Heilige Krieg, dieser Heerzug der Christen gegen die Mohammedaner, den schon Silvester II. und Gregor VII. geplant hatten. Die Zeit der Vorbereitung, die lange genug gedauert hatte, war abgelaufen. Nunmehr galt es zu handeln. Und Urban, dieser vorsichtige Charakter, der nichts unternahm, ohne nicht alle Für und Wider sorgfältig gegeneinander abgewogen zu haben, war zur Tat bereit. Clermont sollte die Entscheidung bringen.

Die Predigt von Clermont

Vorstellen muß man sich, wie damals, vor beinahe neunhundert Jahren, in denen sich das Antlitz Europas so gründlich gewandelt hat, daß man sich erstaunt fragt, weshalb immer noch diese atavistischen Züge des Bruderhasses, der Gemeinheit und der latenten Feindseligkeit deutlich erkennbar sind, wie sie damals erkennbar waren, als weder Gottes- noch Landfrieden noch die Sehnsucht der Menschen nach einem dauerhaften Waffenstillstand die überall aufflackernden Feuer der Gewalt, die Sturmbrände des Krieges hatten eindämmen können. Vorstellen muß man sich, wie damals der römische Papst, der als Almosenempfänger und landloser, einflußloser Flüchtling seine erstaunliche Karriere begonnen hatte, nun langsam nordwärts zog, dabei genießerisch die Huldigungen der Christen empfangend und eine Spur durch die Lombardei und Frankreich ziehend, die so dauerhaft wirksam sein sollte, als dieser Papst imstande sein würde, Europa durch seine Vision vom Heiligen Krieg zu begeistern. Und Urban, der nicht zu jenen glücklosen, unfähigen Herrschern zählte, die den Erfolg, wenn sie ihn sich erst einmal auszurechnen vermögen, wieder aus den Händen lassen, unternahm jetzt alles, um diesen Erfolg, dem er vieles geopfert hatte, dauerhaft an sich zu binden. Er war nicht umsonst einer jener Männer, die auf intensive Weise zum Genusse fähig sind, die eine besondere Begabung haben, den Erfolg wie ein rauschendes Fest zu feiern, auch wenn sie zuvor in die wenig schmeichelhafte Rolle des Leisetreters und Intriganten schlüpfen mußten, auch wenn sie Demütigungen und Niederlagen mit jener scheinbaren Gelassenheit ertrugen, welche die Welt über ihre wahren Absichten täuschen soll: Dieser Mann war ehrgeizig, wenn auch die Art und Weise, wie er seinen Ehrgeiz befriedigte, manchmal widerspruchsvoll schien. Und gerade deshalb sollte man versuchen, sich dieses schöne Zeremoniell vorzustellen, das diese Reise zum Konzil von Clermont in der Grafschaft Auvergne im alten Land Aquitanien in Wirklichkeit war: ein langanhaltendes Zeremoniell, das die Huldigungen durch die weltliche Macht ebenso einschloß wie den Jubel der Christen, die wohl ahnten oder einfach daran glauben wollten, daß das düstere Zeitalter der unaufhörlichen Kriege und Verwüstungen, unter denen sie viele Jahrzehnte lang gelitten hatten, durch diesen Mann abgelöst werden würde von einem goldenen Zeitalter, das Ruhm und Aufschwung und Reichtum versprach; und, wie die Mönche und Priester entlang der Landstraßen, die Urban benützte, eifrig verkündeten, auch durch großzügige Ablässe, welche den Sündern die Last ihrer Missetaten erleichtern würden.

Man reist in kleinen Etappen. Urban hatte Zeit. Und er mußte manche Vorbereitung treffen. Seine Sinnlichkeit, die von den zeitgenössischen Chronisten diskret angedeutet wird und die nicht so sehr eine fleischliche, geschlechtliche als eine den Lebensgenuß an sich verherrlichende und genießende war, eine Sinnlichkeit, die den reifen Geschmack burgundischer Weine ebenso brauchte wie den Jubel des Volkes oder die respektvolle Aufmerksamkeit der Fürsten, die sich jetzt drängten, diesem erstaunlichen Manne ihre Ergebenheit und Freundschaft zu bekunden, diese Sinnlichkeit berauschte sich nicht nur an den vielen Zeichen des Erfolges, sondern auch an der Möglichkeit, diesen Erfolg ins beinahe Maßlose, sozusagen Unsterbliche zu verlängern. Und Urban tat alles, um dieses hohe Ziel zu erreichen. Im Spätsommer des Jahres 1095 hatte er französisches Gebiet betreten; jetzt reiste er über das burgundische Valence zuerst westwärts nach Le Puy, einem bedeutenden Wallfahrtsort in der Grafschaft Velay, wo er jene Sendschreiben an die Bischöfe und Äbte Frankreichs, Spaniens, Deutschlands und Italiens diktierte, in denen er sie eindringlich aufforderte, im November nach Clermont zu eilen – jener Stadt in der Auvergne, nur wenige Tagesreisen von Le Puy entfernt, in welcher er nicht nur ein Konzil inszenieren, sondern auch sein zukunftweisendes Programm für die westliche Christenheit verkünden wollte. Diese Briefe enthielten gewiß manche Andeutung, die den Bischöfen und Äbten seltsam und zugleich verheißungsvoll erscheinen mochte. Es verbarg sich gewissermaßen ein Hauch angespannter Erwartung in diesen Schreiben, die viele Hoffnungen erweckten, ohne daß man, von Vermutungen abgesehen, vorerst noch genau gewußt hätte, was sich in Clermont an Entscheidendem, Wegweisendem ereignen würde. Wie groß die Erwartungen tatsächlich waren, sollte sich dann im November erweisen, als diesen Papst, der auch ein meisterhafter Regisseur seiner eigenen Absichten war, auf freiem Feld vor Clermont »der Eifer von dreizehn Erzbischöfen und 205 Bischöfen« begrüßte, wie das Gregorovius dargestellt hat, und als Urban »die Huldigungen vieler Granden französischer Lande und das fieberhafte Geschrei der zusammengeströmten Tausende« entgegennehmen durfte.

Vorerst freilich, im späten Sommer, im Herbst 1095, wandte er sich dem Süden zu, suchte er, nachdrücklich und beharrlich sein Programm verfolgend, in der Provence – wo er den ganzen September in Avignon und St. Gilles, einem anderen wichtigen Wallfahrtsort jenes Zeitalters, verbrachte – jene Kontakte, die er zur Durchführung seiner Pläne benötigte. So dürfen wir annehmen, daß er mit Raimund von St. Gilles, dem einflußreichen Grafen von Toulouse und Gebieter über die Provence, mehrmals zusammentraf, einem Ritter, der bereits in Spanien im Kampf gegen die mohammedanischen Mauren nützliche Erfahrungen gesammelt hatte und ein überaus angesehener Mann war und dessen Mithilfe bei einem so gewaltigen Abenteuer, wie es Urban plante, unerläßlich schien. Denn daß der Papst St. Gilles nicht bloß kirchlicher, bürokratischer Angelegenheiten wegen aufgesucht hatte, liegt wohl auf der Hand. Und anschließend, im Oktober, nur wenige Wochen vor der feierlichen Eröffnung des Konzils von Clermont, finden wir Urban in Cluny, wo er einst als Mönch und Prior tätig gewesen war und wo er nun »mit Männern sprechen konnte, die über den Pilgerverkehr sowohl nach Compostela als auch nach Jerusalem Bescheid wußten. Sie konnten ihn über die großen Schwierigkeiten unterrichten, welche die Palästinapilger angesichts des Zerfalls der türkischen Autorität im Heiligen Land zu erdulden hatten. Er erfuhr, daß nicht nur die Straßen durch Kleinasien gesperrt waren, sondern daß auch das Heilige Land selbst den Pilgern praktisch verschlossen war«. (S. Runciman) – Ein Papst, der Stein auf Stein setzt, vorsichtig, umsichtig, ein Stratege, der sich nicht auf kühne Intuition verläßt, sondern auf generalstabsmäßige Planung: Man muß Urban bewundern, auch wenn man ihn nicht zu lieben vermag.

In der Auvergne bläst im November häufig schon ein kalter, böiger Wind über die sanftgeschwungenen Kuppen, peitscht ein grauer, strähniger Regen die ächzenden Wälder, in denen damals noch die Wölfe heulten und viel Raubgesindel logierte, das nun allerdings scharenweise in die alte Bischofsstadt Clermont einrückte; dort begann am 18. November das Konzil, eine Veranstaltung, die erfahrungsgemäß nicht nur den geistlichen und manchmal auch weltlichen Würdenträgern, sondern selbstverständlich auch Taschendieben, Zuhältern, Hübschlerinnen und jeder Art von Halsabschneidern ein reiches Betätigungsfeld bot, Talent und Fleiß unter Beweis zu stellen. Denn gearbeitet wurde in jener Woche bis zum 28. November, da das Konzil seinen Höhepunkt und offiziellen Abschluß fand, auf allen Ebenen. Immerhin waren nicht nur an die dreihundert ranghohe Geistliche mit ihrem Anhang nach Clermont gekommen, sondern auch viel Volk aus der ganzen Auvergne, aus dem Burgundischen, aus den Guyennen war in die Stadt geströmt, um Augenzeuge eines bedeutsamen Ereignisses zu sein und, wenn möglich, auf die eine oder andere Weise daran zu partizipieren, denn solche Konferenzen verursachen ja nicht bloß ein moralisch-juridisches, sondern auch ein wirtschaftliches Ergebnis, das die Massen anlockt.

Der geistlichen Moral wurde in hinlänglichem Maße Genüge getan, zumindest auf jenen Sitzungen, die in der Kathedrale der Stadt stattfanden und bei denen unter der Leitung Urbans noch einmal jenes Programm feierlich bestätigt und erneuert wurde, das zuerst Gregor VII., dann sein Schüler und Nachfolger Urban – zuletzt erst wieder auf dem Konzil von Piacenza – der Christenheit und insbesondere dem niederen und hohen Klerus diktiert hatten: Laieninvestitur, Simonie und Eheschließung der Geistlichen wurden mit scharfen Worten verdammt, das heißt, es wurde die Kirche in die strengste Disziplin genommen und zugleich, ohne daß Urban dies als eine Kampfansage an den Adel artikuliert hätte, ihre Unabhängigkeit von aller weltlichen Obrigkeit bestätigt. Und um von allem Anfang an keine Mißverständnisse aufkommen zu lassen, wem der absolute Vorrang in allen kirchlichen Fragen gebühre, bannte Urban neben einem Bischof, nämlich jenem von Cambrai, der sich durch üblen Ämterschacher bereichert hatte, auch den französischen König Philipp wegen eines allzu auffälligen, ja eklatanten Falles von Ehebruch, was freilich keine gravierenden Folgen haben sollte; denn der König würde wenig später, schon im Juli des folgenden Jahres, dem Papste gegenüber jenen Gehorsam demonstrieren, der ihn, den König, vom Bann befreite, ohne daß er deshalb seine außerehelichen Vergnügungen hätte einschränken oder gar beenden müssen. Es kam wie stets bei solchen moralischen Grundsätzen, die auf wichtigen Konferenzen erarbeitet und feierlich verkündet werden, lediglich darauf an, unter welchem Gesichtspunkt und auf welche Weise man sie brach oder umging: Die Korruption innerhalb der Kirche hörte auch nach Clermont nicht auf; und was die delikate Frage des nunmehr zum wiederholten Male schon offiziell verordneten Zölibats betraf, so wußten sich jene Geistlichen, die nicht einzusehen vermochten, daß Keuschheit eine gottgefällige Tugend sei, durchaus zu helfen; an die Stelle der Ehefrauen traten jetzt ganz einfach die mehr oder minder ehrbaren Konkubinen.

Aber das alles waren letztlich nur zweitrangige Fragen, denen Urban mehr aus Pflichtbewußtsein denn aus innerer Anteilnahme seine Aufmerksamkeit widmete. Man diskutierte, ordnete an, diktierte, beschwor, verurteilte, erließ Dekrete, sprach Recht und verteilte Pflichten; aber jenes Ereignis, das dieses Konzil zu einem der wichtigsten in der Geschichte der römischen Kirche machen sollte, fand erst am 27. November statt, an einem Dienstag, und zwar nicht in der Kathedrale, die sich als viel zu klein erwiesen hätte für den Andrang des geistlichen und weltlichen Publikums, sondern auf einem freien Feld vor dem Osttor der Stadt, wohin man den päpstlichen Thronsessel gebracht und auf einem Podium, das durch einen Baldachin bedeckt und geschmückt war, aufgestellt hatte. Hier hielt Urban jene Rede, die eher einer leidenschaftlichen Predigt glich und die innerhalb weniger Augenblicke die Zuhörer und dann, mit gebührender, jedoch keinesfalls übertriebener Verspätung, die ganze Christenheit in Erregung versetzen sollte.

Wir kennen nicht den genauen Wortlaut dieser ebenso bedeutsamen wie dramatischen Ansprache. Aber wir wissen, was Urban sagte, weil uns vier zeitgenössische Chronisten den Inhalt dessen übermittelt haben, was an jenem 27. November zu Clermont das Signal war für den Beginn eines der großartigsten und zugleich unheimlichsten Abenteuer nicht bloß des Mittelalters, sondern der Menschheitsgeschichte schlechthin: Vom Elend der christlichen Brüder im Orient sprach Urban; und daß es nicht nur sein, des Papstes, dringlicher Wunsch, sondern Gottes gebieterischer Befehl sei, alles daranzusetzen, der schmachvollen Erniedrigung, der diese Christenbrüder in Palästina ausgesetzt seien, ein Ende zu bereiten. Übrigens notierten alle vier Chronisten übereinstimmend, was ein wenig seltsam anmutet, denn mindestens einer von ihnen, Guibert von Nogent, war gar nicht anwesend und mußte sich auf Zeugenaussagen verlassen, während ein anderer Chronist, Baudri von Dol, zwar den Anschein erweckt, des Papstes Antlitz geschaut zu haben, als dieser den Kreuzzug predigte, was aber durch nichts anderes als durch die Behauptung Baudris erhärtet wird, indes Robert der Mönch aus Reims noch am überzeugendsten den Anspruch für sich erheben kann, gleichsam als ein selbsternannter Engel der Wahrheit über die einzige authentische Mitschrift dieser Rede zu verfügen; bleibt noch Fulcher von Chartres, auch er ein angeblicher oder tatsächlicher Augenzeuge, auch einer jener begabten Stilisten, die aus dem Munde anderer oder vermittels der eigenen Phantasie oder vielleicht doch aus eigener Erfahrung ein recht farbiges, nuancenreiches Porträt der Ereignisse von Clermont zeichneten –, es notierten also alle vier Chronisten übereinstimmend –, daß der Papst, als er sein eindrucksvolles Wehklagen anhob über die elende Situation der christlichen Brüder im Orient, auch von Romania gesprochen habe, worunter man damals Byzanz verstand. Das wäre ein bemerkenswerter Hinweis auf gewisse doppelsinnige Absichten politischer Natur, die Urban hegte, was ihm ohne weiteres zuzutrauen wäre. Denn daß er dem Wunsch des byzantinischen Kaisers nach der Zuführung westlicher Soldaten aus reinem Altruismus entsprochen haben soll, ist ohnedies unwahrscheinlich; und die Differenzen zwischen der byzantinischen und der römischen Kirche, die im Augenblick zwar beigelegt und offiziell kein Thema waren, mußten einem ebenso geduldigen wie listenreichen Manne wie Urban ein Anlaß sein, auf irgendeine Weise und zum geeigneten Zeitpunkt der Welt zu zeigen, wer der wahre Herrscher über die Christenheit sei. Gregors kühner Anspruch auf die absolute Herrschaft über Ost und West war noch nicht vergessen.

In der Hauptsache aber befaßte sich Urban mit der Herrlichkeit Jerusalems und der moralischen Verpflichtung aller Christen, diese heilige Stätte aus den Händen der Glaubensfeinde zu befreien; und es scheint, daß der Papst, dessen rhetorische Begabung allgemein gerühmt wurde, sich in diesem Zusammenhang einer Sprache bediente, die von allen verstanden wurde, weil er, der sonst ewig zauderte und zögerte, hier sogleich die richtigen Worte fand, dem Anschein nach ein Genie der Improvisation, in Wahrheit wohlvorbereitet für diesen entscheidenden Augenblick, da es galt, die Massen zu begeistern und für eine Idee zu gewinnen, die, betrachtete man sie mit kühlem Verstand, irrational, gegen alle Vernunft und auch gegen die wesentlichsten Grundsätze der christlichen Moral gerichtet war. Urbans Worte müssen wie Keulenhiebe gewirkt haben, wenn wir den Chronisten trauen dürfen; er sparte nicht mit kraftvollen Ausdrücken; und er unterließ es auch nicht, sein Publikum daran zu erinnern, wie wenig christlich es sich aufführte: »Erhebt euch, kehrt eure Waffen, die vom Brudermord triefen, gegen die Feinde des christlichen Glaubens. Ihr Unterdrücker der Waisen und Witwen, ihr Meuchelmörder und Tempelschänder, ihr Räuber fremden Gutes, ihr, die ihr Sold nehmt, um Christenblut zu vergießen, die ihr gleich Geiern vom Geruche der Schlachtfelder angezogen werdet: eilt, so ihr eure Seele liebt, unter dem Feldhauptmann Christi zum Schutze Jerusalems auszuziehen. Ihr alle, die ihr solche Verbrechen verschuldetet, die euch vom Reiche Gottes trennen, kauft euch um diesen Preis los, denn dies ist Gottes Wille.« – So überlieferten es jene vier Männer, auf deren Aussage wir uns verlassen müssen; und so oder so ähnlich dürfte Urban tatsächlich gesprochen haben, was Ferdinand Gregorovius Jahrhunderte später zu einer Konklusion dessen animierte, was in Clermont an jenem 27. November des Jahres 1095 geschehen war: »Oftmals hat die glühende Beredsamkeit nicht vermocht, eine Menge für ihre eigenen nächsten Vorteile zu erwärmen, doch Urban riß das Parlament in Clermont zur Begeisterung für ferne Glaubensbrüder und eine ferne Stadt hin, welche von Europa durch Länder, Meere und ein Jahrtausend getrennt war. Die dichtgedrängten Zuhörer unterbrachen den Papst wiederholt mit dem fanatischen Ruf ›Gott will es‹. Fürsten, Ritter, Bischöfe, Knechte hefteten mit zitternder Hand ein rotes Kreuz auf ihr Gewand; Ehrgeiz, Abenteuerlust und jedes Verbrechen konnten sich unter dies Zeichen flüchten, alle Unfreien, Geknechteten, Verschuldeten und Gebannten sich unter dem Banner des Zuges sammeln und gewiß sein, dafür im Leben Sündenerlaß, im Tode das Paradies und zuvor goldene Berge in Syrien zu finden. Der Erfolg war vollständiger, als Urban erwartet hatte. Obwohl einige Bischöfe in ihn drangen, sich selbst an die Spitze des Zuges zu stellen, lehnte er dies dennoch ab, aber er ernannte in dem Bischof Adhemar von Puy seinen Stellvertreter.«

Manches davon muß man nüchternen Sinnes betrachten. Gott will es: Das war zweifellos eine spontane Reaktion der Menge auf die mitreißende Rede des Papstes, war gewiß mehr als bloß ein schöner Zufall, den die Spontaneität erzeugt. Wenn die Menschen den Aberwitz zum Genossen für die Bewältigung ihres irdischen Schicksals erwählen, mögen sie auch auf die Magie des Himmlischen nicht verzichten. Jenes rote Stoffkreuz freilich, das »Fürsten, Ritter, Bischöfe, Knechte mit zitternder Hand« an ihre Kleider hefteten, muß zuvor schon angefertigt und also sozusagen gebrauchsfertig vorhanden gewesen sein, zumal in dieser Vielzahl, so daß sich jetzt plötzlich Hunderte damit schmücken konnten; und auch jene schöne und rührende Geste, die uns vom Bischof Adhemar überliefert wird, wie er, kaum daß der Papst geendet hatte, sogleich sich von seinem Sitz erhob und Urban zu Füßen fiel, ihn laut und eindringlich darum bittend, sich als Pilger dieser Armee anschließen zu dürfen, worauf er vom Papst zum Anführer und geistlichen Oberhirten der Massen ernannt wird, die nach Jerusalem marschieren werden: Das alles hatte wohl hinlänglich mit der vorzüglichen Regie Urbans zu tun, der zu klug war, um irgend etwas dem Zufall zu überlassen. Immerhin hatte er, bevor er nach Clermont gegangen war, in Le Puy Quartier genommen und dort lange und ausführliche Dialoge mit Bischof Adhemar geführt, einem Manne mittleren Alters, der schon einmal in Jerusalem gewesen war und der, nach der Charakterisierung Runcimans, »ein hervorragender Prediger und taktvoller Diplomat war, aufgeschlossen, weitherzig, ruhig und gütig, ein Mann, den jeder achtete und der sich allzeit bemühte, zu überzeugen statt zu befehlen«. – Und auch jene Botschaft, die bereits am 1. Dezember in Clermont eintraf und deren wesentlicher Inhalt war, daß Graf Raimund von St. Gilles und Toulouse bereit sei, das Kreuz zu nehmen und mit einer stattlichen Anzahl von wohlausgerüsteten Männern nach Jerusalem zu gehen, mutet beinahe wie ein Wunder an, wenn man bedenkt, wie viele Tagesreisen zwischen Clermont und Toulouse, wo sich der Graf damals aufhielt, liegen und daß es also ganz unmöglich sein konnte, daß der einflußreiche Herr der Provence bereits von jenen Ereignissen unterrichtet worden war, die am 27. November in Clermont stattgefunden hatten. Die Menschen aber, die ja nichts über die Gespräche wußten, die zwischen Urban und Raimund schon im Herbst geführt worden waren, glaubten nur allzugern an ein Wunder; und zudem war dieser Graf ein berühmter Kriegsmann, wohlerprobt in vielen Kämpfen gegen die spanischen Mauren, mutig und kühn, auch rücksichtslos, was damals als eine Tugend galt. Zuversicht und Euphorie steigerten sich jedenfalls, als bekannt wurde, daß auch dieser Mann an der Pilgerfahrt nach Jerusalem teilnehmen würde.

Und Urban, der geschickte Regisseur und vorbildliche Stratege, warf weiter seine Netze aus: Am 27. November hatte er den Kreuzzug gepredigt; am 1. Dezember waren die Boten Raimunds in Clermont eingetroffen; am darauffolgenden Tag verließ der Papst die Stadt und begab sich – nach einer kurzen Erholungspause in verschiedenen kluniazensischen Klöstern – auf eine ausgedehnte propagandistische Rundfahrt, auf eine Art Wahlreise, wie wir das heute wohl nennen würden, ohne daß es uns deshalb am Respekt ermangelte vor der physischen und psychischen Leistung, die dieser Mann erbringen mußte, um das Programm, das er von Gregor übernommen, das er selbst gewiß sorgfältig durchdacht, um einige wesentliche Aspekte erweitert und sozusagen realisierbar gemacht hatte, zu einem glücklichen Abschluß zu bringen. Er hielt Ansprachen, diskutierte, eiferte, zürnte, beschwor und überzeugte: in Limoges, Poitiers, im schönen Tal der Loire, wo ihm die Menschen besonders eifrig zuströmten, und im März des Jahres 1096 in Tours, wo er ein weiteres Konzil abhielt, dessen Höhepunkt gleichfalls eine aufrüttelnde und beschwörende Predigt war, in welcher Urban die nach Tausenden zählende Schar seiner Zuhörer von neuem bestürmte, ihrer schweren Missetaten eingedenk zu sein, die sie auf sich geladen hätten durch unaufhörlichen Waffengang und Brudermord und vor allem durch die Verhöhnung Christi, die sie nur zu büßen vermochten durch die Teilnahme am Kreuzzug. Es wird die übliche Standardrede gewesen sein, die jeder Politiker, der etwas erreichen, der seine Zuhörer überzeugen und für sich gewinnen will, im Marschgepäck mit sich führt. Aber die Rede hatte Erfolg, wie auch heute noch die banalsten Phrasen fast stets Erfolg haben, wenn sie nur oft genug und laut genug vorgetragen werden. Jene Ansprache von Tours, auf einer Wiese am Ufer der Loire, wird jedenfalls von allen Chronisten einstimmig als ein weiterer Höhepunkt im Werbefeldzug Urbans gepriesen; Hunderte nahmen an Ort und Stelle das Kreuz, hefteten sich das kleine rote Stoffsymbol an die Brust – es scheint, daß ganze Wagenladungen davon im päpstlichen Troß mitgeführt wurden –, und Tausende folgten in den nächsten Tagen diesem anschaulichen Beispiel einer Massenpsychose, die freilich auch nichts Neues war und die sich bis ins 20. Jahrhundert noch oft und auf unheimliche Weise wiederholen sollte.

Der Papst war unermüdlich. Aquitanien, Bordeaux, Toulouse, Nimes, die Provence, dann, und da schrieb man schon August 1096, die ganze Lombardei; und während er unterwegs war und sein Programm verkündete, verhandelte er mit zahlreichen Abgesandten, schickte er selbst Botschaften aus, warb er zum Beispiel um die Gunst Genuas, wozu ihm übrigens der erfahrene Graf Raimund geraten hatte, denn ohne Schiffe, die den ungefährdeten Nachschub garantierten, war eine solche Offensive, wie sie Urban gegen die Levante plante, ein allzu großes Wagnis. Und Genua erklärte sich auch tatsächlich bereit, zwölf Galeeren und ein großes Frachtschiff zur Verfügung zu stellen; allerdings waren die Kaufleute und Kapitäne der ligurischen Hafenstadt im Gegensatz zu vielen anderen, die sich Hals über Kopf in dieses Abenteuer stürzten, mißtrauisch und vorsichtig. Viele französische Adelige, darunter auch Raimund, hatten ihren Besitz sogleich dem Schutz der Kirche überantwortet oder verschenkten ihn an ein Kloster, was uns auf die Idee bringen könnte, uns einmal die wirtschaftlichen Begleitumstände dieses Feldzuges zu überlegen; und welchen Nutzen welche Institution aus dieser Bewegung wohl gezogen haben könnte. In Genua freilich hatte man eine eigene Vorstellung von der Art, wie man sich an diesem Geschäft, das der Kreuzzug unter anderem ja auch zu werden versprach, beteiligen würde; in Genua wartete man vorerst ganz einfach einmal ab, wie sich das alles entwickeln würde. Und erst im Juli des Jahres 1097, als das Unternehmen im Nahen Osten tatsächlich jener Erfolg zu werden versprach, den sich alle, Kaufleute, Geistliche, Fürsten, Bauern, erhofft hatten, entließ man die Flotte aus dem heimatlichen Hafen mit dem Ziel Palästina.

Die falschen Propheten

Jede geistige oder eigentlich politische Bewegung, von der das Volk zu irgendeinem Zeitpunkt, den es selbst nicht zu bestimmen vermag, ernsthaft meint, sie sei von ihm ausgegangen, erzeugt Helden und Feiglinge, Sieger und Verlierer, erweckt Kräfte, von denen diejenigen, die diese Bewegung tatsächlich inszenierten, so gut wie nie eine wahre Vorstellung haben: Es werden in solchen historischen Augenblicken aus durchschnittlichen Menschen Heilige und Dämonen. Eine Idee, welche die Mehrheit einer Gesellschaft zu begeistern vermag, ist nämlich durchaus einem Fieber vergleichbar, gegen das es keine Medizin gibt, sondern das vielmehr mit voller Absicht immer von neuem entfacht und künstlich gesteigert wird, weil politische Medizinmänner jeden Ranges und jeder Qualifikation unter dem Beifall der Fiebernden zu behaupten wagen, der Sturm, der durch ihre Adern rase, sei notwendig und heilsam. Brandstifter, gefeiert als Heilsbringer, gehen dann um, vermummt durch die absonderlichsten Verkleidungen; und die Attentäter des Geistes haben Hochkonjunktur. Es ist keine Phrase zu abgeschmackt, kein Vergleich zu billig, kein Mittel zu schlecht, um der Bewegung nicht doch auf irgendeine Weise nützlich zu sein. Es herrscht ein latenter Ausnahmezustand. Die Gaukler hasten von Auftritt zu Auftritt. Und das Volk, das nie wirklich ahnt, wessen Interessen es dient und welche Gefahren die Bewegung, die es doch mit all seiner Leidenschaft unterstützt, in sich birgt, das Volk applaudiert jedem selbsternannten Propheten, auch wenn es vielleicht ahnt, daß dieser zum Aufbruch in den Untergang aufruft.

Und dennoch lebt die Geschichte auch und gerade von solchen Figuren, gewinnt dadurch, daß diese eine gewisse Bedeutung erlangen, eine Farbigkeit, welche die strenge

Komposition des Geschehens auflockert. Sogar die Helden des Dramas, das genaugenommen erst mit der Predigt Urbans am 27. November des Jahres 1095 zu Clermont machtvoll einsetzte, gewinnen dadurch an Kontur, daß sich das Zwielichtige und Absonderliche, das diese Bewegung erzeugte oder das von ihr ans grelle Tageslicht gezerrt wurde, den Helden gleichrangig beigesellte, sie unterstützte, aber auch schamlos ausbeutete.

Es hatte der Papst die Bischöfe, die Äbte, die Geistlichkeit schon in Clermont und dann bei jedem neuen Auftritt, bei jeder nachfolgenden Ansprache dringend aufgefordert, die Idee des Kreuzzuges mit allen Kräften zu unterstützen. Aber es wäre Urban nie in den Sinn gekommen, sich auch der Stimme des Volkes zu bemächtigen, denn das gemeine Volk zählte in jener Zeit nichts – es zählt im Grunde nie viel, ist allzeit bedeutungslos und stets nur ein Mittel zum Zweck –; was die Schlagkraft der aufzustellenden Armee anging, die nach den Plänen Urbans unter der Führung des päpstlichen Legaten, des Bischofs Adhemar von Le Puy, in die Levante aufbrechen und die dann freilich, wie im Verlaufe dieser Geschichte noch zu erzählen sein wird, in mehrere Armeen oder Abteilungen unter verschiedenen Anführern zerfallen sollte, so daß sich, wenn man dies bildhaft erzählte, ein vielgliedriges Gebilde aus Menschenleibern von Europa nach Konstantinopel bewegte, das als erste Anlaufstelle dieses Kreuzzuges vorgesehen war; auch was also die Schlagkraft dieser Armee anging, ihre Disziplin und militärische Brauchbarkeit, so war man auf den Adel angewiesen; der Papst rechnete mit dem soldatischen Können, der militärischen Tugend von Rittern und deren gutausgebildeten Knechten, niemals jedoch mit irgendeiner wesentlichen Unterstützung durch die breiten Massen, mit einer Hilfe durch die Bauern etwa, die in jenem Zeitalter zwar nicht mehr in ausgesprochener Leibeigenschaft vegetierten, deren sozialer Stand aber so unbedeutend war, daß sie nicht viel mehr – oder eigentlich sogar weniger – zählten als die Domestiken einer adeligen Herrschaft.

Man sollte sich vielleicht, um den kometenhaften Aufstieg eines jener selbsternannten Propheten, welche die Gunst der Stunde, das heißt, das allgemeine Fieber der Menge nutzten, besser zu verstehen, man sollte sich vielleicht die Verhältnisse vorzustellen versuchen, unter welchen zum Beispiel die Bauern Westeuropas lebten, Verhältnisse, die durch die Tyrannei des Adels, aber auch durch Naturkatastrophen beeinflußt wurden. Im Jahre 1094 hatte es in weiten Teilen West- und Nordwesteuropas schwere Überschwemmungen und Seuchen gegeben; im darauffolgenden Jahr vernichtete eine Hitzewelle von ungewöhnlicher Dauer und Heftigkeit die ganze Ernte; eine allgemeine Hungersnot war die Folge; ebenso erregten seltsame Himmelserscheinungen – wahrscheinlich handelte es sich um herabstürzende Meteorsteine – die ohnedies von Aberglauben und Dämonenfurcht geprägte Phantasie des Volkes. Der Adel wiederum nahm keine Rücksicht auf die Nöte der Bauern, untersagte die Rodung der Wälder, in denen das Jagdwild stand, und verhinderte dadurch vielfach die lebensrettende Vermehrung des fruchtbaren Ackerbodens; denn ungeachtet der Kriege, Seuchen und Hungersnöte vermehrten sich die Menschen in Europa gerade in jenen letzten Jahrzehnten des 11. Jahrhunderts verhältnismäßig rasch, nahm die Bevölkerungszahl in einem Ausmaß zu, daß nur energische Maßnahmen – und dazu hätte eben die Umwandlung von Wald und unfruchtbarer Wildnis in Ackerland gezählt – eine unzumutbare Verschärfung des Elends hätten verhindern können. Aber allein von Wilhelm, den sie den Eroberer nannten, wissen wir, daß er nicht bloß weite Gebiete fruchtbaren Bodens in Forste verwandelte, die durch strenge Gesetze der Jagd vorbehalten waren, sondern auch daß er eine Reihe von Gesetzen erlassen hatte, die das Wild wertvoller machten als das lebensnotwendige Interesse der Bauern an Ackerböden. Und sein Beispiel steht wahrlich nicht allein, denn erst im 12. Jahrhundert sollte auch der Adel allmählich begreifen, daß er sich selbst schadete, wenn er seine Privilegien, die fast immer gegen die Interessen der

Mehrheit gerichtet waren, allzu bedingungslos ausnützte. Immerhin hatte sogar Urban, der selbst Adeliger war und dem man gewiß kein übertriebenes Mitleid oder irgendeine evangelische Empfindung für die Nöte der Bauern nachsagen kann, anläßlich seiner leidenschaftlichen Ansprache zu Clermont wörtlich erklärt: »Dieses Land vermag kaum seine Bewohner zu ernähren. Deshalb braucht ihr seine Güter auf und stachelt euch zu endlosen Kriegen untereinander an.«

Solche unzumutbaren Verhältnisse, wie sie damals in weiten Teilen Europas herrschten – Kriegsheere wälzten sich vernichtend durch blühende Provinzen, Deserteure, Verbrecher, Entwurzelte rotteten sich zu Banden zusammen und vernichteten, was der Furie des Krieges entgangen war, Bruderzwist und Bürgerkrieg besorgten den Rest –, solche Verhältnisse bereiten stets den Boden, dem die Propheten entwachsen. Es sei dies ein Zeitalter der Prophezeiungen und Gesichte gewesen, sagen die Historiker; und dem könnte man aus der Sicht des einfachen Menschen, der in wirtschaftlicher und seelischer Bedrängnis lebt, auch heute noch hinzufügen, daß manchmal die Flucht ins Irrationale der letzte Ausweg sein kann, wenn die Wirklichkeit zu grausam und niederdrückend ist. »Zweifellos dachte mancher Landmann, der seine Familie auf den Wagen lud, weder ausschließlich an sein Seelenheil noch an die Befreiung des Heiligen Grabes; dafür aber um so mehr an seine eigene Befreiung aus Leibeigenschaft und Hörigkeit. Man kam stillschweigend überein, daß der Grundherr seine Leibeigenen nicht daran hindern sollte, das Land zu verlassen; das Kreuzfahrerheer sollte sich grundsätzlich aus freien Männern zusammensetzen.« (Joshua Prawer) – Und aus solchen Überlegungen heraus wird man auch den unglaublichen Erfolg jenes Wandermönches verstehen müssen, der unmittelbar nach der Predigt Urbans in Clermont in Erscheinung trat und zum umjubelten Herold des einfachen Volkes wurde. Sein genauer Name ist ebenso unbekannt wie die näheren Umstände seiner Herkunft. Man nannte ihn einfach den »Kleinen Peter« oder auch, was wohl mit der Eremitenkutte zu tun hatte, in der sein abgezehrter Körper steckte, »Peter, den Einsiedler«, obgleich er höchstwahrscheinlich nie ein Eremit gewesen war. Er stammte angeblich aus der Nähe von Amiens, soll eine Pilgerfahrt nach Palästina unternommen haben, die aber wie so manche andere Wallfahrt in jener Zeit kläglich endete; angeblich war er von Türken und Seldschuken überfallen und übel zugerichtet worden, ohne daß er auch nur einen einzigen Blick auf das begehrte Ziel Jerusalem hätte werfen können. Steven Runciman beschreibt ihn so: »Er war klein und untersetzt, von schwarzbrauner Hautfarbe, mit einem langen und hageren Gesicht und auf schreckliche Weise dem Esel ähnlich, welchen er ritt und der nahezu die gleiche Verehrung genoß wie er selbst. Er ging barfuß; seine Kleider starrten vor Schmutz. Er aß weder Brot noch Fleisch, wohl aber Fisch, und sprach dem Weine zu. Trotz seines niederen Aussehens besaß er die Macht, die Gemüter der Menschen zu bewegen. Eine eigentümliche gebieterische Autorität strahlte von ihm aus.« – Und der Zeitgenosse Guibert von Nogent meinte: »Was immer er sagte oder tat, schien halbgöttlicher Art zu sein.« – Freilich muß man allen diesen Äußerungen gegenüber ein wenig vorsichtig sein, denn wie spätere Ereignisse es bestätigen, scheint Peter von Amiens ein ganz und gar durchschnittlicher Charakter gewesen zu sein, der einfach durch gewisse Umstände, durch die allgemeine Hysterie in jenen Tagen und durch seine ungewöhnliche Beredsamkeit zu völlig unverdientem Ruhm gelangte; und der diesen Ruhm dann dazu benützte, Unzählige ins vollkommene Verderben zu stürzen.

Die Spur, die dieser Wandermönch und selbsternannte Prophet zog, läßt sich von ihren Anfängen an ziemlich deutlich verfolgen. Es ist unwahrscheinlich, daß er jenem Konzil von Clermont beigewohnt hatte, auf welchem alles Nachfolgende ausgelöst worden war; jedenfalls berichten die Chronisten nichts, was darauf schließen läßt, daß Peter als Ohrenzeuge der Worte des Papstes in jene Ekstase versetzt worden wäre, die ihn dann selbst zum Vermittler und

Einpeitscher von Leidenschaften werden ließ, denen das ebenso abergläubische wie unwissende, jedoch durch geschickte Manipulation und geniale Beredsamkeit allzeit fanatisierbare Volk völlig erliegen sollte. Bemerkenswert ist in diesem Zusammenhang die Behauptung Peters, einen Brief Christi zu besitzen, der ihm eines Tages aus dem Himmel zugeflogen sei und dessen Inhalt nichts anderes sei als die gebieterische Aufforderung des Herrn, unverzüglich aufzubrechen nach Jerusalem, um die heiligste Stadt der Christenheit aus den Händen der Ungläubigen zu befreien. Niemand sah natürlich jemals diesen mysteriösen Brief. Aber alle glaubten an seine Existenz. Überdies soll es Abschriften gegeben haben, die reißenden Absatz fanden. Das hört sich heute unwahrscheinlich an, da wir in einem Zeitalter leben, von dem wir meinen, daß es ein restlos aufgeklärtes sei. Damals freilich waren Könige und Gelehrte, Päpste und Heilige und selbstverständlich erst recht das gemeine Volk zutiefst von solchen Dingen überzeugt, die man gemeinhin zwischen Himmel und Erde ansiedelt. Es hatte einst immerhin ein schlauer Papst einen Merowingerkönig dazu gebracht, mit einem gewaltigen Heer über die Alpen südwärts zu ziehen, um die arianischen Ketzer in Norditalien zu vernichten – und das auslösende Moment für dieses ungewöhnliche Unternehmen war ein angebliches Schreiben Petrus' gewesen, in welchem der Heilige, der zu jenem Zeitpunkt schon viele Jahrhunderte tot war, den zögernden König aufforderte, das zu tun, was ihm der Papst befahl. Es hatte ein anderer Papst, um noch ein Beispiel zu erwähnen, Erde vom Grab des heiligen Martin von Tours seinen Mahlzeiten und Getränken beigemengt, weil er davon überzeugt war, daß diese sonderbare Medizin seine Magengeschwüre, unter denen er litt, heilen würde. Es war, um mit Friedrich Heer zu sprechen, der Glaube des mittelalterlichen Menschen – und da unterschieden sich die Adeligen nicht vom Landvolk, die Stadtmenschen nicht vom Klerus – eine Art vitaler Koexistenz antiker, also heidnischer und christlicher Elemente, wobei ein tiefverwurzelter Aberglaube sozusagen das einigende Band war, das heidnische und christliche Vorstellungen zusammenhielt. Unter diesem Aspekt lebte der Mensch im Mittelalter, ohne daß er sich dessen deutlich bewußt gewesen wäre. Und ein Zauberbrief oder, wenn man es mit den Augen des Mittelalters betrachtete, eine kostbare Reliquie, darin die Handschrift Christi festgehalten war, war gar nichts Unglaubwürdiges, sondern nur eine nachdrückliche Bestätigung dessen, was die Menschen instinktiv empfanden: Es lag die Welt im argen, und Gottes Wille war, daß dies durch die Kraft christlicher Soldaten verändert werde.

Es muß dennoch ein gespentisches und zugleich dramatisches Bild gewesen sein, wenn Peter von Amiens zuerst in der Grafschaft Berry, dann, schon im Spätwinter und beginnenden Frühling des Jahres 1096, im Orléannais, in der Champagne und in Lothringen auftrat, ein hagerer oder eigentlich erschreckend abgemagerter, schmutzstarrender, im Grunde abstoßender Sonderling, wenn wir seine Figur mit heutigen Augen betrachten: Es muß ein furchterregender und zugleich beeindruckender Anblick gewesen sein, den dieser Prophet der Menge bot, während er über sie herfiel mit Worten, die, wie die Menge überzeugt war, Gott selbst ihm eingegeben hatte, während er die Menge züchtigte und zugleich faszinierte, ein Prediger der Revolution, der kein Mitleid kannte, sondern nur dieses unbarmherzige »Gott will es« den Menschen ins Antlitz und ins Herz schrie, bis die Schar um ihn immer größer und endlich fast unübersehbar wurde, bis sogar andere Wanderprediger und selbsternannte Propheten sich ihm willig unterordneten, darunter zwei Deutsche namens Orel und Gottschalk und ein französischer Abenteurer mysteriöser Herkunft, der sich den Namen Sans-Avoir angeeignet hatte, was soviel wie Habenichts bedeutet; von ihm, der wohl ein Berufssoldat gewesen war, bevor er in den Bann Peters geriet, ein redlicher Mann, eher einfältig als gerissen, von ihm hieß es, daß er der apostolischen Armut zuliebe seinen sonderbaren Namen angenommen hätte. Er scheint einer der wenigen korrekten

Charaktere im Generalstab des dämonischen Propheten gewesen zu sein, der sich seiner Anhänger und Jünger fast nach Belieben bediente. Denn als Peter im April des Jahres 1096, es war zu Ostern, in Deutschland einfiel, als er einzog in die schöne und reiche Stadt Köln, da folgten ihm und seinem dürren Esel schon an die fünfzehntausend Anhänger – manche Autoren nennen ein Mehrfaches dieser Zahl, was allerdings übertrieben sein dürfte –, darunter viel Gesindel, »eine Armee ohne Zucht, ohne Ordnung, fast ohne Waffen, Produkt eines Massenwahns, der sich in weniger als einem halben Jahr wie eine ansteckende Krankheit verbreitet hatte. Ein Aufgebot mehr der Hölle als des Himmels: streitbare Männer, die sich das Zeichen des Kreuzes selbst in die Haut eingebrannt hatten, wild entschlossen, ihr Leben im Kampf gegen die Kohorten des Antichrist zu riskieren; fanatisierte Bettelmönche, die eifernd und predigend die ohnehin erregten Massen bis zur Weißglut erhitzten; Glücksritter, die in der Stadt des Herrn mit einem Schlage reich zu werden hofften; Taschendiebe und Geschäftemacher, die ihre Kreuzbrüder gewissenlos um das Letzte prellten. Und viele, viele Frauen: Bäuerinnen, die ihre kärglichen Vorräte nicht aus den Augen ließen; Weiber in Mannskleidern, die vom Blut erschlagener Feinde träumten; und ungezählte liederliche Dirnen ...« (Rudolf Pörtner).

In Köln bewies Peter auch, daß er unter gewissen Voraussetzungen mehr zu sein vermochte als bloß ein wütender Eiferer, ein hysterischer Revolutionär, ein rücksichtsloser Aufwiegler und Brandstifter, der sich seiner eigenen und gefährlichen Komplexe dadurch zu entledigen versuchte, daß er die Menschen verrückt macht. Denn er begann sich plötzlich in der Kunst der Organisation zu üben. Auch scheint ihn hier in der Stadt am Rhein so etwas wie ein Gewissen überfallen zu haben, denn erstmals hielt er in seinem ebenso wüsten wie beeindruckenden Tun ein wenig inne, gleichsam die Lage bedenkend, in die er sich und seine Anhänger gebracht hatte: Da waren fünfzehntausend oder vielleicht auch dreißigtausend Menschen, die ihm blind gehorchten und die freilich nicht nur geführt oder manipuliert, sondern auch verköstigt werden mußten; da war aber auch, wenn man es mit strategischem Blick betrachtete, eine Armee, die zum offenen Kampf gegen ausgebildete Soldaten unfähig schien, weil es ihr an Führerpersönlichkeiten fehlte, an Offizieren, die den Mangel an Waffen und soldatischer Disziplin dieser regellos hin und her flutenden Menge hätten beheben können. Diese Menschen waren Entwurzelte in mehrfacher Hinsicht. »Das einzige, was sie verband, war ihr Glaubenseifer«, schreibt Runciman, »samt und sonders hatten sie alles, was sie besaßen, aufgegeben und zurückgelassen, um Peter zu folgen; und sie drängten danach, weiterzuziehen. Überdies war es unerläßlich, sie in Marsch zu halten, wenn man sie ernähren wollte; nur wenige Gegenden des mittelalterlichen Europa besaßen einen ausreichenden Überschuß an Lebensmitteln, um die Bedürfnisse einer so zahlreichen Gesellschaft längere Zeit hindurch zu befriedigen.« – Und der dämonische Mittelpunkt dieser Gesellschaft, ihr Haupt und Mund und Herz, Peter von Amiens, scheint in Köln tatsächlich begriffen zu haben, daß er, der selbsternannte Führer dieser ungewöhnlichen Bewegung, das ganze Unternehmen und sich selbst ernsthaft gefährdete, wenn es ihm nicht gelang, daraus eine kompakte Masse, einen ordentlichen Heerbann zu gestalten. Wie sollte dieser Menschenhaufen sich gegen die zahllosen Gefahren behaupten, die auf dem langen Weg nach Jerusalem auf ihn warteten? Wer von den vielen Galgenvögeln, wer von den Bauern, von den Städtern, die sich ihm angeschlossen hatten, konnte überhaupt im Ernstfall mit einer Waffe so umgehen, daß er sich gegen die kriegsgewohnten Heiden zu behaupten vermochte? Peter war in Anatolien gewesen und hatte gesehen, welch ein tüchtiges Soldatenvolk Türken und Seldschuken waren. Und er mußte sich jetzt in Köln, da es kein Zurück mehr gab, zum erstenmal die vernünftige Frage stellen, was zu tun sei, um diesen Kreuzzug des Volkes, wie er bald genannt wurde, nicht in einen sinnlosen Opfergang entarten zu lassen.

Er begann damit, jetzt auch den Deutschen diesen Kreuzzug zu predigen. Es hat damals schon dieses Volk den Ruf genossen, tüchtig im Kampf und überdies dem militärischen Leben zugänglicher zu sein als die hitzigen Romanen oder die ein wenig nachlässigen, zur Zügellosigkeit neigenden Gallier. Und überdies brauchte Peter dringend die Unterstützung des Adels, brauchte er die Gefolgschaft von Rittern, denen er die Sorge darüber, seinem wüsten Haufen zumindest die Anfangsgründe des soldatischen Handwerkes beizubringen, überantworten konnte. Und tatsächlich hatte er nach einem mühsamen Beginn, als ihn die fröhlichen Rheinländer noch verlachten und verspotteten, einigen Erfolg: Es schlossen sich ihm zuerst Bauern an, dann auch viel Stadtvolk, das, wie es meinte, durch ein solches Abenteuer nur gewinnen konnte, und zuletzt etliche Vertreter des deutschen Adels, keine mächtigen Fürsten zwar, aber doch Männer wie Hugo von Tübingen, Heinrich von Schwarzenberg, Walter von Teck und noch einige andere junge Ritter mit mehr oder minder großer Gefolgschaft, so daß Peter, als er Köln Ende April verließ, jetzt nicht nur über mindestens zwanzigtausend Mann verfügte, von denen einige Hundertschaften wohlausgebildete Soldaten waren, sondern auch damit rechnen durfte, daß ihm unter der Führung seines Jüngers Gottschalk und des Grafen Emich von Leiningen, eines rheinischen Edelmannes von ungestümem Charakter, der in seiner Heimat einen üblen Ruf besaß, weil er grausam, verschlagen und übertrieben habgierig war und der sich eher aus egoistischen Motiven der Bewegung gleichfalls angeschlossen hatte, wobei er allerdings erst zu einem nachfolgenden Zeitpunkt auf gemeine Art in Erscheinung treten sollte, daß also unter Gottschalk und diesem eher bösen, hinterhältigen Grafen Emich von Leiningen etwas später noch eine weitere Armee nachfolgen würde.

Eine größere Vorausabteilung unter Walter Habenichts, hauptsächlich Franzosen, die zu ungeduldig gewesen waren, den Erfolg Peters bei seinen Bemühungen um eine Unterstützung durch die Deutschen abzuwarten, war bereits unmittelbar nach Ostern von Köln aufgebrochen. Es scheint sich um eine Gruppe von mehreren Tausend gehandelt zu haben, die schon Ende des Monats April, als das gewaltige Hauptheer Peters gerade erst die Donau erreichte und in Richtung Ungarn marschierte, in Semlin einlangte, damals Grenzstadt zum Byzantinischen Kaiserreich, das am jenseitigen Saveufer in Belgrad begann. Und während Walter Habenichts ohne größere Schwierigkeiten – es gab wohl einige Auseinandersetzungen mit ungarischen Soldaten in Semlin, später auch mit den Byzantinern in Belgrad, Auseinandersetzungen, die durch die Disziplinlosigkeit einiger Kreuzfahrer ausgelöst wurden –, während also diese französische Vorausabteilung ohne größere Schwierigkeiten über Belgrad, Nisch, Sofia, Plovdiv, das damals noch Philippopel hieß, ferner über Adrianopel, das heutige Edirne, nach Konstantinopel zog, wo man schon Mitte Juli einlangte, wälzte sich Peters Heerhaufen langsam und schwerfällig gegen den Balkan. Mit Koloman, dem König von Ungarn, einigte man sich gütlich, was die Erlaubnis für die Durchquerung seines kleinen Reiches betraf. Am 20. Juni 1096 erreichte Peter mit seiner Armee endlich auch die Grenzstadt Semlin. Der erste entscheidende Schritt war getan. Man stimmte Danklieder an; viele beteten; und niemand dachte an die Möglichkeit eines Mißerfolges.

Der Kreuzzug des Volkes

Man kann die Chronologie eines Feldzuges, wie jener seltsame Kreuzzug des Volkes zweifellos einer war, aufs genaueste nacherzählen, ohne daß man dennoch zu verstehen vermag, wie dieses oder jenes Ereignis zustande kam oder was die Menge wirklich bewegte, die sich einer Flutwelle gleich über fremde Städte und Provinzen ergoß. Das stürmische Bekenntnis zu Gott, das alle Pilger abgelegt hatten, schien eine hinreichende Legitimation für jede Dummheit und für jedes Verbrechen zu sein.

Und doch barg auch dieser Kreuzzug des Volkes, der die dramatische Ouvertüre des Ersten Kreuzzuges sein sollte, wie jeder Feldzug ein Geheimnis in sich, das letztlich durch die Vernunft allein nicht zu lösen war. Alexanders Marsch nach Indien, die französische Expedition zu den Pyramiden oder nach Moskau, der Vorstoß der Deutschen in die endlosen Ebenen Rußlands und bis nach Stalingrad: Das alles waren ja nicht bloß militärische Unternehmungen, die allein durch ein Höchstmaß an Disziplin und Brutalität in ständiger Bewegung gehalten wurden, sondern da spielten fast immer auch ökonomische, psychologische, soziologische Fakten eine wichtige Rolle, da war in der Regel stets ein gewaltiger bürokratischer Apparat eingesetzt, der beispielsweise für Nachschub, für alle Fragen der Verwaltung oder für die sogenannte psychologische Kriegführung zu sorgen hatte; selbst die makedonische Reiterei Alexanders war nie gänzlich losgelöst von der Heimat, mußte nur in Ausnahmesituationen des lebensnotwendigen Nachschubes entbehren, ganz zu schweigen von den Feldzügen Caesars in Gallien oder dem Vormarsch der alliierten Invasionsarmee 1944/45. Dennoch mutet jeder dieser Feldzüge, von denen Militärhistoriker und private Strategen schwärmen, wie ein

Wunder an; denn im nachhinein, wenn alle Schlachten geschlagen, die Kriege gewonnen oder verloren, die Opfer begraben oder verschollen sind, stellt sich immer wieder von neuem heraus, daß Dilettantismus, Dummheit und Hochmut die wahren Feldherren waren; daß der Zufall eine viel größere, gewichtigere Rolle spielt als alle taktischen Überlegungen der diversen Generalstäbe und Marschälle; daß der Hunger manchmal ein wesentlich gefährlicherer Gegner ist als der Feind; daß die Moral einer Truppe von vielen unvorhersehbaren Dingen abhängig ist; und daß jeder Feldzug im Grunde ein völlig nutzloses Unternehmen bleibt, weil er nie wirklich etwas verändert und niemals wirklich etwas in Bewegung setzt.

Und jetzt vor Semlin diese Armee von zerlumpten, ungebildeten, gutgläubigen, verwirrten, aber auch hemmungslosen, wüsten, leidenschaftlichen Menschen, diese Bauern- und Gesindelarmee, die an einem heißen Junitag des Jahres 1096 über die staubige Ebene heranwogte, die sich von Semlin und der Save nordwärts erstreckt, eigentlich eine Karikatur von einer Armee, wie sie die Geschichte zuvor noch nicht gesehen hatte: Allesamt Christen, die wohl den Eifer für Gott besaßen, wie das der Abt von Aura, Ekkehard, einige Jahre später seiner *Chronik des Kreuzzuges* anvertrauen sollte, Christen freilich, die gar nicht nach der Weisheit Gottes handelten, was den Abt, der ein fanatischer Anhänger der Kreuzzugsidee war, zum skeptischen Schluß kommen ließ, »daß einige einfältige Brüder, die die Sache nicht verstanden, Ärgernis nahmen an diesem Unternehmen«. – Das war mehr als vorsichtig formuliert angesichts der Umstände, die sich nun in Semlin ereigneten. Denn Ärgernis nahmen auch die Soldaten der ungarischen Garnison von Semlin, deren Kommandant übrigens ein Türke war, an diesem regellosen Haufen, der gegen die Mauern brandete, daran noch einige zynische Souvenirs – Waffen und Kleidungsstücke – hingen, die man jenen Franzosen abgenommen hatte, die unter Walter Habenichts schon einige Wochen zuvor durch Semlin gekommen waren und sich ungebührlich benommen hatten. Und das wiederum, nämlich der Anblick dieser Souvenirs, die dekorativ von den Mauern herabhingen, empörte die Kreuzfahrer, die jetzt im Juni vor Semlin standen; überdies hatte man von den an sich harmlosen Vorfällen erfahren, die sich im Mai zugetragen hatten, als die Truppe Walters hier die Grenze zum Byzantinischen Reich überschritten hatte; aber durch die ausschmückende, dramatische Nacherzählung waren diese eher harmlosen Vorfälle ins Unangemessene, Ungeheuerliche verzerrt worden; und zudem kam es jetzt aufgrund eines lächerlichen Streites, der sich zwischen einem Pilger und einem magyarischen Basarhändler einer Lappalie wegen entwickelte – die eigentliche Ursache waren gewiß Verständigungsschwierigkeiten, da keiner des anderen Sprache verstand –, zu einer handfesten Auseinandersetzung, was gewissermaßen der Funke war, der alles zur Explosion brachte. Zuerst raufte eine Handvoll; dann wurden die ersten Waffen gezogen; dann ertönte irgendwo ein verhängnisvolles Signal. Und der Zufall führte bei alledem eine teuflische Regie: Es begannen die Pilger einen Sturmlauf gegen die Stadtmauern, die bald überwunden wurden; es folgte ein Angriff auf die Zitadelle, darin sich die ungarische Besatzung verbarrikadiert hatte. Die Zitadelle wurde genommen, die Besatzung getötet. Angeblich kamen dabei an die viertausend Ungarn ums Leben, was, auch wenn diese Zahl übertrieben anmutet, erschreckend war. Denn das waren ja keine Feinde des wahren Glaubens, die hier von christlichen Pilgern erschlagen worden waren; das hier war auch nicht Jerusalem, das es zu erobern und von allen Heiden zu säubern galt, sondern das war eine Grenzstadt in einem befreundeten christlichen Reich; und das war zudem ein Bruch aller feierlichen Vereinbarungen mit Koloman, dem ungarischen König, der bisher sowohl die Vorausabteilung der Franzosen als auch Peters gewaltiges Heer ungehindert durch sein Land hatte ziehen lassen.

Man muß sich angesichts dieses vollkommenen Zusammenbruchs aller Ordnung fragen: Welche Rolle spielte eigentlich der selbsternannte Prophet und Anführer dieser Armee, Peter von Amiens, dem doch, wenn man den zeitgenössischen Quellen Glauben schenken darf, die überwältigende Mehrheit der Pilger noch in Frankreich und in Deutschland blindlings ergeben war? Und wo war, was tat seine adelige Kumpanei aus Deutschland, diese Grafen und Ritter, denen er die Aufrechterhaltung der Disziplin innerhalb der Truppe anvertraut hatte? Und gab es da keine Mönche, keine Geistlichen, welche die rasende Menge durch Beschwörungen und Bitten davon hätten abbringen können, das Blut befreundeter Christen zu opfern? Und war da wirklich niemand, der schaudernd begriffen hätte, welchen katastrophalen Fehler man beging, indem man Semlin mit Gewalt nahm und damit sozusagen die letzte Brücke verbrannte, die eine gesicherte Verbindung mit der Heimat garantierte? Denn daß der ungarische König diesen ungeheuerlichen Affront würde rächen wollen, lag auf der Hand; und daß alle später nachfolgenden Pilgerkarawanen diese Rache zu spüren bekommen würden, war nun gleichfalls vorhersehbar.

Peter scheint zu diesem Zeitpunkt nur noch geringen Einfluß auf diese seltsamen Soldaten Christi gehabt zu haben; soviel dürfte jedenfalls feststehen, wenn man die folgenden Ereignisse überdenkt, die, wie so oft bei solchen dramatischen Geschichten, aus einer einzigen Kette von Fehlern und Mißverständnissen bestanden. Denn kaum daß der letzte ungarische Soldat in der Zitadelle von Semlin erschlagen am Boden lag, dämmerte den Totschlägern, die sich wahrscheinlich nach wie vor als fromme Pilger und brave Soldaten Christi betrachteten, daß die Vergeltung des ungarischen Königs Koloman nicht lange auf sich warten lassen würde; und die nach Zehntausenden zählende Menge strömte nun in vollkommener Unordnung zu den Ufern der Save hinab, um den Fluß zu überqueren und damit den rettenden Boden des Byzantinischen Reiches zu gewinnen. Dort aber, am jenseitigen Ufer, hatte Niketas, der byzantinische Statthalter, die blutigen Geschehnisse von Semlin genau beobachtet und in aller Eile seine Gegenvorkehrungen getroffen, um von dieser schrecklichen Invasion nicht völlig hilflos überrannt zu werden. Seine Truppe bestand in der Hauptsache aus Petschenegen, also aus Türken, die vortreffliche Soldaten waren und die jetzt ausschwärmten, um einen Kordon zu bilden und den Pilgern eine Furt zu weisen, über die sie nach Belgrad gelangen konnten, ohne allzuviel Schaden anzurichten. Aber einerseits gebärdeten sich diese Pilger wie Wahnsinnige, waren sie buchstäblich außer Rand und Band geraten, andererseits aber peinigte sie wohl auch die Furcht, daß Kolomans Reiter am Horizont auftauchen könnten, um Rache zu nehmen für das Massaker an ihren Kameraden. Jedenfalls kam es auch jetzt am byzantinischen Ufer der Save sogleich wieder zu einem Scharmützel, das nur deshalb nicht in eine Schlacht ausartete, weil Niketas, der klug genug war, um einzusehen, daß er mit seinen wenigen Soldaten gegen diese Horde nichts ausrichten konnte, die Petschenegen zurückzog, Belgrad räumte und bis nach Nisch zurückwich. Auch die Bevölkerung Belgrads verließ fluchtartig die Stadt, überließ Hab und Gut den christlichen Plünderern, die am 26. Juni mit ihrem Wüten begannen und sich bald nicht mehr darauf beschränkten, alles zu stehlen, was ihnen unter die Hände kam, sondern auch mutwillig Feuer legten und ganze Stadtviertel niederbrannten und alles zerstörten, was ihnen in ihrer blindwütigen Raserei zerstörenswert schien. Dann, nachdem innerhalb weniger Stunden Belgrad vollkommen verwüstet und gebrandschatzt worden war, ohne daß sich auch nur eine einzige Stimme der Vernunft gegen diese Barbarei erhoben hätte oder daß diesen Wahnsinnigen einer der Ritter oder Geistlichen in den Arm gefallen wäre, dann marschierte diese Armee von Plünderern, Totschlägern und Brandstiftern sieben Tage lang durch die damals noch dichten Wälder Serbiens, auch hier eine Spur der Verwüstung, des Hasses und der Furcht hinterlassend, bis man am 3. Juli die Mauern von Nisch erblickte, das zu jener Zeit das militärische Zentrum des byzantinischen Balkan war. Und jetzt erst tat Peter das, was er, wäre er ein brauchbarer Heerführer und ein überzeugender Apostel der Kreuzzugsidee gewesen, schon vor Semlin und Belgrad hätte tun müssen: Er sandte eine Botschaft an Niketas und ersuchte um die Überlassung von Lebensmitteln, die man dringend benötigte; zugleich versprach er feierlich, Wohlverhalten zu üben.

Versetzt man sich nun in die Lage der Byzantiner, die bereits in der Anfangsphase dieser westeuropäischen Invasion erfahren hatten, wie wenig Angenehmes von diesen merkwürdigen Pilgern zu erwarten war, so überrascht die Toleranz, mit welcher man in Nisch den Wünschen Peters begegnete. Man verlangte von Peter lediglich, daß er einige Geiseln abstellte, und öffnete dann die Basare der Stadt, damit sich die Pilger mit dem Notwendigen eindecken konnten. Es wird sogar berichtet, daß die mitleidsvolle Bevölkerung jenen Kreuzfahrern, die kein Geld besaßen, um Lebensmittel einzukaufen, jede Bezahlung erließ, eine Geste, die schon am nächsten Tag übel belohnt wurde. Denn während die Masse der Pilger auf der uralten Karawanenstraße nach Sofia unterwegs war, brandschatzten einige Deutsche die Vororte von Nisch, woraus sich alsbald wiederum eine regelrechte Schlacht entwickelte, die den ganzen Tag lang andauerte und in deren Verlauf die Soldaten Niketas', der angesichts des neuerlichen Wortbruchs der Kreuzfahrer zu keiner Nachsicht mehr fähig war, die Armee der Kreuzfahrer vernichtend schlugen. Peter selbst, der im allgemeinen Tumult die Kriegskasse einbüßte, was ihn und seine Mitverschworenen praktisch zu Bettlern machte, konnte nur mit Mühe entkommen. Das zwang die dezimierte, völlig entmutigte Armee – es dürften mindestens an die sechs- bis siebentausend Pilger umgekommen sein, viele von ihnen gerieten auch in Gefangenschaft; der Chronist Albert von Aachen gibt die Zahl der Verluste an diesem schicksalsschweren Tag sogar mit zehntausend Mann an –, das zwang also diese Armee dazu, nach einem anstrengenden Marsch durch die Wälder und über die steinigen Hochebenen des Balkan in der bulgarischen Stadt Bela Palanka, deren Einwohner beim Herannahen der Kreuzfahrer furchterfüllt in die Berge geflohen waren, »die Ernte einzubringen, da sie nichts mehr zu essen hatten«. (S. Runciman) – Die Katastrophe, in die dieser Kreuzzug des Volkes durch eigene Schuld – und durch die eklatante Unfähigkeit der Anführer – geraten war, schien eine so vollkommene zu sein, daß es tatsächlich an ein Wunder gemahnt, wenn sich diese zerlumpten, geschlagenen, halbverhungerten Massen noch einmal aufmachten und weiter marschierten, bis Peter mit seinen Genossen am 12. Juli in Sofia eintraf, wo schon eine starke byzantinische Militäreskorte und Beamte des Kaisers Alexios auf ihn warteten, um die Kreuzfahrer ohne weitere Zwischenfälle bis nach Konstantinopel zu geleiten.

Eine Menge von zwanzig-, dreißig- oder gar vierzigtausend Menschen, darunter viele Frauen und auch Kinder, dazu Händler, Zuhälter, Dirnen, alles mögliche Gesindel, aber auch Mönche und weltliche Geistliche, Städter, dann natürlich die Ritter mit ihrer Gefolgschaft, Knechte, Bauern, eine bunt zusammengewürfelte Gemeinschaft und daher ein ziemlich genaues Abbild der Gesellschaft jener Zeit, deren Moral wahrhaftig keine christliche und deren Tugenden alles andere als evangelisch waren, eine solche Menge, die plündernd, streitend, kämpfend und mordend, also in vollkommener Anarchie in ein großes Reich wie das byzantinische eindrang, mußte dem Kaiser und seiner Verwaltung, mußte der Bevölkerung dieses Reiches äußerstes Unbehagen einflößen. Man hatte disziplinierte, gut ausgebildete Söldner erwartet, die man gegen die Feinde des Reiches einsetzen konnte; aber jetzt schien es tatsächlich, daß, wie das die byzantinische Prinzessin Anna Komnene beschreibt, »das ganze Abendland und alle barbarischen Völker von jenseits der Adria bis hinauf zu den Säulen des Herkules sich samt und sonders in Bewegung gesetzt haben und ganze Familien mit sich führen«. – Und weil man in jener Zeit auch im Byzantinischen Reich nicht weniger abergläubisch war als im Westen und gerade damals riesige Heuschreckenschwärme, die aus den Wüsten Arabiens gekommen waren, in die blühendsten Provinzen des Reiches verheerend eingefallen waren, verglich man nun das Herannahen dieser zerlumpten und völlig desorganisierten Masse aus Westeuropa mit einer Naturkatastrophe, der man außer Gottvertrauen und der altbewährten byzantinischen Diplomatie kaum etwas entgegenzusetzen hatte.

Andererseits war man in Konstantinopel auf jede Unterstützung vom Westen dringend angewiesen, wenn man die kühnen und weitgesteckten Pläne zur Wiedereroberung verlorenen byzantinischen Territoriums verwirklichen wollte. Kaiser Alexios war genau darüber unterrichtet, was der Papst in Clermont gepredigt hatte; und er hatte gewiß auch den leicht drohenden oder doch anmaßenden Unterton verstanden, mit welchem Urban von den bedrängten Christen in Romania gesprochen hatte. Dennoch rechnete er mit einer starken Armee westeuropäischer Ritter und Soldaten, die man in Anatolien und Syrien gegen Türken und Seldschuken würde einsetzen können. Nur etwas hatte er nicht einkalkuliert: das Auftauchen dieses Kreuzzugs des Volkes. Alexios hatte genauso wie der Papst die Instinkte, die Leidenschaften des Volkes unterschätzt und sich nicht vorzustellen vermocht, daß aus einer Bewegung, die in Europa als Heiliger Krieg deklariert worden war und der man in Konstantinopel den Rang eines größeren Feldzuges gegen die Feinde des Reiches zuordnete, gleichsam über Nacht eine Art Volkserhebung geworden war, die alle Dämme der Vernunft und der ohnedies nur in Ausnahmefällen vorhandenen Toleranz zerbrach und nun auch die europäischen Provinzen des Byzantinischen Kaiserreiches zu überschwemmen und zu verwüsten drohte. Die Nachrichten, die aus Belgrad, Nisch und Sofia in Konstantinopel einlangten, waren jedenfalls alarmierend. Aber Alexios wagte aus einsichtigen Gründen nicht, das zu tun, was wohl die einfachste Sache der Welt gewesen wäre: dem nach Zehntausenden zählenden Pöbel eine Armee entgegenzusenden, die mit diesem Spuk rasch und gründlich aufräumte. Der Kaiser war zu umfassend darüber informiert, was sich in Frankreich, Deutschland, Italien abspielte, welche Vorkehrungen in jenen Ländern getroffen wurden, in denen sich der Adel und die Kirche rüsteten, gewaltige Heere zum Kreuzzug in die Levante aufzustellen; und es war leicht vorherzusagen, was geschehen würde, wenn man jetzt einen Krieg gegen Peters Volkskreuzzug begänne, auch wenn dieser buchstäblich wie eine Heimsuchung Gottes oder wie ein Heuschreckenschwarm über den byzantinischen Balkan hergefallen war. Man mußte diese sonderbaren Verbündeten, die man in Unkenntnis dessen, was dann wirklich geschah, ins Land gerufen hatte, um sie den eigenen Interessen dienstbar zu machen, in irgendeine Ordnung zwingen; man mußte sie auf einen Weg bringen, den man jederzeit kontrollieren konnte; und man mußte darüber hinaus abwarten, wie sich jene europäischen Ritter, auf die man tatsächlich angewiesen war, verhalten würden, wenn sie erst einmal byzantinischen Boden betreten hatten. Erfreulich war diese ganze Geschichte ohnedies nicht. Die vom römischen Papst und dem byzantinischen Kaiser klug ersonnene und geschickt inszenierte Strategie, in welcher sich jeder den anderen als Gehilfen der eigenen Pläne vorstellte, hatte sich auf atemberaubende Weise selbständig gemacht. Unvorhergesehenes war geschehen. Ein Chaos drohte. Man mußte versuchen, damit fertig zu werden.

Und Alexios unternahm das, was in dieser verfahrenen Situation das einzig Vernünftige war: Er trat als nachsichtiger, toleranter Verbündeter auf, demonstrierte Zuneigung und Hilfsbereitschaft, sorgte von Sofia an für die Verpflegung der Kreuzfahrer, achtete aber gleichzeitig darauf, daß nun stets eine genügend große Anzahl kampferprobter Soldaten als unmißverständlicher Geleitschutz für die Pilger bereitstand. In der Nähe von Adrianopel, der alten thrakischen Stadt, vor deren Mauern schon so oft das Schicksal von Byzanz entschieden worden war, ließ der Kaiser dem Führer dieser nun halbwegs in eine vorübergehende Ordnung gebrachten Pilger – Peter von Amiens – sogar eine

»Botschaft« übermitteln, die nichts anderes bedeutete, als daß man den europäischen Kreuzfahrern »alle ihre Missetaten und Schändlichkeiten« großmütig verziehen hatte. Peter soll in Tränen ausgebrochen sein, als er diese Nachricht erhielt. Vielleicht hatte er aber auch bloß endgültig begriffen, daß seine Begabung fürs Militärische zu gering war, um als Anführer dieser zerlumpten Schar wenigstens einen Anschein von Autorität zu wahren.

Am 1. August trafen die Kreuzfahrer schließlich in Konstantinopel ein. An die dreieinhalb Monate hatte diese merkwürdige Armee gebraucht, um von Köln bis an den Bosporus zu gelangen; und viele, die den Rhein frohgemut verlassen hatten, begierig nach Abenteuer und Ruhm, lagen jetzt in namenlosen Gräbern irgendwo auf dem Balkan oder schmachteten als Sklaven slawischer Nomadenhäuptlinge oder byzantinischer Grundbesitzer oder litten an Krankheiten und mehr noch an den Folgen der Strapazen, die sie hatten überstehen müssen, um zumindest das erste wichtige Etappenziel auf ihrem Weg nach Jerusalem zu erreichen. Dennoch schienen alle Mißlichkeiten und Gefahren, die man mehr oder minder glücklich bewältigt hatte, dieser weniger frommen als elenden und inzwischen völlig verwilderten Pilgerschar nicht jenes Gefühl der dankbaren Besinnung eingeflößt zu haben, das wohl notwendig gewesen wäre, um sich in der glanzvollen Metropole der oströmischen Christenheit endlich als zivilisierte Menschen, als Christen unter Christenbrüdern aufzuführen. Der Chronist Guibert von Nogent vermerkte beispielsweise tadelnd, daß die Pilger stehlend und plündernd die überfüllten Basare Konstantinopels heimgesucht hätten; und zornig beschrieb er, wie sie »die Paläste der Stadt verwüsteten, viele Gebäude in Brand setzten und sogar die Bleiplatten von den Dächern der Kirchen herabrissen«, um mit dieser Beute »noch ein schändliches Geschäft zu machen, das Gott mißbilligte«. – Man hatte Peters Armee zwar angewiesen, vor den Toren der Stadt zu lagern; aber es war trotz strenger Bewachung schlechthin unmöglich, diese zügellosen Menschen in jener Ordnung zu halten, wie sie den Byzantinern selbstverständlich war.

Und es dauerte nicht lange, bis man sich in Konstantinopel skeptisch zu fragen begann, wer eigentlich der wahre Feind dieses Kreuzfahrerheeres sei: die heidnischen Mohammedaner oder die christlichen Byzantiner.

Der Kaiser verfolgte vorerst seine Strategie der Toleranz oder eigentlich der abwartenden Zurückhaltung; schließlich mußte er damit rechnen, demnächst schon ein starkes Ritterheer in den Mauern seiner Hauptstadt begrüßen zu müssen, dem man nach Möglichkeit keinen Anlaß liefern sollte, sich später einmal als Rächer aufzuspielen für irgendwelche Demütigungen, die man ihren Genossen, die sich im Augenblick alles andere denn als fromme Pilger aufführten, angetan hatte. So befahl der Kaiser den Anführer der Kreuzfahrer zu sich, wobei dieser Befehl zweifellos in eine ungemein höfliche Form gekleidet war, obgleich die Byzantiner den Propheten und Prediger Peter bald schon als Eselstreiber verspotteten und herzlich wenig Neigung zeigten, sich von seinen leidenschaftlichen Ansprachen, die sie ohnedies nicht verstanden, und von seinen heftigen Gebärden, die sie verlachten, beeindruckt zu zeigen. Anna Komnene nannte ihn den »Kukupetros«, also den »kleinen Peter«, was weniger wohlwollend gemeint war, wie das manche Historiker interpretieren, sondern vielmehr ein Ausdruck der Verachtung gewesen sein dürfte. Dennoch wurde die Audienz Peters bei Hofe zumindest nach außen hin ein großer Erfolg. Der Kaiser war außerordentlich huldvoll, beschenkte Peter reichlich, horchte ihn allerdings auch sorgfältig über das Ritterheer aus, das an verschiedenen Orten Europas zusammengezogen wurde. Peter dürfte freilich in dieser Hinsicht – und wahrscheinlich nicht nur in dieser – ein schlechter Gesprächspartner gewesen sein, denn er wußte so gut wie gar nichts. Sein Metier waren das Gebet und die etwas komödiantische Inszenierung von Predigten, in denen er seine angeblichen Prophezeiungen vortrug; damit hatte er in

Frankreich und Deutschland Erfolg gehabt. Dann hatte er sich in seiner Ahnungslosigkeit oder in seinem Hochmut auch als Heerführer versucht und eine mittlere Katastrophe heraufbeschworen. Eine genaue Vorstellung davon, wie er nach Jerusalem gelangen sollte, hatte er wahrscheinlich nicht. Er war erfüllt von fanatischem Gottvertrauen, obgleich er eigentlich manche Ursache gehabt hätte, mißtrauisch und ängstlich zu sein.

Er muß auf Alexios einen außerordentlich ungünstigen Eindruck gemacht haben, obgleich dieser sich vorerst nichts anmerken ließ, sondern Peter beinahe freundschaftlich behandelte. Illusionen machte sich Alexios freilich keine. Und so gefährlich die Leute Peters für den Frieden in der Stadt waren, sosehr sie auch jede Ordnung bedrohten und zu einer wahren Landplage wurden, so harmlos würden sie beim ersten Zusammentreffen mit dem türkischen Feind sein. Im Augenblick galt es nur, sich diese Horde vom Hals zu schaffen. Ihr weiteres Schicksal, das ohnedies vorhersehbar war, lag dann in den Händen der Türken, deren Herrschaftsbereich nur wenige Tagesmärsche von Konstantinopel entfernt am jenseitigen, asiatischen Ufer des Marmarameeres begann. Der Kaiser, »erschreckt von den kühnen Ausschreitungen der Pilger«, wie das Guibert von Nogent ausdrückte, tat also das, was für ihn und die Hauptstadt, die zunehmend unter der Zügellosigkeit der Kreuzfahrer litt, von Vorteil war, obgleich es den nahezu sicheren Untergang der Pilger bedeutete: Er ordnete die Überführung der Armee nach Anatolien an, freilich nicht ohne Peter eindringlich darauf hinzuweisen, daß es am klügsten sei, die Ankunft des Ritterheeres aus Europa abzuwarten, um dann, mit diesem vereinigt, mit um so größerem Nachdruck den Feind zu bekämpfen.

Am 6. August 1096 setzten die Pilger nach Kleinasien über. Und mit diesem Tag begann der letzte Akt eines absurden Dramas, das nur einige wenige Protagonisten, aber so gut wie niemand von der großen Masse der Kreuzfahrer überleben sollte.

Dieser letzte Akt begann, wie der vorhergehende geendet hatte: mit Anarchie, begleitet von Ausbrüchen leidenschaftlicher Gläubigkeit, die freilich nicht darüber hinwegtäuschen konnten, daß die meisten dieser Pilger weniger an Christus als an ihren eigenen Vorteil dachten. In Konstantinopel, am Vorabend zum 6. August, waren die Leute Walter Habenichts', die schon seit mehreren Wochen vor der Stadt lagerten und die sich im Gegensatz zur Armee Peters verhältnismäßig diszipliniert verhalten hatten, sowie eine größere Gruppe italienischer Pilger zum Hauptheer gestoßen; gemeinsam war man am nächsten Tag nach Kleinasien übergesetzt worden, und zwar von byzantinischen Fährleuten, die wohl wie fast jeder Bürger Konstantinopels geahnt haben mochten, welchem düsteren Schicksal dieser bunt zusammengewürfelte Haufen entgegenzog. Auch jetzt noch, auf dieser letzten Etappe des Volkskreuzzuges, befanden sich Kinder und Kranke und vor allem zahlreiche Frauen im Troß dieser Armee, die nun »wild und ungebärdig an der Küste des Marmarameeres entlang« (S. Runciman) vorerst bis nach Nikomedia vordrang, damals eine verlassene, völlig zerstörte byzantinische Stadt, die anderthalb Jahrzehnte vor diesen Ereignissen von den Türken eingenommen und nahezu dem Erdboden gleichgemacht worden war, nunmehr nicht viel mehr als ein überwachsener Schutthaufen im Niemandsland zwischen Türken und Byzantinern und heute eine eher trostlose, schmutzige, lärmende Industriestadt am innersten, östlichen Rand jenes langen und schmalen Schlauches, mit dem das Marmarameer hier tief in Anatolien eindringt. Auf diesem gespenstischen Schauplatz, der den verantwortlichen Führern der christlichen Armee deutlich vor Augen hätte führen müssen, in welcher gefährlichen Situation man sich befand und wie töricht es wäre, nicht auf das avisierte Ritterheer zu warten, hier also kam es zur ersten einer Reihe von folgenschweren Auseinandersetzungen zwischen den einzelnen Nationalitäten, was den ohnedies schon vorhergezeichneten Weg in den Untergang noch beschleunigen sollte. Es überwarfen sich, grob gesagt, Italiener und Deutsche mit den Franzosen; sie kündigten – was wohl der umsichtigen Planung Walter Habenichts' und der instinktiven Ängstlichkeit Peters zuzuschreiben war – diesem engültig den Gehorsam auf. Peter hatte nach den schlimmen Erfahrungen von Semlin, Belgrad und Nisch gewiß allen erdenklichen Grund, seinen eigenen Anhängern zu mißtrauen; außerdem hatten die eindringlichen Ermahnungen Kaiser Alexios', die Ankunft des Ritterheeres abzuwarten, bevor man gegen die Türken in den Krieg zog, gleichfalls tiefen Eindruck auf den Mönch gemacht. Deutsche und Italiener wählten sich jedenfalls in Nikomedia einen neuen Anführer, einen gewissen Reinhold, von dem man nicht viel mehr weiß, als daß er ein italienischer Ritter war und überdies ein ganz und gar durchschnittlicher Charakter gewesen sein muß, wohl ein mutiger Haudegen, jedoch mit keinem überragenden Verstand ausgezeichnet, was er jetzt schon dadurch bewies, daß er keine selbständige Initiative entwickelte, sondern seine Leute – und das war wohl mehr als die Hälfte der ganzen Armee – nach einem Ort namens Kibotos führte, den die Kreuzfahrer Civetot nannten und der in der Biographie dieses Ersten Kreuzzuges bald traurige Berühmtheit erlangen sollte. Civetot war eigentlich ein befestigtes Lager der angelsächsischen Söldner, die im Dienste des byzantinischen Kaisers standen. Dieses Lager befand sich am südlichen Ufer jenes Fjords, den das Kreuzzugsheer – die Franzosen hatten sich, obgleich sonst durch nichts mehr mit ihren Genossen verbunden, nach einigem Zögern den Deutschen und Italienern noch einmal angeschlossen – in mühsamen, kraftraubenden Tagesmärschen umrundet hatte.

Aber auch in Civetot kam es sogleich wieder zu Zerwürfnissen, flammten alte Gegensätze auf, entzündeten sich neue am überhitzten, nervösen Klima, das in dieser Armee herrschte; es erwies sich, daß weder Peter noch sonst ein Mönch oder Bischof irgendeine geistliche oder moralische Autorität über die Leute besaß. Sogar Walter Habenichts, einer der wenigen profilierten Charaktere dieses waghalsigen Unternehmens, der bisher mit strenger Hand die Franzosen in annehmbarer Disziplin gehalten hatte, büßte in Civetot innerhalb kurzer Zeit seinen ganzen Einfluß ein und wurde schließlich durch Gottfried Burel ersetzt, einen Mann, der bei der Erstürmung der Zitadelle von Semlin unrühmlich in Erscheinung getreten war: ein Hitzkopf, ehrgeizig zwar und auch tapfer, aber ungemein brutal und allzu bedenkenlos in der Wahl seiner Mittel. Ihm und dem Italiener Reinhold, die nun das Kommando an sich gerissen hatten, ist es wohl zuzuschreiben, daß die Kreuzfahrer nun damit begannen, Raubzüge in die nähere Umgebung zu unternehmen, bei denen vor allem griechische Bauern, also Christen, ausgeplündert und gepeinigt wurden, bis sich dann Anfang oder Mitte September eine größere Anzahl französischer Kreuzfahrer, eifersüchtig auf die einträglichen und leichten Erfolge der Deutschen und Italiener, bis vor die Tore Nikäas wagten, das damals die Hauptstadt des seldschukischen Sultans Kilidsch Arslan Suleiman war. Man plünderte die Vororte dieser alten und berühmten Konzilsstadt, die idyllisch am Ostufer des Iznik-Sees liegt, schlug eine Abteilung türkischer Soldaten, die zur Verteidigung dieser Vororte aus der starkbefestigten Stadt herbeigeeilt war, nach einem heftigen Gefecht in die Flucht und kehrte, reichbeladen mit Beute, in das Lager zurück.

Ausgerechnet dieser Erfolg, der im Grunde kein militärischer, sondern wohl eher ein psychologischer, die Stimmung im Lager der Christen ungemein auflockernder war, führte unmittelbar zu jener Katastrophe, die das Ende dieser Armee bedeuten sollte. Denn es hatte natürlich dieser erfolgreiche Raubzug die Eifersucht der im Lager Zurückgebliebenen geweckt, die sich durch die Schilderung gewisser gräßlicher Begleitumstände nicht im mindesten beeindrucken ließen – angeblich sollen einige dieser entmenschten Kreuzfahrer kleine Kinder aufgespießt und wie ein Stück Bratenfleisch über den Flammen eines rasch entfachten Feuers gedreht haben –, sondern die auf ähnliche Beute hofften, wie sie die Franzosen gemacht hatten. Und so brachen Ende September unter der Führung Reinholds mehr als sechstausend Deutsche auf, verstärkt durch einige italienische Gruppen, wobei man auch nicht verschweigen soll, daß sich in dieser Abteilung, die keinesfalls zum Ruhme Christi auszog, einige Dutzend Mönche und Priester sowie einige Bischöfe befanden, die, als man, das uneinnehmbare Nikäa umgehend, weiter vordrang ins Hinterland, gar nichts daran auszusetzen hatten, daß man mit unvorstellbarer Brutalität harmlose Bauerndörfer überfiel und ausplünderte und in Brand steckte. Man hatte die altgewohnten schlimmen europäischen Gewohnheiten, wie sie damals bei der sogenannten Kriegführung praktiziert wurden, einfach nach Kleinasien importiert, nicht bedenkend, welchen verheerenden Eindruck man durch eine solche Barbarei auf die überwiegend christliche Bevölkerung im westlichen Anatolien machte, die diese rücksichtslosen, atavistischen Invasoren bald heftiger verabscheute als die Türken, von denen sie wohl unterdrückt, aber nicht auf so unmenschliche Weise gepeinigt wurden wie von diesen sogenannten Pilgern; obgleich einige Chronisten die schöne patriotische Meinung vertreten, daß die Deutschen »mehr Nachsicht als die Franzosen« übten.

Der Vormarsch dieser sechstausend Mann – sofern man das, was sich hier plündernd und verwüstend durch die westanatolische Landschaft wälzte, überhaupt noch mit einem militärischen Ausdruck bezeichnen darf – endete vor einer Burg namens Xerigordon, die sich, weil von der überraschten türkischen Besatzung nur unzulänglich verteidigt, nicht lange zu halten vermochte. Xerigordon, auf einer Anhöhe gelegen und »mit Vorräten jeglicher Art wohl versorgt« (S. Runciman), schien Reinhold und seinen Männern der ideale Stützpunkt für ihre ausgedehnten Raubzüge zu sein. Allerdings hatte man im allgemeinen Triumph dieses neuerlichen Sieges über die Türken nicht beachtet, daß es Probleme mit dem Trinkwasser geben könnte, weil der einzige Brunnen außerhalb der Burgmauern lag. Wahrscheinlich hatte man sich auch gar nicht ernsthaft vorzustellen vermocht, was nun mit unerbittlicher Folgerichtigkeit eintraf: Es entsandte der Sultan aus Nikäa eine starke Streitmacht, die bereits am 29. September vor Xerigordon Aufstellung nahm, sich sogleich in den Besitz des Brunnens brachte, einen verzweifelten Ausfall der Kreuzfahrer vernichtend zurückschlug und sich dann in aller Bequemlichkeit auf eine verhältnismäßig kurze Belagerung einrichten konnte, da die von jeder Trinkwasserversorgung abgeschnittenen Verteidiger nach wenigen Tagen schon völlig erschöpft waren. Ein anonymer Chronist dieses Volkskreuzzuges schilderte die Qualen der Europäer: »Die Unsrigen litten dermaßen unter Durst, daß sie ihren Pferden und Eseln die Adern öffneten, um das Blut zu trinken; andere warfen Schärpen und Lappen in die Latrinen und drückten die Flüssigkeit in ihrem Mund aus; einige urinierten in die Hand ihres Gefährten und tranken dann; andere gruben feuchten Boden auf, legten sich nieder und häuften die Erde auf ihre Brust, so groß war das Brennen ihres Durstes. Die Bischöfe und Priester aber bestärkten die Unsrigen in ihrem Mut und ermahnten sie, durchzuhalten.« – Allerdings nützten diese geistlichen Ermahnungen nichts, denn schon nach wenigen Tagen handelte Reinhold, der Hauptverantwortliche für diese Katastrophe, mit den Türken einen Kompromiß aus, der ihm selbst und jenen, die gleich ihm dem Christentum abschworen und zum Islam übertraten, zumindest das Leben rettete – das Schicksal dieser Renegaten war dennoch erbärmlich, weil sie bis nach Antiochia und Syrien in die Sklaverei verschleppt wurden –, während jene, die sich treu zum Christentum bekannten, sofort getötet wurden.

In Civetot, das in jenen Tagen mehr als bloß ein befestigtes Feldlager war, nämlich eine Stadt, eine nach mittelalterlichen Maßstäben sogar recht bedeutende Stadt mit mindestens zwanzigtausend Menschen und einem lebhaften Geschäftsleben, woran die aus Konstantinopel herbeigeeilten byzantinischen Händler einen wesentlichen Anteil hatten, in

Civetot, wohin im Verlaufe der ersten Oktobertage Nachrichten über spektakuläre Erfolge der Deutschen gedrungen waren, herrschte jetzt beträchtliche Aufregung. Das war nur allzu verständlich, wenn man bedenkt, in welcher Situation sich diese Armee befand, die längst in zwei feindliche, einander mit Argwohn und Gehässigkeit belauernde Gruppen zerfallen war und in der jeder, der sich einbildete, das tun zu dürfen, wonach es ihn augenblicklich gelüstete, das große Wort führte, ohne sich tatsächlich durchsetzen zu können.

Blindes Gottvertrauen oder leidenschaftliche Liebe zu Gott, das also, was noch in Europa neben der Abenteuerlust und dem Freiheitsdrang dieser unterprivilegierten, so gut wie rechtlosen, aber gläubigen Massen der wichtigste Anstoß gewesen war für den Aufbruch ins Unbekannte, war inzwischen längst religiöser Lethargie und einer allgemeinen Disziplinlosigkeit gewichen. Viele hatten das Ziel dieses Kreuzzuges und die damit verbundene Aufgabe, welche die Mehrzahl der Pilger in ihrer Heimat noch als eine schöne Verpflichtung begriffen hatte, leichten Herzens vergessen; Jerusalem war keine Reise mehr wert, die Befreiung der heiligen Stätten aus den Händen der Ungläubigen schien jetzt, da rundum rasche und leichte Beute lockte, nur noch ein Vorwand zu sein für Plünderung, Gewalttat und Privatfehden: Jeder kämpfte sozusagen auf eigene Faust, jeder war sich selbst der Nächste, jeder, der eine Waffe tragen konnte, träumte von leicht erworbenem Reichtum. Und so wirkten die Meldungen, die zu Beginn des Oktobers Civetot erreichten, natürlich besonders nachhaltig auf die Masse der Kreuzfahrer, denn, was natürlich niemand ahnte und niemand für möglich gehalten hätte, die Türken selbst hatten diese Nachricht von einem vollkommenen Triumph der Deutschen verbreitet, die, wie das Konfidenten und Späher eifrig bezeugten, die Hauptstadt Nikäa erobert und dabei eine so gewaltige Beute gemacht hätten, daß sie jetzt darauf angewiesen wären, Hilfskräfte für den Abtransport der Reichtümer anzuheuern.

In Civetot, wo man alles, also auch das Unglaubliche, glaubte, herrschte fast Aufruhr: Nikäa eingenommen, die Türken vernichtend geschlagen, das Land offen und wehrlos jeder Plünderung gegenüber ... alle schwärmten von den sagenhaften Schätzen, die man praktisch nur abzuholen brauchte. Die rasch entflammte Habgier besiegte jede Vernunft. Außerdem war niemand da, der die Vernunft auf überzeugende Weise hätte predigen können. Peter, der längst nachdenklich, unschlüssig, ängstlich geworden war, hatte sich nach Konstantinopel aufgemacht, um dort beim Kaiser Unterstützung zu suchen für seine gefährdeten Ideale. Wahrscheinlich hoffte der Mönch, daß eine wohlgefüllte Kriegskasse die Disziplin in der Armee rasch wiederherstellen würde. Andere Führer wie Walter Habenichts, Reinhold von Breis, Hugo von Tübingen oder Walter von Teck, hatten keine Gewalt mehr über die erregten Massen, die nur noch einem Manne wie Gottfried Burel zu folgen bereit waren, einem rohen Haudegen also, der mehr als alle anderen von Habgier und Kriegslust erfüllt war und ungeduldig darauf wartete, ostwärts zu ziehen, um als Konkurrent der, wie es schien, allzu erfolgreichen Deutschen aufzutreten. Auf die naheliegende Idee, daß die Nachrichten vom Triumph dieser Abteilung unter Reinhold entweder eine maßlose Übertreibung oder gar eine Fälschung sein könnten, kam niemand. Aber auch als solche Informationen endlich eintrafen in Civetot, Meldungen, wie sie schlimmer nicht hätten sein können, weil sie nun in der Tat die ganze ernüchternde Wahrheit über die Tragödie von Xerigordon enthüllten, lachte man nur darüber; man glaubte die Wahrheit nicht; man verdächtigte sogar die wenigen Vernünftigen, die vorgeschlagen hatten, zumindest die Rückkehr Peters aus Konstantinopel abzuwarten, bevor man aufbrach ins Ungewisse, daß sie diese dramatischen Gerüchte absichtlich in Umlauf gebracht hätten, um die kampfeslustige Armee zu verunsichern. Es kam zu wüsten Szenen, in deren Verlauf sich schließlich Gottfried Burel, der eigentliche Verursacher des Massakers von Semlin, unmißverständlich durchsetzte. Man beschloß nach einer langen und erregten Diskussion den Abmarsch aus dem Lager für den nächsten Tag, wobei wohl niemand an Jerusalem, sondern jedermann an Nikäa, Xerigordon und an andere Schauplätze dachte, an denen man jene Beute zu machen hoffte, die jetzt unendlich wertvoller schien als jede noch so kostbare religiöse Reliquie. Aus dem Kreuzzug des Volkes war endgültig ein Raubzug der Galgenvögel geworden; und die Repräsentanten der Kirche, die daran teilnahmen, unterschieden sich kaum noch vom habgierigen Pöbel, der Gottfried Burel zujubelte, als dieser den Aufbruch befahl.

Am frühen Morgen des 21. Oktober setzte sich das Kreuzfahrerheer, das in Wahrheit eigentlich nie wirklich ein Heer oder eine reguläre Armee gewesen war, in Marsch. An die zwanzigtausend Mann, mehr oder minder gut bewaffnet, mehr oder weniger diszipliniert und kaum für eine Schlacht gegen kampferprobte Soldaten gerüstet, stapften durch den morgendlichen Nebel, der über der Ebene hing, die sich von der Küste nach Süden bis zu den ersten bewaldeten Anhöhen erstreckte, die als eine natürliche Barriere die Landschaft rund um Nikäa vom Marmarameer trennen. Es muß ein interessantes Schauspiel gewesen sein: die Pilger, die sich wieder als Soldaten fühlten, eintauchend in den milchigen Dunst, der alle Konturen verwischte und sie bald verschlang und den Blicken der zurückgebliebenen Frauen, Kinder und Kranken entzog, die fröhlich winkten, bis auch die Nachhut der Kreuzfahrer verschwunden war. Dann der normale Alltag im Lager, wo es nun bemerkenswert ruhig geworden war. Und dann plötzlich Geschrei, hastige Bewegungen, Gefechtslärm; und das Entsetzen auf den Gesichtern jener, die neugierig und erschrocken aufgeblickt hatten, um die Ursache für diesen Tumult zu entdecken . . .

Was war geschehen? Eine sorgfältige Rekonstruktion der Ereignisse an jenem 21. Oktober 1096 ergibt, daß einerseits die strategischen Fähigkeiten der türkischen Befehlshaber jenen der europäischen Ritter, die das Kommando über das

Kreuzfahrerheer hatten, bei weitem überlegen waren, und daß andererseits die Kreuzfahrer darüber hinaus noch jeden nur erdenklichen Fehler begingen, um den Türken einen vollkommenen Sieg zu ermöglichen. Man war nämlich erst eine gute Stunde lang unterwegs gewesen, als man unweit eines Dorfes namens Drakon auf einen dort sorgfältig vorbereiteten Hinterhalt des Feindes stieß, wobei man annehmen muß, daß weder Gottfried Burel noch einer der zahlreichen deutschen, französischen und italienischen Ritter dafür gesorgt hatten, daß Späher der Armee vorauseilten, um die Sicherheit des Weges zu erkunden. So sehr war man von der Richtigkeit jener Meldungen überzeugt gewesen, die vom Sieg der Deutschen in Nikäa und Xerigordon berichtet hatten, daß man gänzlich darauf verzichtete, irgendeine selbstverständliche Vorsichtsmaßnahme zu ergreifen, und nun blindlings in ein schmales, von dichtem Wald bestandenes Tal einmarschierte, darin sich mehrere Tausend gegnerischer Bogenschützen verbargen, die das Kreuzfahrerheer jetzt mit einem Pfeilhagel überschütteten; und von den Anhöhen, die das Tal umsäumten, brachen türkische Reiter in die ungeschützten Flanken der weit auseinandergezogenen Marschkolonnen der Christen ein, die nach wenigen Augenblicken schon das erbarmungswürdige Bild eines kopflosen Haufens boten; obgleich die meisten Ritter und einige der Pilger, nachdem sie das erste Entsetzen angesichts des völlig unvermutet auftauchenden Gegners überwunden hatten, recht beherzt kämpften, ohne jedoch die allgemeine Panik, die sich der überraschten Armee bemächtigte, im mindesten verhindern zu können. Es dauerte auch nicht lange, bis jeder, der den ersten Ansturm überstanden hatte, nur noch an Flucht dachte. In wilder Auflösung strebte die Masse der Pilger zurück an die scheinbar rettende Küste, zurück in das Lager von Civetot, wo die Flüchtenden zugleich mit ihren Verfolgern eintrafen. Und während einige Hundertschaften noch im Wald von Drakon um ihr Leben kämpften, während sich zur gleichen Zeit auf der Straße nach Civetot – das war eine Wegstrecke von vielleicht fünf oder sechs Kilometern – die Leichen der erschlagenen Christen häuften, verlagerte sich der Schwerpunkt des Kampfes, der mehr ein Gemetzel als eine offene Feldschlacht war, nun nach Civetot selbst, wo Frauen, Priester, Kinder und Kranke gemeinsam mit den entmutigten, verzweifelten und führungslosen Kreuzfahrern um das nackte Leben kämpften; und jetzt offenbarte sich, wie verhängnisvoll das Fehlen jeglicher Ordnung und der Mangel an militärischer Erfahrung war. Es dauerte auch nicht lange, bis die meisten Pilger erschlagen auf dem Felde lagen oder, wenn es Knaben und Mädchen waren, gefesselt zum Abtransport in die Sklaverei bereitstanden, während einige Kreuzfahrer in einem nahegelegenen Schloß, wo man sich in aller Eile notdürftig verbarrikadiert hatte, die wütenden Angriffe der Türken abwehrten.

Diese Minderheit überlebte schließlich auch das schreckliche Massaker, ebenso jener Mann, der es durch seinen verblendeten Ehrgeiz und sein Ungestüm überhaupt erst ermöglicht hatte, nämlich Gottfried Burel. Auch einige der Ritter, die in diesem ungleichen Kampf ungeachtet ihrer persönlichen Tapferkeit als Anführer so schmählich versagt hatten, retteten in dieser Schlacht ihr Leben, obgleich sie alle schwer verwundet wurden. Die wenigen Besonnenen, darunter vor allem Walter Habenichts, Reinhold von Breis, Hugo von Tübingen und Walter von Teck, waren allerdings gefallen. Und mit ihnen mehr als zwei Drittel der europäischen Pilger, die ein halbes Jahr zuvor mit soviel Enthusiasmus und mit so großen Erwartungen in Köln aufgebrochen waren, um Jerusalem von den Heiden zu befreien. Die Leichen der Erschlagenen, berichtete ein überlebender Augenzeuge, bedeckten das ganze Gelände vom Meeresstrand bis zum Wald von Drakon; und selbst jene, die nicht im ersten Ansturm getötet worden waren, erlagen nach Stunden und manchmal erst nach Tagen ihren schweren Wunden. Fulcher von Chartres, der ein Jahr später mit dem regulären Ritterheer auf das Schlachtfeld von Civetot kam, schilderte mit bewegten Worten diese Stätte, die zum riesigen Ossarium geworden war, denn »die Gebeine bildeten einen ungeheueren Haufen oder vielmehr eine Erhebung, einen Hügel, einen hohen Berg von beträchtlicher Oberfläche«.

Ein Grieche, angeblich ein Fischer, der an jenem schicksalhaften 21. Oktober das Gemetzel von Civetot beobachtet hatte, brachte die Nachricht von diesem Ereignis am nächsten Tag nach Konstantinopel, wo man wahrscheinlich nicht allzu überrascht über diese Hiobsbotschaft gewesen sein dürfte. Kaiser Alexios entsandte freilich unverzüglich ein Kriegsgeschwader nach Civetot, um den wenigen Überlebenden, die sich in jenem verfallenen Schloß so heldenmütig verteidigt hatten, beizustehen. Es waren allerdings nur noch einige Dutzend, die die heftigen Angriffe der Türken überlebt hatten und die man nun nach Konstantinopel evakuieren konnte, wo man ihre Wunden versorgte und ihnen zugleich auch die Waffen abnahm. Peter, der dieser Katastrophe nur durch einen Zufall entgangen war, blieb vorerst am Hofe des Kaisers, wo man ihn mitleidsvoll und vielleicht auch ein wenig verächtlich duldete. Aus dem umjubelten und bewunderten Propheten und Anführer des Volkskreuzzuges war ein ängstlicher, einflußloser Bittsteller geworden, der dankbar für jede Geste des Mitleids sein mußte, die man ihm entgegenbrachte. In Europa, wo die Nachricht vom erbarmungswürdigen Untergang der christlichen Heerschar erst mit großer Verspätung einlangte, zuckte man eher gleichgültig die Achseln. Das Schicksal dieser Bauernarmee berührte weder die geistlichen noch die weltlichen Machthaber sonderlich. Es gab schließlich Wichtigeres zu tun, als das tragische Ende einiger Tausend oder sogar Zehntausend Hitzköpfe zu beklagen, denen man überdies noch nachsagen mußte, daß sie elende Dummköpfe gewesen seien, verblendet von Habgier und Raublust.

ZWEITER TEIL

Die Herrschaft des Ungeistes

Dieser Erste Kreuzzug, der, wie wir das am Beispiel des sogenannten Volkskreuzzuges schon gesehen haben und wie noch ausführlich darzustellen sein wird, in zahlreiche kleinere und größere Unternehmungen mit unterschiedlicher Wirksamkeit zerfiel, hatte von jenem Augenblick an, da ihn der amtierende Papst Urban II. im November 1095 in der französischen Stadt Clermont erstmals öffentlich predigte, eine tiefgreifende Wirkung auf die europäische Christenheit. Er war sozusagen ein Gehilfe anderer, schon bestehender Voraussetzungen und sich jetzt anbahnender Entwicklungen, die Lebensgewohnheiten der Menschen zu verändern. Er war ein Stimulans für die Unterdrückten wie für die Herrschenden. Und er erweckte nicht bloß Hoffnungen, sondern auch Instinkte in den Menschen, die immer bereit sind, das Äußerste zu wagen um eines noch so fragwürdigen Vorteils wegen. Die zukünftigen Kreuzfahrer erlagen jetzt nahezu überall in Europa der frommen Propaganda und nahmen voll Enthusiasmus das Kreuz, wobei es in vielen Fällen zu nicht unerheblichen ökonomischen Veränderungen zugunsten der Kirche kam, da ja der Adel, der vor allen anderen aufgerufen worden war, Jerusalem zu befreien, sein Besitztum aufgrund geltenden oder eigentlich nunmehr neuformulierten Rechtes dem Schutz dieser Kirche, der Verwaltung durch diese Kirche anvertrauen mußte. Die Mehrheit jener, die nun zu den verschiedenen Sammelstellen eilten, wo die großen Armeen für den Marsch nach Jerusalem aufgestellt wurden, machte sich überhaupt keine Vorstellung von den Gefahren, die sie jenseits Konstantinopels erwarten würden. Nachrichten über das tragische Schicksal, das dem Kreuzzug des Volkes widerfahren war, drangen nur spärlich und mit großer Verspätung nach Europa; und das wenige an Information, das bis nach Italien, Deutschland und Frankreich gelangte, war noch dazu so vollkommen entstellt oder phantastisch ausgeschmückt, daß niemand wirklich Genaueres wußte. In jedem Fall war der scharfe Widerstand gegen die Idee des Kreuzzuges, wie er im 12. und dann vor allem im 13. Jahrhundert nicht zuletzt durch die religiöse Volksbewegung radikaler Franziskaner manchenorts entstehen sollte – wobei dieser Widerstand auf der evangelischen Grundwahrheit basierte, daß der Christ keine Kriege führen dürfe – jetzt im letzten Jahrzehnt des 11. Jahrhunderts noch undenkbar. Es herrschte vielmehr eine Art Kriegseuphorie oder Hysterie, wie sie seit vielen Jahrhunderten alle zivilisierten Völker immer dann überfällt, wenn sie sich durch einen Feldzug Vorteile ausrechnen. Und es schwemmte nicht zuletzt diese Euphorie oder Hysterie Gefühle, Leidenschaften und Charaktere an die Oberfläche, die unter normalen Voraussetzungen keine Möglichkeit gefunden hätten, irgendeine Beachtung zu finden oder irgendeinen Einfluß auf die Gesellschaft zu haben.

Aber auch die Wirtschaft oder eigentlich die ökonomischen Gewohnheiten der Menschen begannen sich jetzt zu verändern, wobei es hier freilich auch noch andere Ursachen, die nur sekundär mit dem Kreuzzug zu tun hatten, für diese Veränderung gab. Allerdings waren jene wüsten Szenen, die sich in Frankreich und vor allem in Deutschland und Böhmen im Zusammenhang mit den Judengemeinden abspielen sollten, die direkte Folge einer ganz bestimmten ökonomischen Entwicklung, die wiederum nachhaltig von der Kreuzzugsidee beeinflußt worden war. Diese Veränderung oder Entwicklung betraf sowohl den Feudalherrn als auch seine Untertanen. Es war bis Ende des 11. Jahrhunderts der Reichtum dieses Feudalherrn eine selbstverständlich akzeptierte Voraussetzung für seine gesellschaftliche, moralische und politische Überlegenheit gegenüber dem gemeinen Volk gewesen. Andererseits animierte ihn das zu einer Freigebigkeit, die Aaron J. Gurjewitsch eine aggressive nannte, weil in ihr das Bestreben zu erkennen war, in »einem eigenartigen sozialen Spiel zu siegen, als dessen Einsatz Prestige und Einfluß dienten«. – Gurjewitsch präzisiert auch sehr genau die soziale Stellung sowie die moralische Haltung des Adels, wenn er feststellt: »Unter den Tugenden, die den Feudalherrn charakterisieren, stand an erster Stelle die Freigebigkeit. Der Herr ist ein Mensch, der umgeben ist von ihm Nahestehenden, von Gefolgsmännern und Vasallen, die ihm dienen, ihn unterstützen und seine Befehle ausführen. Die Mächtigkeit eines vornehmen Herrn wird durch die Anzahl seiner Untertanen und der ihm getreuen Menschen bestimmt . . . Ohne die Einnahmen von den abhängigen Bauern wäre er nicht in der Lage gewesen, das Gefolge zu unterhalten. Die Rente, die er von seinen Besitzungen einsammelt, gibt ihm die Möglichkeit, Gelage und Festlichkeiten zu veranstalten, Geschenke zu verteilen. Als Norm gilt ein Verhalten, das darin besteht, daß der Herr freigebig ist, ohne zu rechnen, Reichtum verteilt und vergeudet, ohne zu ergründen, ob die Ausgaben die Einnahmen eventuell übersteigen. Die Differenz zwischen Einnahmen und Ausgaben kann durch zusätzliche Abgaben von den Bauern, durch Erpressungen, Strafen, Raub und Kriegsbeute beglichen werden. Sparsamkeit und Wirtschaftlichkeit sind Eigenschaften, die seiner Standesethik widersprechen. Sache des Herrn ist es, das Erhaltene zu verprassen, das Eigentum zu verschenken und zu vergeuden; und je umfangreicher und mit möglichst großem Pomp er das zu tun versteht, desto lauter wird sein Ruhm, desto höher seine gesellschaftliche Stellung sein, desto größere Achtung und größeres Prestige wird er genießen.«

Aber das alles begann jetzt, da die Idee des Kreuzzuges wie ein Fieber alle sozialen Schichten der Gesellschaft erfaßte, einer grundlegenden Veränderung zu unterliegen. Eine wichtige Voraussetzung für diese Veränderung war das Aufkommen einer neuen, industriell tätigen, tüchtigen, selbstbewußten städtischen Gesellschaft, die sich, durch ihre wirtschaftlichen Erfolge emanzipiert, nicht mehr so ohne weiteres in die alten Strukturen pressen ließ, die nur dem Adel und, mit Abstrichen, der Kirche nützlich waren. Es begann – um diese Entwicklung auf eine recht banale und doch zutreffende Weise zu charakterisieren – die Geldwirtschaft immer stärker zu dominieren, was nicht nur eine neue Gesellschaft, sondern auch neue Abhängigkeiten schuf. Genau jetzt beginnen jene Kräfte und Figuren in Erscheinung zu treten, die in der Anfangsphase des Ersten Kreuzzuges eine ebenso bedeutende wie verhängnisvolle und tragische, die Idee dieses Unternehmens zutiefst diskriminierende Rolle spielen sollten. Und die Juden waren dazu ausersehen, in diesem düsteren Schauspiel als Opfer zu agieren.

Judengemeinden gab es im 11. Jahrhundert praktisch überall in Europa. »Jüdische Niederlassungen hatten seit Jahrhunderten entlang der Handelsstraßen Europas bestanden. Ihre Bewohner waren sephardische Juden, deren Vorfahren sich während der finsteren Zeit der barbarischen Invasionen vom Mittelmeerbecken her ausgebreitet hatten. Sie hielten die Verbindung mit ihren Glaubensgenossen in Byzanz und den arabischen Ländern aufrecht und waren dadurch in der Lage, im internationalen Handelsverkehr, vornehmlich aber im Handel zwischen islamischen und christlichen Ländern, eine beträchtliche Rolle zu spielen.« (S. Runciman) – Die Juden Westeuropas traten vor allem als Bankiers in Erscheinung, wenn man die Art ihrer Betätigung mit einem noblen Wort charakterisieren will, denn in Wahrheit hatten sie lediglich eine Marktlücke geschickt ausgenützt, und zwar jene, die durch das strenge christliche Verbot, »sich in Geldgeschäften zu üben und Wucher zu betreiben«, entstanden war. Das »überließ ihnen ein freies Betätigungsfeld zur Errichtung von Geldverleihhäusern in der ganzen christlichen Welt«. (S. Runciman) – Nun muß man freilich feststellen, daß ein solches Geschäftsgebaren, das gegen die sogenannten Prinzipien der christlichen Moral verstieß, überhaupt erst durch eine ganz bestimmte wirtschaftspolitische Entwicklung ermöglicht wurde; denn in dem Ausmaß, in welchem das ältere bargeldlose Dienstleistungssystem durch die moderne Bargeldwirtschaft abgelöst wurde, wuchs auch die Bedeutung des Geldverleihs. Es brauchten die neuentstandenen Industrien genauso Bargeld wie die Kaufleute; und es begann bald auch der Adel, der durch den ökonomischen Vormarsch der emanzipierten städtischen Gesellschaft in materielle Bedrängnis geriet, bei jüdischen Verleihern Geld aufzunehmen, um seinen Standard halten zu können. Nicht zuletzt waren auch die Bauern und das städtische Proletariat immer stärker auf diese Form der Finanzierung angewiesen. Es wuchsen einerseits die Bedürfnisse und andererseits die Preise für die Befriedigung dieser Bedürfnisse. Das Ergebnis war eine weitverbreitete Abhängigkeit der christlichen Gesellschaft von jüdischem Geld. Und daraus wiederum resultierte jene latente Judenfeindlichkeit dieser Gesellschaft, die ohnedies davon überzeugt war, daß die Juden die Mörder Christi seien und deren moralisches Empfinden sie überdies lehrte, Geld nicht überzubewerten, was freilich nur ein schönes theoretisches Programm war, das mit der Wirklichkeit nicht viel zu tun hatte. In dem Ausmaß, in dem man beim jüdischen Geldverleiher Schulden machte, um sich eine Art Unabhängigkeit zu erkaufen, geriet man tatsächlich immer tiefer in die Abhängigkeit von diesem Bankier, der zwar keine Bürgerrechte besaß, aber durchaus imstande war, horrende Zinsen zu fordern. Es war ein Spiel mit ungleichen Mitteln, eine Spekulation mit der Habgier der Menschen, die neue Märkte erschloß und zugleich neue Abhängigkeiten schuf. Und es war nur eine Frage der Zeit und der Gelegenheit, bis daraus eine Situation entstand, die den Christen eine Möglichkeit gab, sich dieser Abhängigkeiten zu entledigen.

Es läßt sich heute nicht mehr mit Sicherheit feststellen, wann und in welchem Zusammenhang die nützliche These von den Juden als den Henkern Christi im Verlaufe der propagandistischen Tätigkeiten aufkam, die zugunsten des Heiligen Krieges überall in Europa stattfanden. Diese These war an sich keinesfalls neu. A. J. Gurjewitsch schreibt: »Die Kreuzfahrer Ende des 11. Jahrhunderts waren davon überzeugt, daß sie nicht die Nachkommen der Henker des Heilands, sondern diese Henker selbst strafen. Die Jahrhunderte, die inzwischen vergangen waren, bedeuteten ihnen nichts.« – Aber jetzt erhielt diese tiefverwurzelte Meinung eine neue, gefährliche Dimension. S. Runciman charakterisiert das sehr deutlich, wenn er ausführt: »Während des ganzen 11. Jahrhunderts, als mehr und mehr Schichten der Bevölkerung von ihnen Geld zu entleihen begannen, nahm die Unbeliebtheit der Juden stetig zu; und die Anfänge der Kreuzzugsbewegung verstärkten sie noch. Es war ein kostspieliges Unternehmen für einen Ritter, sich für den Kreuzzug auszurüsten; wenn er kein Land und keine Besitzungen hatte, die er verpfänden konnte, war er genötigt, von den Juden Geld auszuleihen. Aber war es wohl recht, daß er, um für die christliche Sache kämpfen zu können, in die Klauen von Angehörigen just jenes Volkes fallen mußte, das Christus gekreuzigt hatte? Der ärmere Kreuzritter war häufig den Juden ohnehin bereits verschuldet. War es billig, daß er in der Erfüllung seiner Christenpflicht durch Verbindlichkeiten gegenüber einem Gottlosen behindert ward? Die Wanderprediger des Kreuzzugs legten besonderen Nachdruck auf Jerusalem, die Stätte der Kreuzigung. Es war unvermeidlich, daß dadurch die Aufmerksamkeit auf das Volk gelenkt wurde, von dessen Hand Christus gelitten hatte. Die Mohammedaner waren der gegenwärtige Feind; sie verfolgten die Anhänger Christi. Aber die Juden waren gewiß weit ärger; sie hatten Christus selbst verfolgt.«

Es ist also die Behauptung keineswegs abwegig, daß in Verbindung mit den Vorbereitungen zu diesem Ersten Kreuzzug jener stets virulente christliche Antisemitismus, der darauf gründete, daß die Juden die wahren Mörder Christi seien, nunmehr erstmals in der Geschichte dieser mörderischen Ideologie voll wirksam wurde. Ein auslösendes Moment war die Verschuldung der Christen bei den jüdischen Geldverleihern. Dazu kamen jetzt auch noch jene

Kredite, die mancher Ritter aufnehmen mußte, um standesgemäß für den Kreuzzug gerüstet zu sein, für ein Unternehmen also, dem man nicht bloß aus religiösen, sondern auch aus recht handfesten materiellen Überlegungen außerordentliches Interesse entgegenbrachte. Aber es war eben »ein kostspieliges Unternehmen für einen Ritter, sich für den Kreuzzug auszurüsten«; und je mehr dieser Ritter vom Kreuzzug materiellen Zugewinn erhoffte, um so größer mußte die Investition sein, die er vorher zu tätigen hatte. Der fromme Egoismus, mit welchem die Kirche den Besitz jener Ritter in Verwaltung nahm, die nach Jerusalem zu gehen bereit waren, ermöglichte keine Investition, sondern bot nur moralische Sicherheiten. Das Bargeld, das man brauchte, um für dieses fromme Unternehmen hinlänglich ausgestattet zu sein, kam von den jüdischen Geldverleihern.

Nun ist es im Grunde vollkommen müßig, wenn auch nicht reizlos, sich über die doppelbödige christliche Moral Gedanken zu machen, die in jenen entscheidenden Abschnitten des Mittelalters die Gesellschaft prägte. Die uralte apostolische Forderung, dem vielbeschworenen evangelischen Ideal der Armut auch in der Praxis zu gehorchen, wurde von der offiziellen Kirche niemals als offizieller Lehrsatz begriffen; sie wurde auch zu keiner Zeit des nachhaltigen moralischen und politischen Einflusses dieser Kirche auf die Masse der Christen als wesentlicher Bestandteil eines verbindlichen ideologischen Programms verkündet und gefordert. Es waren stets Außenseiter, Minderheiten, die dann nicht selten als Ketzer verfolgt und gebrandmarkt wurden, welche dieses Ideal von der evangelischen Armut programmatisch verkündeten. Ähnlich verhielt es sich mit dem Prinzip der allgemeinen Herrschaft der Gerechtigkeit, das ein wesentlicher Aspekt der christlichen Lehre war und das dennoch, wenn man der mittelalterlichen Interpretation folgt, gar nichts mit dem Begriff Gleichheit zu tun hatte. »Die Theologen machten einen radikalen Unterschied zwischen dem sündlosen Zustand der ersten Menschen vor dem Sündenfall und dem Zustand der gefallenen Menschheit. In diesem letzteren Zustand sind sowohl Privateigentum als auch Ungleichheit unter den Menschen, die durch die Herkunft, den Erfolg und den Vermögenswohlstand hervorgerufen wurden, unumgänglich. Die Ungleichheit der Menschen ist für die katholischen Denker axiomatisch.« (A. J. Gurjewitsch) – In diesem Zusammenhang sollte man auch die gesellschaftliche und moralische Situation sehen, in die sich die jüdischen Gemeinden Westeuropas zum Teil selbst hineinmanövriert hatten, indem sie, aus der Not, keine Bürgerrechte zu besitzen, eine materielle Tugend machend, die damals entstehende Geldwirtschaft auf verhängnisvolle Weise beeinflußten; in diese Lage wurden sie zum Teil gewaltsam gedrängt. Andererseits ging die latente Feindseligkeit der Christen gegenüber den Juden gewiß auch noch auf das gefährliche Vorurteil der antiken römischen Gesellschaft zurück, welche die Juden als permanente Unruhestifter und Revolutionäre begriffen hatte, die nicht nur das Christentum nach Europa gebracht, sondern dieses Christentum auch als eine Doktrin gegen die herrschende Ordnung des Imperiums eingesetzt hatten; diese Feindseligkeit war also gleichsam die einzige brauchbare Garantie dafür, aus der materiellen Abhängigkeit der Christen gegenüber den Juden keine moralische zu machen. Man nahm das Geld jener, die man verachtete, mit unsagbar hochmütiger Geste entgegen. Und es bedurfte tatsächlich nur eines geringfügigen Anstoßes, um aus dieser Verachtung das Recht abzuleiten, die Urheber der materiellen Abhängigkeit zu schädigen oder sogar zu vernichten. Die Geschichte der nachfolgenden Jahrhunderte lehrt, daß man aus dieser Erkenntnis ein ebenso perfektes wie teuflisches System entwikkeln konnte, wobei immer dann, wenn es um christliche Moralbegriffe ging, der nützliche Hinweis auf die Juden als die Mörder Christi als brauchbare Rechtfertigung diente. Hingegen wurde und wird völlig unterschlagen, daß die Repräsentanten des Urchristentums, also die ersten Propagandisten und Lehrmeister dieser östlichen Glaubenslehre, ausnahmslos Juden waren. Einem deutschen oder französischen Ritter, der sein ganzes Hab und Gut an einen jüdischen Geldverleiher verpfändet hatte, um sich das Abenteuer des Heiligen Krieges gegen die levantinischen Heiden leisten zu können, wäre eine solche grundsätzliche Überlegung wohl auch gleichgültig gewesen oder als vollkommen irrational erschienen, wenn er eine Möglichkeit gesehen hätte, sich durch einen einzigen Handstreich seiner unangenehmen Situation zu entziehen. Alle moralischen und ethischen Spekulationen und Maximen werden stets in dem Augenblick gegenstandslos, wenn es um materielle Werte geht. Und jene, die den Kreuzzug nach Jerusalem predigten oder die bereit waren, diesen Kreuzzug mitzumachen, hatten keine Ursache, sich anders zu verhalten. Der Jude, gestützt durch nichts anderes als durch seine Begabung, sich selbst den schwierigsten Verhältnissen anzupassen, galt als vogelfrei. Er war recht- und schutzlos. Und seine unleugbare Tüchtigkeit in Geldgeschäften machte ihn überdies zum gefährlichen Feind jener, die von diesen Geldgeschäften abhängig waren.

Es scheint, daß die ersten Übergriffe gegen das Judentum in Verbindung mit dem Kreuzzug in Frankreich stattfanden. Im Dezember 1095 gelangten die ersten Nachrichten von Gewalttaten gegen jüdische Gemeinden in Nordfrankreich nach Deutschland. In Rouen hatte es erste Ausschreitungen gegeben; sogar von Massenmorden wurde gesprochen, obgleich es darüber kein einziges authentisches Dokument gibt. Hingegen ist es unbestritten, daß die Juden Frankreichs frühzeitig schon erkannt hatten, wie gefährlich die überall entflammte Begeisterung für den Kreuzzug nach Jerusalem für ihre Rasse sein könnte; und daß sie alles versuchten, um dieser Gefahr auszuweichen. Peter von Amiens scheint dabei eine reichlich undurchsichtige Rolle gespielt zu haben, denn als er im Frühling des Jahres 1096 in Köln eintraf, war er im Besitz jüdischer Empfehlungsschreiben »an die jüdischen Gemeinden ganz Europas, worin diese aufgefordert wurden, ihn willkommen zu heißen und ihn und sein Heer mit allem zu versorgen, dessen er bedurfte«. (S. Runciman) – Diese Empfehlungsschreiben dürften also, wie man wohl annehmen muß, das Ergebnis einer massiven Erpressung gewesen sein. Im übrigen war es kein Zufall, daß gerade in Frankreich jene ersten Ausschreitungen gegen die Juden stattfanden, die dann in den antisemitischen Exzessen der Deutschen ihren tragischen Höhepunkt hatten. Denn »bereits während der spanischen Kriege hatten die christlichen Heere eine gewisse Neigung bezeugt, die Juden zu mißhandeln«. (S. Runciman) – Das ist allerdings eine recht diskrete Darstellung jener Ereignisse, die, wenn man sie objektiv betrachtet, doch die Frage aufwerfen, wen die Soldaten der christlichen Reconquista gelegentlich als ihren verhaßten Feind betrachteten: die islamischen Mauren oder die Juden Spaniens. Und von Spanien drang, getragen von heimkehrenden Rittern, der Judenhaß ja auch über die Pyrenäen nach Frankreich, wo schließlich spätestens seit dem November 1095, also seit dem Konzil von Clermont, geistliche und weltliche Propagandisten bald darin wetteiferten, einen, wenn man es oberflächlich betrachtet, religiös motivierten Antisemitismus zu schüren, dessen tiefere Ursachen freilich häufig materieller Natur waren.

Eine düstere Rolle spielte bei alledem auch Gottfried von Bouillon, Herzog von Lothringen und strahlender Held aller erbaulichen Lesebuchgeschichten, die vom Ersten Kreuzzug handeln. Er scheint ein Mann von einnehmenden Umgangsformen gewesen zu sein, zudem eine stattliche Erscheinung – als Idealbild eines nordischen Ritters charakterisieren ihn selbst ernsthafte Historiker und Autoren –, was alles nichts daran änderte, daß sein Charakter eher fragwürdig oder mittelmäßig war. Zu jener Zeit, da diese Geschichte spielte, die einen schweren Schatten auf die Persönlichkeit Gottfrieds werfen sollte, war dieser hochangesehene und berühmte Edelmann gerade fünfunddreißig Jahre alt und von der nicht unbegründeten Sorge bedrängt, daß ihn Kaiser Heinrich, sein oberster Lehensherr, möglicherweise nicht mehr länger mit der Verwaltung Lothringens betrauen könnte, weil zu viele berechtigte Klagen gegen die Art dieser Verwaltung erhoben worden waren; was wiederum ein gewichtiger Grund für die Dringlichkeit war, mit der Gottfried von Bouillon seine Vorbereitungen für die Teilnahme am Kreuzzug traf, wozu er sich unmittelbar nach der Predigt Urbans in Clermont entschlossen hatte. Und eine dieser Vorbereitungen bestand darin, daß er das Gerücht ausstreuen ließ, vor seinem Aufbruch nach Palästina sollten alle Juden Lothringens getötet werden, um durch dieses Opfer den Mord an Christus zu sühnen. Die Juden, die manche Ursache hatten, ein solches Gerücht bitter ernst zu nehmen, reagierten darauf in doppelter Hinsicht: Kalonymos von Mainz, Oberrabbiner des Rheinlandes, wurde bei Heinrich IV. vorstellig, der als Freund der Juden galt, und bat ihn um Hilfe gegen die angekündigte Verfolgung durch Gottfried; zur gleichen Zeit aber zahlten die jüdischen Gemeinden von Mainz und Köln an den Herzog jeweils die Summe von fünfhundert Silberstücken, was eine beträchtliche Summe war, die Gottfried durchaus in die Lage versetzte, ein größeres Kontingent an Soldaten auszurüsten. Auf die dringende Ermahnung Heinrichs an seine weltlichen und geistlichen Lehensleute, zugunsten der Sicherheit jüdischer Gemeinden einzustehen, antwortete er freilich mit eifriger Zustimmung, was ihm um so leichter gefallen sein dürfte, als er zu diesem Zeitpunkt das Geld der rheinischen Juden bereits entgegengenommen hatte.

Das Beispiel Gottfrieds machte Schule. Mehr oder minder unverhüllte Drohungen jener Kreuzfahrer, die zwar über einen besonderen christlichen Eifer, aber kaum über genügend materielle Mittel verfügten, um sich für den Marsch nach Jerusalem auf eine befriedigende Weise auszurüsten, waren die Ouvertüre zu einer Reihe von schamlosen Erpressungsversuchen, die in der Regel sehr rasch zum gewünschten Resultat führten. Die Juden zahlten, was von ihnen gefordert wurde, weil sie davon überzeugt waren, sich durch diese Art von Lösegeld eine relative Sicherheit erkaufen zu können. Darüber hinaus vertrauten sie dem Wohlwollen des Kaisers, der sich stets als aufrichtiger Freund ihres Volkes gezeigt hatte, und versicherten sie sich auch der Unterstützung durch die Kirche, indem sie an Äbte und Bischöfe beträchtliche Geldspenden überwiesen. Es war das alles ein verzweifelter Versuch, einer drohenden Gefahr zu entgehen, die mit jedem Tag, an dem die Kreuzzugsbewegung an Boden gewann, größer wurde. Und als zu Ostern des Jahres 1096 die Armee Peters in Köln lagerte und von überall her Zulauf erhielt, als immer neue Truppen ins Rheinland strömten, um sich hier für den bevorstehenden Abmarsch nach Konstantinopel zu sammeln, und als jetzt auch noch gewisse Figuren, die dem Galgen näher standen als dem Paradies und die durch die Kreuzzugsbewegung plötzlich an Bedeutung gewannen, gleichfalls mit ihren Banden in Köln einzogen, um sich Peter anzuschließen oder um auf eigene Faust – und freilich im Namen Christi – Krieg gegen jedermann zu führen: Da war es tatsächlich nur noch eine Frage der Zeit, bis über die Juden Deutschlands jenes Unheil hereinbrach, das sie dann bis zur Apokalypse des Dritten Reiches hartnäckig verfolgen sollte.

Die berechtigte Entrüstung, die unser Urteil über jene Männer beeinflußt, deren einziger Ruhm darin besteht, den latenten Antisemitismus des Mittelalters für ihre eigenen Zwecke ausgenützt zu haben, wie sie ebenso bedenkenlos die Begeisterung der Christen für das Ideal des Heiligen Krieges zugunsten ihres persönlichen Ehrgeizes und Vorteils ausgenützt haben, dabei beides, Antisemitismus und religiöse Leidenschaft, geschickt miteinander verbindend, diese Entrüstung also, mit der wir solche Charaktere wie Gottfried von Bouillon oder jenen Emich von Leiningen aburteilen, welcher der eigentliche Anstifter des ersten Massakers an Juden auf deutschem Boden war, darf freilich nicht selbstgerecht sein, sondern muß auch nach den Ursachen forschen, welche die schrecklichen Ereignisse vom Frühling 1096 tatsächlich heraufbeschworen haben, als die deutschen Judengemeinden durch fanatisierte Kreuzfahrer systematisch ausgerottet wurden. Das an sich verhängnisvolle Geschäft mit dem Bargeld der jüdischen Geldverleiher war eine dieser Ursachen; aber es war nicht die einzige, wenngleich es ausschlaggebend gewesen sein dürfte, daß mancher Ritter, mancher Bauer, mancher Bürger ganz genau wußte, daß er mit dem tödlichen Schwerthieb, den er gegen einen jüdischen Geldverleiher führte, nicht bloß einen Mörder Christi, sondern auch einen unangenehmen Gläubiger vernichtete. Dennoch wäre ohne Protagonisten wie Gottfried von Bouillon oder Emich von Leiningen, der ein eher unbedeutender Ritter aus dem Rheinländischen war, ein Graf, der sich durch Raubüberfälle über Wasser hielt und dessen notorisch schlechter Ruf nicht einmal durch seine spontane Teilnahme am Kreuzzug aufgebessert werden konnte, dennoch also wäre ohne ihn, der tatsächlich ein schlechter Mensch oder vielleicht auch bloß ein unglücklicher Charakter war, diese barbarische Ausschreitung, welche die Geschichte des Ersten Kreuzzuges ungemein belastet, nicht zustande gekommen oder nicht auf diese unmenschliche Weise zustande gekommen, die uns drastisch vor Augen führt, daß der vernichtende Antisemitismus des Dritten Reiches keine Erfindung des 20. Jahrhunderts war.

Allerdings waren der lothringische Herzog Gottfried und der rheinländische Graf von Leiningen – und mit ihnen alle jene Ritter und Bauern und Städter, die sich nach den ersten Angriffen auf deutsche Judengemeinden in einen wahren Blutrausch steigerten – in gewisser Hinsicht auch nur Getriebene, auch bloß Opfer von Umständen, über die sie letztlich keine Macht hatten, auch nur Gepeinigte, die sich gegen ihre Peiniger nicht durchsetzen konnten, vergleichbar den eigentlichen Opfern, den Juden, die freilich von allem Anfang an keine Chance hatten. Es waren die sozialen Rangordnungen und Verhältnisse jenes Zeitalters – das ein gegen die menschliche Natur und gegen die menschlichen Bedürfnisse gerichtetes Zeitalter war – die wahren Urheber jener Barbarei, die wir heute, obgleich sich an unserer Wollust zur Barbarei nicht im mindesten etwas geändert hat, nur mit Abscheu betrachten. In der Theorie hatte damals natürlich alles seine Ordnung – wie auch heute –, obschon es eine brutale, sozusagen die Würde des Menschen vergewaltigende Ordnung war; so zum Beispiel war die Unfreiheit der Bauern gegenüber dem Feudalherrn nicht gleichbedeutend mit Rechtlosigkeit; und der Feudalherr wiederum hatte eine Reihe von Möglichkeiten zur Äußerung seiner Individualität, wie das Aaron J. Gurjewitsch ausdrückt, wenn er schreibt: »Abgesondert in seinem Schloß, an der Spitze einer kleinen, ihm ganz und gar untergeordneten Welt lebend, konnte der Feudalherr selbst für sie die Ordnung bestimmen. Im Verhältnis zur Außenwelt stellte sie eine relativ autonome Einheit dar. Sein Kriegshandwerk war in bedeutendem Maße individualisiert; er mußte sich auf die eigenen Kräfte, seinen Mut und seine Kampferfahrung stützen. Sogar wenn er im Heer des Seigneurs kämpfte, handelte der Ritter vor allem in persönlicher Verantwortung und mit persönlichem Risiko. Seine Beziehung zu den anderen Feudalherrn war ebenfalls vorwiegend individueller Natur ... Gleichzeitig waren die Vertreter des herrschenden Standes mehr als irgend jemand anders einem strengen Reglement untergeordnet, das ihr Verhalten diktierte.« – Aber das war eben nur die Theorie. Die Praxis sah anders aus, hatte damit zu tun, daß ein Ritter, der zum Beispiel über kein Lehen verfügte, auch kein Einkommen besaß. »Der Adel machte keinen Hehl daraus, auch Hand an den Reichtum der Städter zu legen. Die mittelalterliche Ritterschaft sah nichts Schändliches im Wegnehmen fremden Gutes, und sie prahlte oft mit ihren Neigungen zu Raub und Fehde. Die Achtung der Rechte, wessen Eigentum es auch sei, war bei ihnen kaum ausgebildet. Die Geschichte des Mittelalters ist eine Geschichte unaufhörlicher feudaler Kriege und Fehden. Jeder beliebige Feldzug, sogar wenn er offiziell die Frömmigkeit und gottgefällige Ziele verfolgte, war von Räubereien und Eroberungen begleitet. Der Eroberung der Reichtümer folgte die Teilung unter den Kampfgenossen, die Ausgabe von Geschenken an Vasallen und

Freunde und das Verprassen der Reichtümer auf Gelagen.« (A. J. Gurjewitsch) – Und wenn man einen Mann wie Emich von Leiningen unter diesem Aspekt betrachtet, so werden seine Untaten dadurch zwar nicht entschuldbar, aber doch begreifbar. Er war ein Produkt seiner Zeit. Und diese Zeit war mitleidlos und unmenschlich.

Ihn sich vorzustellen, der eine ebenso gemeine wie bedeutsame Rolle spielte in diesem Ersten Kreuzzug, wenngleich er gewissermaßen nur auf Nebenschauplätzen auftrat, nur am Rande dieser Bühne agierte, auf der das sogenannte christliche Abendland unter dramatischen Begleitumständen Gestalt annahm, Emich von Leiningen sich vorzustellen, dürfte also nicht sonderlich schwerfallen, weil es solche Charaktere zu jeder Zeit gibt. Solche Menschen sind zugleich faszinierend und abstoßend, weil das Gemeine, Ekelhafte und Brutale, das sie verkörpern, uns auf eine merkwürdige Weise interessiert, obgleich wir es aus tiefster Seele empört ablehnen. Und dennoch haben wir manchen einleuchtenden Grund, die Handlungsweise dieses Menschen zu verstehen. Eine Vielzahl einfältiger und begeisterungsfreudiger Pilger habe sich ihm angeschlossen, schreibt S. Runciman; und was man hier jetzt hinzufügen müßte, wäre dies: Alle oder doch viele dieser Pilger hatten überhaupt nichts mehr zu verlieren, weil sie wie Hungrige waren, die vom Überfluß stets nur träumen, ihn jedoch niemals wirklich erleben dürfen; viele dieser Pilger hatten bis zu dem Augenblick, da sie in die sogenannte Armee dieses Grafen und Raubritters eintraten, immer nur die Schattenseiten des Lebens kennengelernt, eine dumpfe und rohe Menschenmasse, die das Dahinvegetieren, das ihr unabänderliches Schicksal war, plötzlich durch die Möglichkeit eines glänzenden, atemberaubenden und erfolgversprechenden Abenteuers abgelöst sah und die vor allem ebensowenig zwischen gut und böse zu unterscheiden wußte, wie das ihre Anführer vermochten, denen religiöse Herkunft, Erziehung, Umwelt und die eigene Phantasielosigkeit nur das zu glauben erlaubten, was dem Bild der Welt entsprach, wie sie damals war; und dieses Bild war eingeengt und schief, verdunkelt von Aberglauben und geformt von einer sozialen Situation, die wir uns in ihrer ganzen Erbarmungswürdigkeit heute kaum noch vorzustellen vermögen. Es konnte dieser kleine rheinische Edelmann, der sich nun unversehens als Heerführer und Kreuzfahrer aufspielen durfte, zum Beispiel ohne weiteres behaupten, daß ihm »auf wunderbare Weise ein Kreuz ins Fleisch eingebrannt« sei, was die Menschen, unterstützt durch die zustimmende Meinung der Geistlichkeit, als ein Zeichen des Himmels betrachteten. Und es vergaben ihm nicht nur die einfältigen Bauern, die Halsabschneider und Tagediebe, die romantischen Jünglinge und die frommen Bürger seine Missetaten, für die er berüchtigt war landauf und landab, sondern auch Mönche und Bischöfe segneten diesen Mann, der so viele Unschuldige getötet, zahllose Frauen geschändet und die Menschen, die ihm ausgeliefert waren, auf jede nur vorstellbare Weise gequält hatte. Unter seinen Anhängern, welche durch die heftige und unaufhörliche Propaganda für den Heiligen Krieg um den letzten Rest ihres Verstandes gebracht worden sein dürften, gab es sogar eine Minderheit, die einer fetten Gans folgte, sie nicht bloß als Maskottchen, sondern als eine Art Reliquie verehrend, weil diese Fanatiker allen Ernstes daran glaubten, daß dieses Tier vom Geiste Gottes beseelt sei; und niemand von den Junkern, Rittern, Geistlichen, die sich im Gefolge des Grafen von Leiningen befanden, unternahm etwas, um diesem zugleich dummen und schrecklichen Aberglauben Einhalt zu gebieten. Dabei befinden sich immerhin etliche beachtenswerte Persönlichkeiten des deutschen und französischen Adels in dieser Armee, darunter die gefürchteten Herrn von Zweibrücken, dann Hartmann von Dillingen, Drogo von Nesle und jener legendäre Vicomte Wilhelm von Melun, der seiner ungewöhnlichen Kraft wegen in halb Europa bekannt war. Sie alle, Gebildete und Analphabeten, Zyniker und Gläubige, Gauner und Gerechte, glaubten mit unverrückbarem Eifer daran, daß Gott selbst an ihrer Seite stand und ihre Sache segnete, was immer daraus auch folgen sollte. Im übrigen fragt die Armut, wenn sie sich einbildet, Überfluß zu wittern, nicht nach Moral, ist sie an gut oder böse kaum interessiert. Und durfte das Beispiel, das der glänzende und hochberühmte Herzog von Lothringen, Gottfried von Bouillon, gegeben hatte, keine Nachahmer finden? Halb Deutschland, halb Frankreich, allen voran die Bischöfe und Äbte, lachten über seinen gelungenen Erpressungsversuch, mit dem er die rheinländischen Juden um insgesamt tausend Silberstücke erleichtert hatte; und selbst der Kaiser, der, wie alle Welt wohl wußte, wie diese Geschichte sich tatsächlich abgespielt hatte, vermochte am Sachverhalt, der ein übles Gaunerstück war, nichts mehr zu ändern.

Emich von Leiningen hatte also gute Vorbilder und manche begründete Ursache, es einem Peter, einem Gottfried gleichzutun. Jerusalem war weit, der Weg dorthin gefährlich und mühsam; und kostspielig. Möglichkeiten, sich diese Kosten zu ersparen oder sie auf irgendeine legitime, korrekte Weise hereinzubringen, gab es keine. Also blieb nur das Faustrecht, eine Art der Selbstbehauptung, wie sie in jenem Jahrhundert überall im christlichen Abendland die Norm war, was die byzantinische Prinzessin und Geschichtsschreiberin Anna Komnene später einmal zum vernichtenden Urteil animieren sollte, daß die Franken, wie sie alle westlichen Christen bezeichnete, ungebildet, kulturlos, kriegslüstern, räuberisch seien; und Barbaren, die sich weder mit der byzantinischen noch mit der arabisch-islamischen Kulturwelt vergleichen könnten; und daß ihr sogenanntes Christentum nichts weiter als eine Mischung aus Aberglauben und Ketzerei sei. Die Prinzessin dachte gewiß nicht an das Elend der Juden, als sie das schrieb; und auch nicht an die soziale Situation der Christen. Dessenungeachtet ist ihr Urteil zweifellos richtig. Und betrachtet man einen Mann wie Emich von Leiningen ausschließlich unter moralischen Aspekten, dann ist es sogar ein mildes Urteil. Aber, wir sagten es schon, was zählt die Moral, wenn die Hungrigen vom Überfluß träumen?

Am 3. Mai 1096 griff Emich von Leiningen mit seinen Kreuzfahrern die jüdische Gemeinde von Speyer an, was insofern naheliegend war, als seine Burg in der Nachbarschaft dieser schönen und alten Stadt lag, Emich über die Verhältnisse in Speyer also genau Bescheid wußte und er überdies auf dem Marsch nach Speyer, als man zu Anfang dieses Unternehmens noch allgemein davon überzeugt war, ohne jeden Umweg geradenwegs nach Konstantinopel und Jerusalem zu marschieren, hinlänglich Zeit und Gelegenheit fand, seine Leute davon zu überzeugen, daß es durchaus gottgefällig und im höheren Interesse dieses Kreuzzuges wäre, die Juden zu bestrafen. Diese Strafe sah dann so aus, daß der Überfall, der weder eine glänzende militärische Leistung noch ein sonderlich einträglicher Beutezug werden sollte, auf Schwierigkeiten stieß, mit denen man nicht gerechnet hatte. Denn die Juden, vorgewarnt durch das Herannahen des wüsten Haufens, hatten sich die Anteilnahme des Bischofs von Speyer durch ein beträchtliches Geldgeschenk erkauft, so daß dieser sie unter seinen besonderen Schutz stellte. Außerdem hatten sich die meisten der bedrohten Juden im Augenblick, da die Kreuzfahrer die Stadttore erstürmten, bei befreundeten Christen versteckt; und nur ein rundes Dutzend von ihnen fiel Emich in die Hände, der sich jetzt plötzlich in der für ihn peinlichen Situation befand, einerseits seinen Männern nicht jene Möglichkeiten zur ausgiebigen Plünderung anbieten zu können, die er ihnen zuvor gewiß versprochen hatte, und andererseits zumindest einen Anschein von frommer Gerechtigkeit liefern zu müssen, damit auch die Geistlichkeit, die dem Angriff zugestimmt hatte, zufriedengestellt war. Und so kam es zum ersten jener makabren Schauprozesse auf deutschem Boden, denen die Juden dann jahrhundertelang immer wieder ausgesetzt sein sollten und deren einziger Sinn wohl darin bestanden haben mag, daß die Richter, die sich auch als Henker aufspielten, ihrer ebenso ungesetzlichen wie unmenschlichen Tätigkeit zumindest einen Anschein von Legalität schenken konnten.

Hier in Speyer wurde von den elf oder zwölf unglücklichen Juden, die in die Gewalt Emichs geraten waren, nachdrücklich verlangt, ihrer Religion abzuschwören und dafür die christliche zu erwählen, was in jenem Zeitalter tatsächlich neben anderen, brutaleren Methoden auch ein gebräuchliches Verfahren war, um das Judentum zu dezimieren. Christoph Ulrich Hahn, ein Historiker aus dem 19. Jahrhundert, der eine vielbeachtete *Geschichte der Ketzer im Mittelalter* geschrieben hat, vermerkte in diesem Zusammenhang: »Als das wirksamste Mittel zu einer selbst oft massenhaften Bekehrung der Juden zum Christentum erwies sich der Zwang, der in den Zeiten der heftigen Verfolgungen vielfach in Anwendung gebracht wurde. Es muß aber sogleich bemerkt werden, daß der Bekehrungseifer nicht immer das einzige, ja oft nur ein sehr untergeordnetes Motiv bei diesen Verfolgungen bildete, daß noch viel öfter die schmutzigste Habsucht bei Völkern und Fürsten, verbunden mit den ungeläuterten Vorstellungen einer finsteren Zeit, der Hebel war, der solch rohe Grausamkeit, solchen blutigen Haß in Bewegung setzte. Dies war der Fall bei der zur Zeit des Ersten Kreuzzuges angeregten großen und weitverzweigten Judenverfolgung, während welcher viele Juden zum Christentum übertraten, um sich vor der Verfolgung zu schützen. Auch hier, wie bei so vielen anderen Gelegenheiten, ersieht man, wie die Kirche und ihre Diener vorzugsweise sich der Verfolgten annahmen und dadurch gewiß auch manches Herz für die Kirche günstig stimmten.« – Was die Hilfe angeht, welche nach Hahn die Kirche den Juden zukommen ließ, so trifft dies auf Speyer – und mit Einschränkungen später noch auf einige andere deutsche Städte – zweifellos zu, obgleich der Anlaß für diese Hilfe kein uneigennütziger war. Der Bischof, der den Mord an jenen Juden, die sich standhaft geweigert hatten, zum Christentum überzutreten, nicht hatte verhindern können, bewahrte dafür die Mehrzahl von ihnen vor einem ähnlichen Schicksal und erreichte durch sein bestimmtes Auftreten sogar, daß einige jener Kreuzfahrer, die an diesem eigenartigen Prozeß teilgenommen hatten und die dann auch als Henker aufgetreten waren, seiner Gerichtsbarkeit ausgeliefert wurden. Diese Männer wurden empfindlich bestraft: man schlug ihnen die Hände ab, mit denen sie getötet hatten. Aber das änderte nichts mehr daran, daß jüdisches Blut geflossen war und daß Emich von Leiningen, der sich in Speyer wohl eine andere Haltung des Bischofs erwartet haben dürfte, jetzt um so entschlossener war, sich jene Beute zu holen, mit der er von allem Anfang an gerechnet hatte. Überdies gab es nicht nur judenfreundliche oder korrekte oder auch bloß der Bestechung zugängliche Kirchenmänner wie diesen Bischof, sondern viele andere, darunter auch einflußreiche Geistliche, die den ohnedies vorhandenen Antisemitismus der Christen unterstützten. So war man – nicht zuletzt aus geistlichem Munde darüber informiert – das ganze Mittelalter hindurch fest davon überzeugt, daß »Christenkinder von den Juden nach Spanien verkauft oder zu allerlei schändlichen Handlungen mißbraucht worden seien« (Ch. U. Hahn); daß sie über Zaubermittel verfügten, um Christen zu vergiften; oder daß sie mit christlichen Ammen, die sie in ihre Häuser bestellten, »viele Schändlichkeiten treiben«. Hahn berichtete: »Die bedeutendsten Klagen sind, daß sie dem Wucher sich ergeben und die Christen auf die schändlichste und selbst betrügerische Weise übervorteilen, und daß sie die Gewohnheit haben, am jüdischen Passahfest Christenkinder zu rauben, unter mancherlei Martern zu kreuzigen und die Eingeweide derselben zur Zauberei zu gebrauchen.« – Es war unter diesen Voraussetzungen nicht weiter erstaunlich, daß die Judikatur jener Zeit eine zutiefst judenfeindliche war, was wohl auch die Tätigkeit eines solchen Strafgerichtes verständlich macht, wie jenes von Speyer eines gewesen sein dürfte. »Unter den Gesetzen, welche im Mittelalter gegen die Juden erlassen wurden, sind besonders die kirchlichen von Wichtigkeit. Ein großer Teil derselben hat die Tendenz, den Einfluß der Juden auf die Christen unschädlich zu machen und der um sich greifenden Vermengung der Juden und Christen entgegenzutreten. Dahin gehören die Verbote, mit Juden beim Baden, Spiel, bei Gastmahlen und anderen Feierlichkeiten zusammenzukommen oder bei ihnen zu wohnen; christliche Diener in ihren Häusern zu haben; irgendein öffentliches Amt oder auch eine Privatanstellung zu bekleiden; sich der Pflege jüdischer Ärzte anzuvertrauen; in kleineren Orten zu wohnen und neue Synagogen zu errichten; dieselbe Kleidung wie die Christen zu tragen ...« (Ch. U. Hahn) – Es ist also die Hilfe, die den verfolgten Juden gelegentlich – wie etwa in Speyer – von der Kirche zuteil wurde, als eine Art von Zivilcourage zu begreifen, als ein Akt der christlichen Nächstenliebe, wie das weder im Mittelalter noch in späteren Jahrhunderten selbstverständlich war.

Speyer war ein Anfang gewesen, ein Signal, wie die magyarische Grenzfestung Semlin ein Anfang, ein Signal gewesen war, das alles das auf charakteristische Weise enthüllt hatte, was von diesem Ersten Kreuzzug an Unvorhergesehenem, Widersprüchlichem und auch Ekelhaftem zu erwarten gewesen war. Und wie man die Ereignisse von Semlin nur als einen Prolog verstehen darf, der freilich schon angedeutet hatte, welches Schicksal dieser Kreuzzug des Volkes würde erdulden müssen, so konnte man auch jetzt an der Ouvertüre von Speyer schon erkennen, was diese Truppe verursachen würde, die nun daranging, eine Blutspur durch das Rheinland zu legen. Und hätte es unter allen eifrigen, hochmütigen, leidenschaftlichen Wortführern dieses Heiligen Krieges auch nur eine einzige wirklich integere Persönlichkeit gegeben, die imstande gewesen wäre, aus den Geschehnissen in jenem Frühling 1096 eine ebenso naheliegende wie vernünftige Lehre zu ziehen und die zudem die Macht besessen hätte, daraus auch eine praktische Konsequenz abzuleiten, so wäre Christen wie Mohammedanern, Europäern wie Byzantinern unendlich viel Leid erspart geblieben. Aber es ist natürlich müßig, solche Überlegungen anzustellen, Überlegungen, die überdies einen Augenblick der abendländischen Geschichte berühren, der ausschlaggebend sein sollte für die nächsten Jahrhunderte.

Denn vieles von dem, was heute noch unsere Meinung prägt, unsere Vorurteile unterstützt, unsere Neigungen beeinflußt, ist damals geboren worden: in Semlin, in Speyer, aber auch auf jenen zahllosen Veranstaltungen, auf denen der Papst selbst oder seine Legaten oder irgendwelche selbsternannten Propheten oder irgendein ehrgeiziger Emporkömmling die Propagandatrommel rührten.

Speyer war also der Anfang von etwas gewesen, das nicht bloß mit Antisemitismus zu tun hatte – den hatte es auch vorher schon gegeben; Judenhaß, Judenverachtung waren den Europäern seit den Tagen des römischen Imperiums nahezu zur Selbstverständlichkeit und später, als das Christentum triumphierte, beinahe zur Pflicht geworden –, sondern das auch eine Möglichkeit zeigte, wie der Unterprivilegierte, wenn er einen Rest von moralischen Bedenken überwand, sich des vermeintlichen Überflusses bemächtigen konnte. Denn es verschweigen zwar die Berichte, die von den Ereignissen in Speyer und anderen deutschen Städten erzählen, jene perfiden Einzelheiten, die im Zusammenhang mit dem organisierten Massenmord an Juden stattfanden, aber es steht außer Zweifel, daß die Soldaten des Herrn von Leiningen und bald auch die Zivilisten, die sich dem wüsten Treiben jener anschlossen, weniger daran interessiert waren, jüdische Seelen für das Christentum zu gewinnen, als vielmehr jüdisches Eigentum zu erbeuten. In Speyer plünderten die Christen, nachdem die ersten Juden erschlagen worden waren, das Getto; von irgendwelchen Versuchen, Juden, die sich in den Palast des Bischofs gerettet hatten, zum Christentum zu bekehren – und zwar ohne daß man ihnen das Messer an die Kehle setzte –, ist nichts bekannt. Und auch bei den nachfolgenden Pogromen in anderen rheinländischen Städten werden wir lediglich auf einen einzigen hochrangigen Geistlichen stoßen, nämlich auf den Erzbischof von Mainz, der, schamlos die verzweifelte Lage der Juden ausnützend, den Übertritt jener Israeliten fordern wird, die sich seinem Schutz anvertrauten, was dann freilich wiederum nur eine weitere Tragödie auslösen sollte.

Es sind also die Präliminarien zu diesem Ersten Kreuzzug, der doch das Antlitz Europas grundlegend verändern sollte, ein Anlaß zur Bestürzung und zur Scham darüber, welcher Methoden sich die westliche Christenheit bediente, um ihre frommen und ehrgeizigen Ziele zu erreichen. Es war die Armee der vereinigten Deutschen, Franzosen und Italiener blindlings in ihr Verderben marschiert, dabei selbst Verderben verbreitend, nicht ahnend, daß ihre Niederlage noch nützliche Konsequenzen haben sollte für die nachfolgenden Ritterheere, die sich den Weg nach Jerusalem freikämpfen würden. Und es marschierte jetzt Emich von Leiningen mit seinen Männern in Richtung Mainz, nicht ahnend, daß sein schreckliches Beispiel noch Folgen haben sollte, welche die nächsten Jahrhunderte auf furchtbare Weise beeinflussen würden.

Der Kreuzzug gegen die Juden

Am 20. Mai, nach nur zweitägiger Belagerung, die man eigentlich nicht als Belagerung bezeichnen kann, die eher eine Zurschaustellung der eigenen Stärke und Wildheit war, drangen die Truppen Emichs in Worms ein, stürmten sogleich zum bischöflichen Palast, wohin sich die meisten Juden in ihrer Verzweiflung geflüchtet hatten, verschafften sich gewaltsam Zutritt und wüteten dort, unterstützt durch die aufgehetzte christliche Bevölkerung, buchstäblich wie reißende Wölfe unter den hilf- und wehrlosen Israeliten. Der Haß, der sich hier in Worms entlud, hatte allerdings auch in einem infamen Gerücht seine Ursache, das von einem bösen Attentat der Juden auf die Trinkwasserversorgung der Stadt berichtete. Demnach hätten sie einen Christen heimtückisch ermordet und dessen Leichnam zerstükkelt, die einzelnen Leichenteile aber in die verschiedenen Brunnen Worms geworfen, so daß niemand mehr sicher sein konnte, unvergiftetes Wasser zu trinken. Dieses Gerücht, dessen Urheber unbekannt geblieben ist, reizte natürlich die Christen zu besonderer Grausamkeit. Es kam jetzt im bischöflichen Palast zu abstoßenden Greuelszenen; denn die Pilger und mit ihnen viele Bürger, die sich den Soldaten angeschlossen hatten, begnügten sich nicht damit, die verhaßten Juden einfach zu töten, sondern peinigten die Wehrlosen auf unmenschliche Art und Weise; mehr als fünfhundert Juden starben an diesem Frühlingstag, der dennoch nur ein weiterer Auftakt sein sollte für ein neues und noch größeres Verbrechen. Denn bereits fünf Tage später, also am 25. Mai 1096, stand Emich vor Mainz, dessen Stadttore freilich auf Befehl des Erzbischofs Rothard geschlossen worden waren. Aber ebenso wie in Worms waren auch hier in der großen Stadt Mainz die Christen in eine wahre Massenhysterie hineingesteigert worden, in eine blindwütige Raserei, die zur Vernichtung und Ausrottung der vermeintlichen Todfeinde entschlossen war, wobei wie so oft in der unheilvollen Geschichte des Antisemitismus die wahren Verursacher solcher Exzesse nur vermutet, jedoch nicht namentlich bezeichnet werden können: Geistliche, die in ihrem frommen Eifer, als Missionare auftreten zu dürfen, als wortgewandte Agitatoren wirkten; Bürger, Kaufleute, Bauern, auch Ritter, die sich legitimiert fühlten, die lästigen Gläubiger, denen sie Geld schuldeten, zu beseitigen; und die Masse der Christen, die ohnedies davon überzeugt war, daß die Juden die Mörder Christi und dementsprechend zu bestrafen seien. Und so dauerte es nur einen einzigen Tag, bis man Emich und seinen Leuten die Stadttore freiwillig öffnete, während es im Getto selbst bereits zu schweren Ausschreitungen gegen die Juden gekommen war, die sich jetzt, fast vollzählig in der Synagoge versammelt und vollkommen machtlos gegen die Zerstörung ihrer Häuser und die Plünderung ihres Eigentums, sowohl an den Erzbischof als auch an die weltlichen Repräsentanten wandten, um sich von diesen eine sichere Zuflucht zu erkaufen, aber auch Emich von Leiningen selbst zu bestechen versuchten. Ihm bezahlte man sieben Goldpfunde für die ausdrückliche Zusicherung, die jüdische Gemeinde zu verschonen; den geistlichen und weltlichen Machthabern der Stadt offerierte und bezahlte man eine noch größere Summe. In beiden Fällen nahmen die Christen mit großer Selbstverständlichkeit die Geschenke entgegen, für die sie nichts anderes zu leisten gehabt hätten, als die jüdischen Mitbürger ganz einfach als Menschen zu respektieren und sich im übrigen damit zufriedenzugeben, ihnen, die ohnedies keine Rechte und auch kein Ansehen besaßen, genügend Furcht eingeflößt zu haben. Aber es begnügten sich die Mainzer nicht mit dem erheblichen materiellen Zugewinn. Sie verlangten, als ob dies eine gottgewollte Sache sei, nach dem Blut der Juden, als wollten sie durch dieses Menschenopfer einen zornigen Gott besänftigen, der wenig Ähnlichkeit besaß mit jenem toleranten und sanftmütigen Christus, in dessen Namen alle diese Verbrechen geschahen.

Die Geschichte der nachfolgenden Ereignisse, die am nächsten Tag mit dem Sturm auf das erzbischöfliche Haus begannen, beweist einmal mehr, welcher Barbarei der Mensch fähig ist, wenn ihm erst einmal die moralische Kontrolle über seine Handlungsweise oder seine Abhängigkeit vom Gewissen abhanden kommt, wenn er also Instinkten gehorchen kann, die aus ihm, dem angeblichen Ebenbild Gottes, einen Rasenden machen. Die Juden, die sich um teures Geld immerhin den vermeintlich lebensrettenden Zutritt zum Palast Rothards erkauft hatten und die nun erkennen mußten, daß sie weder mit irgendeiner Hilfe jener, die sie bestochen hatten, noch mit dem Erbarmen der Christen rechnen durften, begannen um ihr Leben zu kämpfen. Der Erzbischof und sein zahlreiches Gefolge, von welchem wir nur annehmen dürfen, daß es in corpore als Pilatus aufzutreten wünschte, als eine Versammlung von Gleichgültigen, die ihre Hände stets in Unschuld waschen, floh aus dem Palast und aus der Stadt nach Rüdesheim. Ein einziger Bürger, dessen Name leider unbekannt geblieben ist, ein angesehener Mann zweifellos, da er über ein Schloß verfügte, über einen Palast, darin er zahlreichen Juden Unterschlupf bot, wandte sich gegen die Kreuzfahrer. Aber sein mutiges Eintreten war vergeblich. Man brannte sein Haus nieder, ermordete seine Schutzbefohlenen; und auch jene Juden, die sich im erzbischöflichen Palast buchstäblich mit dem Mute der Verzweiflung gegen ihre Peiniger wandten, wurden zum Großteil umgebracht. Einigen gelang die Flucht. Andere, gleichsam den Tod vor Augen, schworen ihrem Glauben ab und traten zum Christentum über. Viele begingen Selbstmord, nachdem sie den Eid auf Christus geleistet hatten. Die meisten aber wurden erschlagen. Mehr als tausend Juden starben an diesem und an den beiden folgenden Tagen, wobei es immer wieder zu widerlichen Szenen kam, wenn Flüchtlinge aufgestöbert, zusammengetrieben und dann einfach niedergemetzelt wurden, wobei die Mörder keinen Unterschied machten, ob es Frauen oder Kinder, Kranke oder Greise waren, die sie kaltblütig abschlachteten.

Das widerlichste und zugleich erbarmungswürdigste Schauspiel aber ereignete sich im nahen Rüdesheim. Dorthin war jene Minderheit geflüchtet, die dem Massaker in Mainz entgangen war, an ihrer Spitze der verzweifelte, vor Entsetzen und Empörung völlig fassungslose Oberrabbiner. Das war übrigens jener Kalonymos, der bereits in Verbindung mit dem schamlosen Erpressungsversuch Gottfrieds, des Herzogs von Lothringen, in Erscheinung getreten war, indem er sich an den Kaiser um Hilfe gewandt hatte, was aber, wie wir wissen, gar nichts am Faktum selbst geändert hatte, daß die rheinländischen Juden eine erhebliche Summe an Gottfried bezahlen mußten. Dieser Kalonymos hatte also schon vor den Ereignissen von Mainz jeden Grund, skeptisch und mißtrauisch gegenüber christlichen Versprechungen zu sein, ganz zu schweigen davon, daß seine Nerven jetzt, da er sich in Rüdesheim noch einmal schutzsuchend an den Erzbischof wandte, aufs äußerste angespannt waren: ein Mensch, seiner Sinne kaum noch mächtig nach all dem Schrecken von Mainz, forderte nicht einmal mehr Gerechtigkeit, sondern erbat nur noch demütig Hilfe; und verlor in dem Augenblick den letzten Rest an kümmerlicher Selbstbeherrschung, als Rothard die Gewährung dieser Hilfe davon abhängig machte, daß sich die wenigen Überlebenden bekehrten. Sie sollten, erklärte der Erzbischof, ihrem Glauben auf der Stelle abschwören und sich taufen lassen. Dann würde man ihnen, wie es Christenpflicht war, auch Hilfe leisten.

Das war zuviel. Kalonymos antwortete auf diese fromme Erpressung mit einem Wutanfall. Er ergiff ein Messer und stürzte sich auf Rothard. Und niemand, der sich diese dramatische Szene vergegenwärtigt, wird den Oberrabbiner deshalb verurteilen mögen. Im übrigen kostete diese Attacke nicht Rothard, sondern Kalonymos und seinen Schutzbefohlenen das Leben, denn man trieb die Juden nun empört aus dem Landhaus des Erzbischofs und aus der

Stadt, lieferte sie ihren Verfolgern aus, die kurzen Prozeß mit ihnen machten.

Emich und seine Leute aber wüteten weiter. Und das ganze Land war in vollem Aufruhr. Die Nachricht von den Ereignissen in Speyer, Worms und Mainz verbreitete sich buchstäblich mit Windeseile; und jedermann, der sich als braver Christ empfand, war jetzt in der Lage, sein Mütchen an den Juden zu kühlen. Viele Schuldzettel verschwanden in jenen Frühlingstagen für immer; und mit ihnen die Besitzer dieser diskriminierenden Papiere. Jene Juden aber, welche die ersten wütenden Angriffe auf Leib und Leben wie ein Wunder überstanden hatten, flohen in wilder Panik aus dem Rheinländischen; viele von ihnen gingen nach Frankreich, andere wanderten nach Süddeutschland aus, wo ihnen alsbald ein ähnlich düsteres Schicksal widerfuhr wie in ihrer verlorenen Heimat. Eine Abteilung von Kreuzfahrern, die sich vorübergehend von Emich, der nach Köln gegangen war, getrennt hatten, säuberte inzwischen das Moseltal von den Israeliten. Ein Getto nach dem anderen wurde zerstört, wobei es vor allem im altehrwürdigen Trier zu neuerlichen Greuelszenen kam. Dann wandte man sich nach Metz, wo zweiundzwanzig Juden umgebracht wurden, um schließlich in den letzten Junitagen die jüdischen Gemeinden von Xanten, Neuß, Wevelinghofen und Eller zu dezimieren, wobei man in dem Augenblick, da man diesen Ausdruck formuliert, sich gar nicht vorstellen kann, wieviel an Gemeinheit und Elend über Unschuldige hereinbrach; und wieviel Haß und Mordlust in jenen frommen Männern war, die das Kreuz genommen hatten, um Christus zu dienen. Man kann nur die Fakten aufzählen, aber niemals mit dem Widerspruch fertig werden, der sich hinter diesen Fakten verbirgt.

Emich selbst, möglicherweise erschöpft von den nicht unbeträchtlichen Anstrengungen seiner Judenhatz, möglicherweise auch zufriedengestellt, was seine Habgier betraf, da er ja zumindest in Worms und Mainz reiche Beute gemacht hatte, Emich hatte sich Anfang Juni, nachdem er noch in

Köln eine kleinere Attacke gegen die dortige Judengemeinde inszeniert hatte, mit der Mehrheit seiner Anhänger auf den Weg nach Ungarn gemacht. Er schien also tatsächlich allen Ernstes fest entschlossen, sein Gelübde, nach Jerusalem zu marschieren, einzuhalten, was uns neuerlich davon überzeugen sollte, daß jene rücksichtslosen Judenmörder nach dem moralischen Verständnis ihrer Zeit durchaus gute Christen und brave Diener der Kirche sein konnten.

Inzwischen war manches geschehen, hatte sich diese Geschichte nicht bloß auf beängstigende Weise selbständig gemacht, sondern sie hatte jetzt auch auf verschiedenen Ebenen und Schauplätzen ein Eigenleben angenommen, das dem Anschein nach gar nichts mehr mit den ursprünglichen Intentionen des Papstes, als dieser zum erstenmal den Kreuzzug predigte, gemein hatte. Es war Urban diese Geschichte gleichsam aus den Händen geglitten; oder aber die Kirche fügte sich ins Unvermeidliche, ohne das Endziel aus den Augen zu verlieren. Wenn man nämlich die Bühne betrachtet, auf welcher alle diese Armeen, die nicht wirklich Armeen waren, die keinem Vergleich standhielten mit einer wohlausgebildeten, disziplinierten Truppe, kreuz und quer marschierten, bar jeder Disziplin, entblößt von jeder Vernunft, aber getrieben von einem unbändigen Vernichtungswillen, die einen von Köln nach Süden und Südosten unterwegs, die anderen entlang der Donau ostwärts ziehend, die dritten irgendwo in den Schluchten und Wäldern des Balkan ihre rohe Kraft an hilflosen Bauern und Hirten erprobend, wieder andere an den Ufern des Marmarameeres zugrunde gehend oder auch in irgendwelchen südeuropäischen Hafenstädten sich versammelnd, in Bari oder Brindisi zum Beispiel, während ungefähr zur gleichen Zeit die Leute Emichs von Leiningen in Speyer, Worms und Mainz wüteten und ein gewisser Volkmar mit einem kleineren Heerhaufen gegen Prag zog, wo er Ende Mai eintreffen und einige Wochen später damit beginnen würde, die Juden der Stadt zu verfolgen, indes' ebenfalls zur gleichen Zeit ein gewisser Gottschalk »in Regensburg halt macht, um die dortigen Juden umzubringen«; wenn man also diese Bühne betrachtet, auf der dies alles stattfindet, die Judenmorde und die Auftritte der Fanatiker, die sich als sogenannte Kreuzzugsprediger üben, und das Zusammenströmen der begeisterten oder auch bloß fanatisierten Menschen an den verschiedenen europäischen Sammelstellen und die Marschkolonnen unterwegs nach Konstantinopel oder auch nur bis zur nächsten Stadt, wo man auf Nachschub an Truppen und Fourage warten kann; wenn man dies alles mit dem distanzierten Blick dessen betrachtet, den fast neunhundert Jahre von allen diesen Ereignissen trennen, in denen immer wieder von neuem ein ähnliches Chaos stattgefunden hatte, daraus dann stets eine vermeintlich neue Ordnung entstanden war, mit der die Menschen doch nichts anzufangen wußten, so daß sie sich in ein weiteres Chaos stürzten, um daraus eine weitere Ordnung ihrer desolaten Verhältnisse zu gewinnen; wenn man also dies alles betrachtet, was mit den Vorbereitungen zum Ersten Kreuzzug zusammenhängt, und daraus eine Konsequenz ziehen will, dann möchte man mutlos werden und sich eingestehen, daß letztlich alle Opfer nutzlos, alle Heldentaten vergeblich sind, weil stets das Gemeine siegt und die Schurken die Oberhand behalten. Es durfte sich Emich von Leiningen bis zu jenem Augenblick, da ihn und seine Spießgesellen die Soldaten des ungarischen Königs Koloman wie einen tollen Hund zurückjagen würden, als Triumphator des Kreuzzugs feiern lassen; und selbst nach seiner Niederlage vor der magyarischen Festung Wieselburg wurde ihm, dem »auf schnellem Pferd die Flucht gelang«, kein Haar gekrümmt, sondern er konnte vielmehr, beladen mit reicher Beute, auf seine Burg im Rheinländischen heimkehren.

Auch die meisten der anderen Judenschlächter, allen voran Volkmar, der Tyrann von Prag, und Gottschalk, der das Getto in Regensburg vernichtet hatte, entgingen letztlich dem Schicksal, das sie sich wohl verdient hätten. Sie waren, wie Emich von Leiningen, nicht nur für den Tod etlicher Tausend Juden verantwortlich, sondern auch für die schwere Schuld, die jeder einzelne dieser sogenannten Kreuzfahrer auf sich geladen hatte; und damit waren sie auch für die Unglaubwürdigkeit des ganzen Unternehmens verantwortlich, das von den Historikern immer noch als ein Kreuzzug des Volkes beschrieben wird, ohne daß man die Frage beantwortet, wie das ein Kreuzzug zu sein vermochte, wenn er mehrheitlich nicht einmal über die Grenzen Deutschlands hinausdrang und keine einzige dieser Volksarmeen Jerusalem auch nur von weitem erblickte, geschweige denn diese heiligste Stätte der Christenheit in ihren Besitz zu bringen vermochte. Und indem man diese eine Frage nicht beantworten kann, stellt sich schon eine andere: War dieser Kreuzzug des Volkes – wenn wir einmal von der Armee Peters absehen, die am kleinasiatischen Ufer des Marmarameeres ihr ruhmloses Ende fand – wirklich nichts anderes als ein schlagkräftiges, furchtbares Instrument des Antisemitismus? Und sind alle unsere schönen Vorstellungen vom Idealismus der Menschen, von ihrer Gläubigkeit und Opferbereitschaft zugunsten Christi und seiner Vision von einer besseren Welt nichts weiter als eine billige Chimäre? Selbst als Zyniker könne man kaum die ekelerregende Beschreibung der Massaker an den Juden Deutschlands in jenem Frühling 1096 lesen, meint der jüdische Historiker Joshua Prawer; und er schreibt: »Der in allen christlichen Ländern mehr oder minder vorhandene Judenhaß machte sich in Pogromen Luft – ein Phänomen, das ein wesentlicher Bestandteil fast jedes Kreuzzuges der folgenden zwei Jahrhunderte sein sollte. Ganze jüdische Gemeinden wurden ausgelöscht, und Tausende von Juden, die sich der Taufe widersetzten, wurden abgeschlachtet. Zwei Generationen später, während des Zweiten Kreuzzuges (1147), entstand ein neues, furchterregendes Ritual in den jüdischen Gemeinden, ein Martyriumsritual. Um der Zwangstaufe zu entgehen, schnitten die Männer ihren Frauen und Kindern die Kehle durch, während sie die beim Schächten von Tieren üblichen Gebete sprachen, und verübten dann

Selbstmord. Kreuzfahrer, die in jüdische Schlupfwinkel eindrangen, fanden oft Höfe angefüllt mit den Leichen derer, die aus Treue zu ihrem Glauben ihr Leben dahingaben. Binnen weniger Monate verödeten blühende Ortschaften; Zentren der Kultur und Gelehrsamkeit wurden zerstört. Darüber hinaus sank das Sozialprestige der verbliebenen jüdischen Gemeinden, und für die Juden begannen Jahrhunderte eines in steter Verfolgungsangst und im Zwielicht verbrachten Daseins . . .«

Nachzutragen ist noch das wenig ehrenvolle Schicksal der verschiedenen Gruppen, die sich einige Wochen und Monate lang mit soviel Erfolg als fromme Judenschlächter erprobt und gleichsam eine furchtbare Generalprobe für ihre Undiszipliniertheit und Wildheit geliefert hatten. Die Armee Emichs von Leiningen, über deren Stärke es widersprüchliche Angaben gibt, zählte, als sie sich endgültig von den verwüsteten jüdischen Gettos abwandte und mainaufwärts über Süddeutschland nach Ungarn marschierte, höchstens zwei- bis dreitausend Soldaten; wozu freilich noch eine größere Anzahl von zivilen Begleitpersonen kam – Mönche, Frauen, Geschäftsleute; der ganze Heerhaufen bestand also allerhöchstens aus viertausend Menschen, was jedoch eine genügend große Anzahl war, um nicht bloß wehrlose Juden in Angst und Schrecken zu versetzen, sondern beispielsweise auch die magyarischen Grenztruppen zu alarmieren; Emichs Armee also erreichte im Frühsommer 1096 die ungarische Grenze. Zuvor schon waren hier die ungemein gewalttätigen und das Land rücksichtslos ausplündernden Anhänger Volkmars und Gottschalks, die nach ihren billigen Triumphen über die Juden Prags und Regensburgs geglaubt hatten, mit den Ungarn ein ähnlich frivoles und gemeines Spiel treiben zu können, von den aufgebrachten Magyaren energisch zurückgeschlagen worden. Und von der Truppe Volkmars weiß man, daß sie nicht nur wie eine Räuberbande wütete, sondern zudem auch bereit schien, die blutige Judenhatz auf ungarischem Boden fortzuführen, was von den ungarischen Christen, die sich in dieser Hinsicht deutlich von den deutschen Christen unterschieden, jedoch sogleich unterbunden wurde. »Als sie feststellten, daß die Kreuzfahrer unverbesserliche Aufrührer waren, griffen sie sie kurzerhand an und zersprengten sie. Viele wurden erschlagen, andere gefangengenommen. Was aus den Überlebenden und aus Volkmar wurde, ist unbekannt.« (S. Runciman).

Auch Gottschalks Leute erlitten ein ähnliches Schicksal, weil sie auf dieselbe Weise vorgegangen waren, wobei man in diesem Zusammenhang bedenken sollte, daß die Meinung der Ungarn über alle diese Kreuzfahrer, die sich seit Monaten schon in unregelmäßigen Abständen durch ihr Land bewegten, spätestens seit den dramatischen Vorfällen von Semlin keine gute sein konnte; man hatte, da das Ereignis, nämlich die Erstürmung der Zitadelle von Semlin durch die Armee Peters, erst einige Wochen zurücklag, die Toten von Semlin noch nicht vergessen; und der Haß, mit dem man jetzt die anderen Kreuzfahrer empfing, wurde noch durch die Verachtung verstärkt, die man allgemein empfand, als man von den schrecklichen Vorfällen in Prag, Regensburg, Köln, Mainz, Trier, Speyer, Metz und Worms hörte. Der rücksichtslose, mörderische Antisemitismus der Deutschen war, so schien es, in jener Zeit noch nicht über die Grenzen Ungarns gedrungen; und die Magyaren, deren endgültige Christianisierung noch gar nicht so lange zurücklag und die deshalb von den Deutschen insgeheim als Barbaren verachtet wurden, erwiesen sich in dieser – und übrigens nicht nur in dieser – Hinsicht wahrlich als die besseren Christen. Gottschalks Truppe wurde jedenfalls zuerst entwaffnet und dann, als es immer wieder zu Unruhen kam, von den Ungarn niedergemacht. Mancher Kreuzfahrer, der in den Wochen zuvor noch wehrlose Juden getötet hatte, mochte jetzt im Augenblick seines eigenen hilflosen Sterbens ähnlich empfunden haben wie vorher seine Opfer.

Die Armee Emichs war allerdings größer und auch wesentlich schlagkräftiger als die Truppen Volkmars und Gottschalks; und König Koloman hatte mit ihr auch größere Schwierigkeiten als mit den desolaten Haufen, die wenige Wochen zuvor die Grenze erreicht hatten. Es kam vor der ungarischen Grenzfestung Moson zu heftigen, sich über mehrere Wochen hinziehenden Kämpfen zwischen den Kreuzfahrern Emichs und den Magyaren, wobei die Deutschen, die abwechselnd kämpften und das umliegende Land leerplünderten, immerhin so große Fortschritte machten, daß sie die Verteidiger schrittweise zurückdrängen und schließlich die Festung selbst belagern konnten, deren Fall sogar unmittelbar bevorstand, als plötzlich im Lager des Grafen von Leiningen das Gerücht aufkam, der König selbst nähere sich mit einer gewaltigen Heerschar dem Schauplatz. Die daraus resultierende Panik nützten die ungarischen Verteidiger zu einem erfolgreichen Ausfall, woraus sich alsbald eine mörderische Schlacht entwickelte, in deren Verlauf fast alle Deutschen ums Leben kamen; nur Emich gelang mit einigen seiner engsten Vertrauten die Flucht.

Man könnte, wenn man das Ende dieses zweiten Teils des sogenannten Volkskreuzzuges bedenkt, versucht sein, von ausgleichender Gerechtigkeit zu sprechen. Aber das wäre wohl eine allzu billige Phrase angesichts der zahllosen Opfer, die dieses Unternehmen gekostet hatte, und im Hinblick auf die katastrophalen Folgen, die sich daraus noch ergeben sollten. Die Mehrheit der Christen blickte nach wie vor gebannt auf das begehrenswerte Ziel Jerusalem, war nach wie vor davon überzeugt, mit der Ausrottung der Juden ein gottgefälliges Werk vollbracht zu haben. Es bemächtigten sich weder Scham noch Reue jener wenigen Überlebenden, die den magyarischen Soldaten entkommen waren, wie auch die Überlebenden von Drakon und Civetot nicht daran dachten, aus ihrem Elend die einzig vernünftige Konsequenz zu ziehen und heimzukehren, abzulassen von einem Unternehmen, dem man weder militärisch noch moralisch gewachsen war. Die nach Zehntausenden zählenden Toten des Jahres 1096, die eine erschreckend hohe Zahl bedeuteten für einen Krieg, der in Wahrheit noch gar nicht begonnen hatte, bewirkten im Grunde also gar nichts. Der Antisemitismus würde noch weiter zunehmen und eine Diktatur der Barbarei heraufbeschwören, welche die sanftmütige evangelische Lehre, der dieser Antisemitismus zu dienen vorgab, unentwegt Lügen strafen sollte. Und der fromme Fanatismus, mit dem sich alle jene brüsteten, die den Weg nach Jerusalem beschreiten wollten, büßte durch die Opfer, die er jetzt bereits forderte, nichts von seiner gefährlichen Faszination ein.

Im übrigen gab es schon in dieser Anfangsphase des Heiligen Krieges zumindest eine Institution, die mit Zufriedenheit feststellen durfte, daß sie gewinnen würde, wo immer auch dieser Krieg im Namen Christi stattfand und wer immer auch seine Opfer waren, und das war die Kirche. Ihr materieller und ideeller Triumph würde, je länger dieses Unternehmen andauerte, sich beständig vergrößern. An den schrecklichen Preis, den dieser Triumph in späterer Zeit noch kosten sollte, dachte damals niemand.

DRITTER TEIL

Die Fürsten nehmen das Kreuz

Ein Unternehmen ist immer nur so gut und so erfolgreich, wie es seine Initiatoren, Anführer, Manager sind, jene Männer also, die für eine Idee und deren Durchführung in der Praxis verantwortlich sind, wobei es völlig gleichgültig ist, um welche Art von Unternehmen es sich dabei handelt. Der Heilige Krieg, den Papst Gregor VII. zwar auch nicht erfunden, aber erstmals als ein praktikables Mittel zur Durchsetzung päpstlicher Politik begriffen hatte, und sein Nachfolger Urban II., der diese Idee aufgegriffen, mit eigenen Überlegungen angereichert und zu verwirklichen begonnen hatte, waren zweifellos hervorragende Theoretiker, gleichsam überdurchschnittlich begabt fürs generalstabsmäßige Planen, zudem wohl auch Visionäre, deren Blick weit voraus aufs anvisierte Ziel gerichtet war, so daß ihnen Naheliegendes, Durchschnittliches und damit scheinbar Nebensächliches, worüber freilich auch Visionäre stolpern und stürzen können, verborgen blieb. Es ist zum Beispiel wenig wahrscheinlich, daß Urban die alarmierenden Nachrichten, die aus Konstantinopel, Ungarn und dem Rheinland über das Wüten der Kreuzfahrer an sein Ohr drangen, tatsächlich vernommen hatte. Er hörte wohl, was da über Ausschreitungen gegen Juden, über Kämpfe mit byzantinischen Polizeitruppen, über Niederlagen gegen die Türken gemeldet wurde; aber es berührte ihn nur wenig oder gar nicht, weil das Auftreten dieser Volksarmeen, das widerspruchsvolle Wirken dieses Kreuzugs des Volkes von allem Anfang an in seinen Plänen nicht einkalkuliert gewesen war. Das, was wir heute mit erschrockenen Augen betrachten, weil es uns ein verwerfliches, barbarisches Europa zeigt, das in seinem Urzustand von Instinkten und Mächten beherrscht wird, die gegen alle evangelische Weisheit und gegen alle

Humanität gerichtet sind, entglitt dem Blick dieses Papstes, der über Europa hinaus auf Konstantinopel und Jerusalem gerichtet war, wo alte Rechnungen zu begleichen und gewissermaßen neue Konten zu eröffnen waren. Und für dieses Geschäft taugten Dilettanten nichts, war der Pöbel nicht zu gebrauchen, benötigte man vielmehr jene professionellen Handlanger der Politik und des Krieges, die nun mit viel Lärm und unter Zuhilfenahme eines beträchtlichen Aufwandes die Szene betraten. Der Tod von einigen Tausend oder Zehntausend Bauernlümmeln, Halsabschneidern, Entwurzelten, Unterprivilegierten war nach der Meinung des Papstes, nach der Meinung des Adels eine Sache, die nicht zählte; und selbst der Umstand, daß einige Dutzend französischer, deutscher und italienischer Ritter bei diesen unglücklichen und teilweise sogar schändlichen Abenteuern ihr Leben gelassen hatten, war nicht weiter aufregend, weil die meisten dieser Männer entweder ohnedies kein Lehen besaßen, also der niedrigsten Schicht des Ritterstandes angehörten, oder aber wegen ihrer übertriebenen Raublust vorher schon als Außenseiter gegolten hatten. Es bestand auch damals schon ein Unterschied zwischen den raffinierten Methoden, mit denen ein Gottfried von Bouillon sein Einkommen aufbesserte, und den ebenso plumpen wie dreisten Methoden, mit denen ein Emich von Leiningen seinen Standard zu halten versuchte.

Es war also ausschließlich der europäische Adel, auf den der Papst, auf den die Christenheit und nicht zuletzt auch der byzantinische Kaiser Alexios alle Hoffnungen setzen mußten, um die weitreichenden und manchmal auch einander widersprechenden Pläne – die etwa der Papst und Alexios hatten – verwirklichen zu können. Aber auch die meisten Adeligen hatten, als sie der Aufruf zur Teilnahme am Heiligen Krieg erreichte, eine ziemlich egoistische oder egozentrische Vorstellung von dem, was sie in der Levante bewirken würden. Die Motive eines Gottfried von Bouillon für seinen spontanen Entschluß, am Kreuzzug teilzunehmen, waren gewiß nicht bloß religiöser Natur; und auch die normannischen Ritter Süditaliens, die sich im Verlaufe dieses Unternehmens dazu entschließen sollten, nach Palästina zu gehen, gehorchten nicht irgendwelchen geistlichen Idealen, sondern durchaus weltlichen Überlegungen: Jenseits des Meeres, so waren sie, so waren die meisten europäischen Ritter überzeugt, konnte man Fürstentümer und Königreiche erobern, deren Marktwert wesentlich bedeutender war als die kümmerlichen Lehen auf dem alten Kontinent. Und viele Adelige hatten eine kräftige Aufbesserung ihrer materiellen Verhältnisse dringend nötig; man muß sich in diesem Zusammenhang an eine Feststellung des russischen Historikers Gurjewitsch erinnern, daß nämlich »der Erhalt von Einkommen . . . bei Kleinrittern, ›Jungen‹, das heißt bei denen, die keine Lehen besaßen, bei unverheirateten Vertretern des privilegierten Standes, ein ernstes soziales Problem in der Feudalgesellschaft jener Zeit« war. Immer wieder kann man also feststellen, daß es nicht nur religiöse Begeisterung oder zumindest Diensteifer zugunsten der römischen Kirche war, was die abendländische Ritterschaft in so großer Zahl das Kreuz nehmen ließ, sondern daß es sehr oft handfeste materielle Überlegungen waren, die das lebhafte Interesse des Adels für dieses Abenteuer erweckten. Im übrigen deckte sich das durchaus mit gewissen Absichten der Kirche, für die der erhoffte Zuwachs an materieller Substanz, den sie sich von diesem Heiligen Krieg erwartete, fast lebenserhaltend war.

Das Schauspiel, das nun, beginnend im Sommer des Jahres 1096, als auch die letzten unglücklichen Opfer des Volkskreuzzuges in Kleinasien, in Ungarn oder irgendwo auf dem Balkan ihr Leben ließen oder sich in lebenslanger Sklaverei wiederfanden, war ein ebenso farbenprächtiges wie doppelbödiges, ebenso spektakuläres wie entlarvendes, weil es zwar einerseits einige der bedeutendsten und berühmtesten Ritter des Abendlandes als Hauptakteure hatte, aber andererseits wieder einmal schonungslos die vielfach desolaten sozialen und machtpolitischen Zustände bloßlegte, diese heillos verworrenen Zustände, die kennzeichnend waren für jene Zeit, in welcher dem Religiösen und Metaphysischen soviel, den wahren Bedürfnissen der Menschen jedoch so wenig Bedeutung beigemessen wurde. Es versammelten sich wohl, alarmiert durch des Papstes mächtige Stimme, an vielen Fürstenhöfen Europas jene schillernden oder tatsächlich eindrucksvollen Figuren, auf welche die Blicke des Zeitalters hoffnungsvoll gerichtet waren, aber weder der Papst selbst, Urban II., noch die Fürsten, die das Kreuz genommen hatten, waren wirklich imstande, das lebenswichtige Gesetz des Handelns nach eigenem Gutdünken zu bestimmen. Es war zum Beispiel der Papst in Rom nicht lebensfähig, weil dort immer noch mit Clemens III., dem ehemaligen Patriarchen von Ravenna namens Guibert, einem stolzen und selbstbewußten Parteigänger Heinrichs IV., ein starker und einflußreicher Gegenpapst herrschte, dem die Römer aus manchem einsichtigen Grund eher zugetan waren als Urban, dem Schüler und Nachfolger jenes Gregor VII., der Rom mit Hilfe der Normannen in Schutt und Asche gelegt hatte; und es waren die Fürsten, die nun dieses prunkvolle Schauspiel des Aufbruchs ins Morgenland leichten Herzens – und freilich auch mit vielen Schulden – inszenierten, als brauchten sie diese exotische Welt des mohammedanischen Orient nur noch untereinander aufzuteilen, in Wahrheit vielfach Abhängige, Getriebene, vom Schicksal sozusagen streng Gemaßregelte, die froh sein mußten, daß sich ihnen diese unverhoffte Gelegenheit einer mehr oder minder ehrenvollen Absetzbewegung aus ihren beengten Verhältnissen anbot. Die Illusionen waren überall groß; darin unterschieden sich die privilegierten Feudalherren nicht im mindesten von den weniger privilegierten Teilnehmern des Volkskreuzzuges; und auch die Pläne, die man jetzt im Sommer 1096 allenthalben machte, waren so vielversprechend wie jene, die den Bauern und Städtern Deutschlands und Frankreichs auf ihrem Marsch nach Konstantinopel die Köpfe verwirrt hatten.

Ein gewisser Graf Hugo von Vermandois – übrigens ein

Sohn des französischen Königs und zu jenem Zeitpunkt, da er der päpstlichen Propaganda erlag und das Kreuz nahm, ein Mann von etwa vierzig Jahren, eher einflußlos, obgleich von hohem Rang, auch geizig und recht eitel, zudem ehrgeizig, ohne irgendwelche herausragenden Fähigkeiten zu besitzen, gewiß ein schwächlicher Charakter, der es nicht verwinden konnte, erst durch eine gewinnbringende Heirat ein einigermaßen standesgemäßes Lehen erworben zu haben –, er also, Graf Hugo war der erste Feudalherr, der Ende August nach langem und feierlichem Abschiedszeremoniell nach Jerusalem aufbrach, nachdem er die Grafschaft, die ohnedies Eigentum seiner Frau war, ihrer Obhut anvertraut hatte und zudem, eifersüchtig darauf bedacht, daß man seinen hohen Rang, sein königliches Blut respektierte, einen Sonderbotschafter nach Konstantinopel abgesandt hatte, um dort eines aufmerksamen und ehrenhaften Empfanges sicher zu sein. Die Armee, die er hatte aufstellen können – das heißt, deren Finanzierung ihm, der nun wirklich kein vermögender Mann war, nach einigen Schwierigkeiten gelungen war –, dürfte nicht sehr bedeutungsvoll gewesen sein. Graf Hugo mußte sich glücklich schätzen, daß sich ihm einige ehemalige Bundesgenossen des Grafen Leiningen anschlossen, französische Ritter, die der Wut der aufgebrachten Ungarn durch rasche Flucht entgangen waren. Aber was immer man auch über diesen selbstgefälligen Grafen und seine eher kleine Heerschar an Kritischem sagen mag: Er war tatsächlich der erste Feudalherr, der, getreulich die Intentionen des Papstes befolgend, nach Palästina zog; und der, was vielleicht die wichtigste Rolle war, die Hugo in diesem ganzen Unternehmen spielen durfte, den Anstoß dazu gab, daß die gefürchteten Normannen, Europas fähigste Soldaten, sich endgültig der Kreuzzugsbewegung anschlossen und daß, als dieses erste Ritterheer endlich in Konstantinopel eintraf, der byzantinische Kaiser erstmals genötigt sein würde, etwas von seinen wahren Absichten zu verraten, die nicht im mindesten irgend etwas mit einer religiösen Erneuerung oder mit der Unterstützung eines Heiligen Krieges zu tun hatten, sondern die ausschließlich den byzantinischen Interessen dienten, was freilich nur normal und durchaus legitim war.

Aber noch war es nicht soweit; noch hielt sich Hugo im süditalienischen Bari auf, wo er seine umständlichen Vorbereitungen für seinen Eintritt in den byzantinischen Machtbereich traf, wozu auch gehörte, daß er eine Delegation von nicht weniger als vierundzwanzig Rittern übers Meer nach Dyrrhachion sandte, um den byzantinischen Statthalter des albanischen Distriktes auf diesen Eintritt, der wie ein glanzvoller Auftritt aussehen sollte, gebührend aufmerksam zu machen. Und noch waren die anderen europäischen Feudalherren, die sich zum Kriegszug nach Jerusalem entschlossen hatten, intensiv mit ihren Vorbereitungen beschäftigt, so etwa Gottfried von Bouillon, der Herzog Lothringens und Lehensherr des Kaisers, dem wir schon im Zusammenhang mit dem damals heftig entflammten Antisemitismus begegnet sind und der in diesem Heiligen Krieg noch eine höchst bedeutsame Funktion erfüllen sollte. Eine Charakterisierung dieses Mannes, der der Nachwelt »als Inbegriff des untadeligen Ritters und unvergleichliche Heldengestalt der ganzen Kreuzzugsgeschichte« erscheint, haben wir schon in Verbindung mit seiner schamlosen, jedoch raffinierten und erfolgreichen Erpressung an den verängstigten Juden zu geben versucht; auch über das Motiv, das ihn zum Kreuz greifen ließ, ist bereits berichtet worden: Gottfried mußte befürchten, seiner schlechten Verwaltung wegen vom Kaiser nicht mehr länger als Herr über Lothringen eingesetzt zu werden, was der Historiker Steven Runciman mit der Feststellung kommentiert: »So folgte er dem Kreuzzug teils aus Niedergeschlagenheit, teils aus Zweifeln über seine religiösen Treuepflichten, und teils aus echter Begeisterung. Er führte seine Vorbereitungen mit großer Gründlichkeit durch. Nachdem er durch Erpressung der Juden Geld aufgetrieben hatte, verkaufte er noch seine Liegenschaften und verpfändete sein Schloß dem Bischof von Lüttich; so war er in der Lage, ein Heer von beträchtlichem Umfang auszurüsten. Die Zahl seiner Truppen und sein vormaliges hohes Amt verliehen Gottfried ein Ansehen, das durch seine angenehmen Umgangsformen und durch seine stattliche Erscheinung noch erhöht wurde.«

Gottfried besaß übrigens zwei Brüder, die gleichfalls bereit oder eigentlich aus mancherlei Gründen, die jenen Gottfrieds glichen, gezwungen waren zum levantinischen Abenteuer; wobei der ältere, ein Graf Eustachius, über eine wenig bemerkenswerte Biographie verfügte, die auch durch seine Teilnahme am Ersten Kreuzzug nicht interessanter werden sollte, während der andere Bruder, Balduin, der weitaus interessantere Charakter war, ein entschlossener, temperamentvoller Mann, der ursprünglich im Dienste der Kirche gestanden hatte, dann aber wieder ins weltliche Leben zurückgekehrt war, wo er freilich niemals wirklich Fuß zu fassen vermochte und ungeachtet seiner vornehmen Abstammung – die Bouillons zählten Kaiser Karl den Großen zu ihren Vorfahren – das wenig beneidenswerte Dasein eines adeligen Schmarotzers und Bittstellers führen mußte. Die wahre Ursache für seine begeisterte Bereitschaft, am Kreuzzug teilzunehmen, ist also mit einem Satz zu erklären, der für die meisten der Feudalherren zutrifft, die im Sommer und im Herbst 1096 Europa in Richtung Konstantinopel und Jerusalem verließen: »Sein Heimatland hatte ihm keine Zukunft zu bieten; im Osten jedoch konnte er vielleicht ein Königreich finden.« (S. Runciman) – Balduin schloß sich also auch seinem Bruder Gottfried an; und es ist bezeichnend, daß er im Gegensatz zu vielen anderen Rittern tatsächlich alle Zelte abbrach, indem er auch die Frau und die Kinder mit auf den beschwerlichen Weg nahm, der in seiner ersten Phase über Ungarn und den Balkan nach Konstantinopel führen sollte, worüber aber noch zu berichten sein wird; was den wenig bedeutenden Eustachius angeht, so dürfte er im Gegensatz zu seinen Brüdern die Route über Italien genommen haben, was dem Herzog von Lothringen als erklärtem Lehensmann des Kaisers und Gegner Papst Urbans II. nicht ratsam erschienen war.

Die Normannen Süditaliens, welche das dritte Heer stellten, das dem Aufruf des Papstes und mehr noch den großen Illusionen gehorchte, die man sich überall in Europa vom glücklichen Ausgang dieses Feldzuges machte, diese Normannen, die diesem Ersten Kreuzzug noch ihren unverwechselbaren Stempel aufdrücken sollten, waren zu Beginn des Unternehmens weder als begeisterte Christen aufgetreten, die an Jerusalem oder an irgendeinem anderen palästinensischen Ort aus religiösen Gründen Interesse hatten, noch hatten sie, die in ständiger Stammesfehde lebten und ganz Süditalien mit Sizilien zum beklagenswerten Schauplatz ihrer heftigen Familienstreitigkeiten machten, am Anfang überhaupt wahrgenommen, was in Frankreich, in Deutschland und machenorts auch in Norditalien an stürmischer Begeisterung und an Aufbruchsstimmung geschah. Es bedurfte erst des deutlichen Anstoßes durch französische Kreuzfahrer – eben jenes Hugo von Vermandois –, daß Fürst Bohemund, Herr über Tarent und die fruchtbare Terra d'Otranto, die Nützlichkeit eines solchen Eroberungskrieges erkannte; ihm, dessen Vorfahren als Pilger nach Süditalien gekommen – und zwar zum Monte Gargano –, dann als Vasallen des byzantinischen Kaisers geblieben waren, um sich schließlich mit ebensolcher Rücksichtslosigkeit wie kluger Tatkraft in den Besitz des byzantinischen Süditalien und des sarazenischen Sizilien zu bringen, ihm also schien diese Aktion durchaus einleuchtend, zumal er in unentwegte blutige Händel mit seinem Bruder Roger Borsa verwickelt war und überdies keine Chance hatte, das ganze Herzogtum Apulien in seinen Besitz zu bringen, was lange Jahre das Hauptziel seiner politischen und militärischen Aktivitäten gewesen war. Es galt also auch für ihn die faszinierende Maxime, daß die Zukunft in der Levante lag, wo es Fürstentümer und Königreiche zu erobern galt.

Habgier oder eigentlich die Hoffnung auf eine entscheidende Verbesserung der materiellen und damit auch der machtpolitischen Situation dürfte wohl auch beim Anführer des vierten Ritterheeres, das in diesem Herbst 1096 nach

Konstantinopel aufbrach, das ausschlaggebende Motiv für die Teilnahme am Kreuzzug gewesen sein, also bei jenem Raimund von Toulouse und Saint-Gilles, der, damals bereits ein Mann hoch in den Fünfzigern, reiche Erfahrung im Kampf gegen die mohammedanischen Mauren Spaniens besaß, da er an mehreren Feldzügen zugunsten der katholischen Reconquista jenseits der Pyrenäen teilgenommen hatte und zudem durch seine Verehelichung mit einer Prinzessin aus dem Hause Aragon mit Spaniens Königshäusern verwandt war, was ihm, der über eines der reichsten und schönsten Fürstentümer Frankreichs herrschte, eine zusätzliche Reputation verschaffte; er war auch jener Feudalherr, mit welchem Papst Urban noch vor dem wichtigen Konzil von Clermont ausführlich die Idee eines Heiligen Krieges gegen die Mohammedaner in der Levante besprochen hatte und der sich nun nicht zuletzt auch deshalb einbilden durfte, als Oberstkommandierender aller Kreuzzugsheere auftreten zu können; was gewiß mitentscheidend gewesen sein dürfte für diesen ungemein ehrgeizigen Charakter, als erster Feudalherr Frankreichs dem Papste seine Teilnahme an diesem Ersten Kreuzzug zu garantieren. Wie weit es da Zusicherungen des Papstes gegeben hatte, die dann nicht eingehalten wurden; oder wie sehr Raimund selbst davon überzeugt war, Oberstkommandierender zu werden, läßt sich nicht mit Sicherheit feststellen. Raimund schien jedenfalls von der Aussicht auf eine glanzvolle Steigerung seiner Karriere so sehr geblendet, daß er ein feierliches Gelübde ablegte, den Rest seines Lebens in Palästina zu verbringen; und wie Balduin zwang er seine Frau, die spanische Prinzessin Elvira, und seinen einzigen ehelich geborenen Sohn, ihn ins Heilige Land zu begleiten, während er die Verwaltung seiner Güter einem seiner illegitimen Söhne überantwortete; überdies verkaufte er einen großen Teil seines Besitztums, verpfändete er viele seiner Ländereien, wobei auch bei ihm die Kirche als ehrlicher und tüchtiger Makler in Erscheinung trat; er traf insgesamt also alle Vorbereitungen für einen endgültigen, unwiderruflichen Wechsel seiner Verhältnisse; wobei man sich in seinem Fall wirklich fragen muß, wie weit hier brennender Ehrgeiz sein Handeln beeinflußte, denn Raimund war weder ein armer noch ein einflußloser Feudalherr, der gezwungen gewesen wäre, sich in der Levante eine neue und bessere Existenz zu erobern. Seine Persönlichkeit sei schwer abzuschätzen, meint Steven Runciman, der ihn auch als eitel, starrsinnig und habgierig charakterisiert, eine Darstellung, die freilich auf die meisten jener Feudalherren zutrifft, die das Kreuz genommen hatten. Andererseits könnte Graf Raimund – dem man natürlich zutrauen muß, daß auch er sich bereits als König eines orientalischen Reiches sah oder als einen gewaltigen Heerführer, der unvergänglichen Ruhm an sein Wappen heftete – durchaus jenem frommen Eifer erlegen sein, der ihn wie manchen anderen gläubigen Ritter dazu drängte, der Kirche zu dienen, indem er ihr die heiligen Stätten Palästinas zurückeroberte. Ein endgültiges Urteil über ihn und seine wahren Absichten zu fällen, ist ungemein schwierig; es vertrauten ihm beispielsweise die vorsichtigen Byzantiner mehr als jedem anderen europäischen Adeligen; und auch Bischof Adhemar von Le Puy, der päpstliche Legat dieses Ersten Kreuzzuges, »der gewißlich ein Mann von hohen Grundsätzen war« (S. Runciman), respektierte ihn als Freund und ehrenhaften Charakter.

Raimund brach im Oktober auf, begleitet von einem zahlenmäßig starken Kreuzritterheer, dem sich vornehmlich südfranzösische Seigneurs angeschlossen hatten, das aber auch die Ehre genoß, neben dem einflußreichen Bischof von Orange den päpstlichen Legaten, Adhemar von Le Puy, in seinen Reihen zu haben. Und wenige Tage später verließ dann auch noch das letzte große Kreuzfahrerheer ritterlicher Provenienz Frankreich, das im Gegensatz zur Armee Raimunds in Nordfrankreich zusammengestellt worden war und hauptsächlich aus Rittern und deren Begleitmannschaften bestand, die in der Normandie, in Flandern, in der Bretagne beheimatet waren. Die Anführer dieser Armee waren der Herzog der Normandie, ferner ein Graf Stephan von

Blois sowie ein flandrischer Fürst. Robert, der Herzog der Normandie, ein etwa vierzigjähriger Mann, der das Unglück ertragen mußte, ein Sohn Wilhelms des Eroberers zu sein und stets an dessen Leistungen gemessen zu werden, denen er aufgrund seines eher lethargischen Temperamentes und seiner angeborenen Sanftmut, die viele seiner Zeitgenossen als Feigheit schmähten, niemals auch nur annähernd entsprechen konnte, Robert von der Normandie, der ranghöchste Feudalherr dieses Triumvirats, war von allen Adeligen gewiß derjenige, der hauptsächlich aus religiösen Gründen das Kreuz genommen hatte. Ihm waren weder Habgier noch übertriebener Ehrgeiz nachzusagen. Er mußte übrigens, um überhaupt imstande zu sein, ein eigenes Heer aufzustellen und auszurüsten, sein Herzogtum an seinen Bruder verpfänden; und erst als dieser die vereinbarte Summe von zehntausend Silberstücken ausbezahlte, war Robert in der Lage, dieses Heer zum gemeinsamen Sammelpunkt, nämlich der kleinen nordfranzösischen Stadt Pontarlier, zu führen, wo es sich mit den Truppen aus Flandern und jenen des Grafen Stephan von Blois vereinigte. Erwähnenswert ist noch der Umstand, daß sich diesem letzten bedeutenden Aufgebot, das im Herbst des Jahres 1096 Europa verlassen sollte, auch einige Hundert Engländer und Schotten angeschlossen hatten, die allerdings nicht so sehr Frömmigkeit als pure Abenteuerlust dazu animiert haben dürfte, am Kreuzzug teilzunehmen. Einer der wichtigsten Teilnehmer dieser Armee aber war zweifellos der Geistliche Fulcher von Chartres, ein Chronist bereits des Konzils von Clermont, der sich nun als Geschichtsschreiber dieses Ersten Kreuzzuges bewähren sollte.

Alle Wege führen nach Konstantinopel

Man sollte, wenn man ein solches Unternehmen wie die Vorbereitungen und den Aufmarsch der abendländischen Ritter zu diesem Ersten Kreuzzug wahrheitsgemäß zu schildern versucht, eigentlich davon ausgehen dürfen, daß die Menschen – und zwar sowohl jene, die selbst daran teilnahmen, also Betroffene in des Wortes ursprünglichem Sinne, als auch diejenigen, welche als anteilnehmendes Publikum für Ermunterung und Applaus sorgten –, daß also die europäische Christenheit insgesamt diesen Aufbruch ins Morgenland vor allem als ein fröhliches, glückverheißendes und interessantes Spektakel betrachteten; und daß jener Optimismus, der schon die verschiedenen Armeen des Volkskreuzzuges ausgezeichnet hatte und der allerdings ein lebensgefährlicher Optimismus war, alle Gegensätze überwand und selbst feindliche Parteien in eine Gemeinschaft verwandelte, die durch ihren frommen Enthusiasmus und durch ihre zahlenmäßige Stärke unbesiegbar sein sollte. Aber manches an diesem Unternehmen, das immerhin eine beeindruckende Vorstellung von abendländischer Geisteshaltung und ritterlicher Entschlossenheit lieferte, stand von allem Anfang an unter einem ungünstigen Stern, wobei Vorkommnisse, wie sie etwa Guibert von Nogent – neben Fulcher von Chartres einer der wichtigsten Chronisten dieses Kreuzzuges – in aller Ausführlichkeit darlegte, noch vergleichsweise harmlos waren, weil sie vordergründig nur die unausrottbare und freilich auch verhängnisvolle Neigung zum Aberglauben charakterisierten, unter welcher die Menschen jener Epoche wie unter einer unheilbaren Krankheit litten oder eigentlich zu leiden wünschten. »Was ich jetzt erzählen will, ist recht lächerlich, und doch beruht die Sache auf Zeugnissen, über die man nicht spotten kann«, beginnt

Guibert von Nogent seine Erzählung über ein Ereignis, das den wahren Geist enthüllt, welcher die Massen, die nach Jerusalem aufbrachen, so leidenschaftlich bewegte. »Eine ärmliche Frau hatte sich der Reise nach Jerusalem angeschlossen. Hinter dieser Frau watschelte eine Gans her, die nach ich weiß nicht welcher neuen Methode abgerichtet war und viel mehr anstellte, als ihre vernunftlose Natur mit sich bringt. Sogleich verbreitete sich in den Schlössern und Städten die Nachricht, auch die Gänse würden von Gott zur Eroberung Jerusalems ausgeschickt, und man gestand der unglücklichen Frau nicht einmal zu, daß sie es war, die ihre Gans führte, im Gegenteil, es sei die Gans, sagte man, die selber sie führe. Man machte in Cambrai die Probe. Während das Volk sich auf beiden Seiten aufstellte, schritt die Frau in die Kirche bis zum Altar, und die Gans, die ihr immer auf den Fersen blieb, ging hinter ihr her . . .«

Der Chronist Guibert wußte, was von einer solchen Geschichte zu halten war. Der eine und andere Ritter und mancher Heerführer wußten es wohl auch. Aber die Masse der Menschen war weit entfernt von einer solchen aufgeklärten Geisteshaltung, wußte nichts von Vernunft, sondern beharrte hartnäckig, fast eifersüchtig darauf, von den Furien des Aberglaubens gepeinigt zu werden. Und keiner der wenigen Aufgeklärten hätte es ernsthaft gewagt, gegen solche Gespenster oder gegen solche Meinungen energisch aufzutreten. Immerhin sollten sich im weiteren Verlauf dieses Marsches nach Jerusalem, der jetzt im Spätsommer, im Herbst des Jahres 1096 unwiderruflich begonnen hatte, noch etliche Dinge ereignen, die den ebenso unheilvollen wie frommen Aberglauben zum brauchbaren Verbündeten dieses Unternehmens machen würden.

Aber es waren nicht bloß derartige Arabesken, die der ganzen Sache ein so merkwürdiges und skurriles Aussehen verliehen, so daß man heute, da man allen Ernstes glaubt, klüger geworden zu sein, nur den Kopf schüttelt über eine »ärmliche Frau«, der eine dicke und vortrefflich dressierte Gans aufs Wort gehorcht, oder über eine Lanze, die man im

Augenblick großer Not entdecken und sogleich als jene heilige Lanze bezeichnen würde, mit welcher dem sterbenden Christus ein letzter Schmerz zugefügt worden war; es waren also nicht nur solche Vorkommnisse, über die man lächeln kann, obgleich sie auf die eine oder andere Weise etwas in Bewegung setzten, das stets außerordentliche Folgen haben sollte – jene heilige Lanze würde zum Beispiel mitschuldig daran sein, daß man Antiochia endlich würde erobern können, daß man das Tor endlich aufstoßen konnte nach Jerusalem –, es waren nicht nur Aberglauben und Dummheit, die diesen Ersten Kreuzzug, der das Antlitz Europas auf eine entscheidende Weise veränderte, auf eine so widerspruchsvolle Art prägten, sondern es gab auch manches, das den nachdenklicheren, klügeren, verantwortungsbewußteren unter den Teilnehmern dieses Unternehmens nicht grundlos Sorgen bereitete, sie über Nützlichkeit und Moral des Kreuzzuges zweifelnde Spekulationen anstellen ließ. Mancher aufrichtige Christ, von dem man doch wohl annehmen darf, daß er überhaupt ein aufrichtiger Charakter war, muß sich in gewissen Situationen gefragt haben, ob dieser Mummenschanz, diese irrationale Komödie, an der er teilnahm, wirklich gottgefällig sei, so etwa dann, wenn Hugo von Vermandois, der ja ein ungemein eitler, auch ein wenig einfältiger Charakter war, anläßlich seiner Überfahrt von Bari nach Dyrrhachion in einen Sturm geriet, der einige Schiffe der Kreuzfahrer zum Kentern brachte und viele Opfer kostete, darunter ihn selbst; das heißt, Graf Hugo wurde zwar gerettet, verlor aber aus Furcht beinahe den Verstand, was jene, die sich seiner Führung anvertraut hatten, nicht eben zuversichtlich gestimmt haben dürfte; oder wenn dann – nachdem eine andere Armee, diesmal von Brindisi aus, gleichfalls bei der Überquerung der Adria in Schwierigkeiten geriet, was natürlich auch Hunderte von Toten kostete – sogleich das Gerücht sich verbreitete, allen an Land geschwemmten Leichen sei »auf wunderbare Weise das Zeichen des Kreuzes auf die Schulterblätter gebrannt« worden, was Guibert von Nogent zur sarkastischen Feststellung veranlaßte: »Es ist bekannt, daß, als sich die Nachricht von dieser Expedition bei allen christlichen Nationen verbreitet hatte und während man im ganzen Römischen Reich verkündete, ein solches Unternehmen könne nur mit dem Willen des Himmels geschehen, Menschen niedersten Standes und sogar die unwürdigsten Frauen dieses angebliche Wunder für sich in Anspruch nahmen und alle möglichen Erfindungen anwandten. Dieser zapfte sich ein wenig Blut ab, zeichnete damit auf seinen Körper Streifen in Kreuzform und zeigte sie dann vor aller Augen. Jener führte den Fleck, den er am Augapfel trug und der seinen Blick verdunkelte, als göttliches Orakel vor, das ihm riet, die Reise zu unternehmen. Ein anderer verwandte den Saft unreifer Früchte oder irgendeine andere Art von Farbstoff, um auf einen beliebigen Teil seines Körpers die Form eines Kreuzes zu zeichnen; und wie man die Augen mit Schminke zu untermalen pflegt, so bemalten sie sich grün oder rot, um sich durch diesen Betrug als lebende Zeugen der Wunder des Himmels vorstellen zu können.«

»Wie viele Urteilssprüche Gottes sind uns fremd und unbegreiflich«, seufzte da Fulcher von Chartres, der es übrigens gewesen war, welcher die europäischen Christen von jenem wunderbaren Kreuzzeichen auf den Schultern ertrunkener Kreuzfahrer unterrichtet hatte. Aber derlei Mirakel waren eben bei weitem nicht die schlimmsten Heimsuchungen oder Hindernisse, welche die Pilger ertragen und überwinden mußten. Da gab es noch anderes, Gefährlicheres, Unheilvolleres, da mußten die Kreuzfahrer, die zum Beispiel Italien durchquerten und dabei in Rom Aufenthalt nahmen, das ganze Elend der Zerrissenheit kennenlernen, welches damals die römische Kirche und das Papsttum bedrohte, denn in Rom residierte und herrschte mit Clemens III., der als Patriarch von Ravenna Guibert genannt worden war, immer noch ein machtvoller Gegenpapst, ein eifriger und eifernder Erbe und Verwalter der politischen Absichten Heinrichs IV.; und dieser Clemens war ein Mann, der die Rechte und das Ansehen Urbans, des wahren Papstes, empfindlich schmälerte. Wir wissen durch die Chronik des Fulcher von Chartres, wie es etwa im Petersdom zuging, wenn die Kreuzfahrer dort als Pilger Christi aufzutreten versuchten, wenn sie Trost und himmlischen Zuspruch für ihr gefährliches Abenteuer suchten: »Bei unserem Eintritt in die Basilika des hochseligen Petrus fanden wir vor dem Altar Leute Guiberts, dieses wahnsinnigen Papstes. Mit dem Schwert in der Hand raubten sie gegen jedes Recht die von den Gläubigen auf dem Altar niedergelegten Opfergaben; andere liefen über die Balken, die das Dach des Gebäudes bildeten, und schleuderten von dort Steine herunter auf uns, die wir demütig niedergeworfen beteten. Sobald sie jemanden erblickten, der Urban zugetan war, brannten sie vor Begierde, ihn in selbiger Stunde zu erwürgen.« – Und an anderer Stelle dieser Chronik heißt es: »Wir empfanden lebhaften Kummer, an einem solchen Ort so große Missetaten begehen zu sehen; wir konnten aber nichts anderes tun, als wünschen, daß der Herr solches räche. Von Rom kehrten viele, die bis dorthin mit uns gekommen waren, feige nach Hause zurück, ohne weiter abzuwarten.« – Allerdings muß man die literarische Zeugenschaft Fulchers mit kritischem Blick betrachten, denn was er in seiner Chronik verschwieg, war der Umstand, daß die Kreuzfahrer auf ihrem Marsch nach Rom in der ligurischen Stadt Lucca Papst Urban II. getroffen hatten; und dort in Lucca waren sie von Urban dahingehend unterwiesen worden, daß sie ihm, dem aus Rom nach wie vor Vertriebenen, die Hauptstadt der Christenheit zurückerobern sollten. Es war also hier ein Geschäft angebahnt worden, wie es rund hundert Jahre später der venezianische Doge Dandolo anläßlich des Vierten Kreuzzuges so meisterhaft betreiben sollte, wobei man nicht verschweigen darf, daß solche Geschäfte, deren Endzweck stets ein politischer ist, weder rühmlich noch sonderlich christlich sind.

Die Römer wiederum, denen der Terror der Normannen und Sarazenen, dieser schrecklichen Gehilfen Gregors VII., nur allzu genau in Erinnerung war, sahen keine Veranlassung, dieser Armee des neuen Papstes – denn als solche mußten sie das Ritterheer ja betrachten – mit entgegenkommender Freundlichkeit zu dienen. Und es ist ferner wohl anzunehmen, daß die französischen Ritter und deren Gefolge etliche römische Stützpunkte des verhaßten Gegenpapstes bekämpft haben, daß sie die Wibertisten, wie man die Parteigänger Clemens III. nannte, überall dort erbarmungslos verfolgten, wo sie glaubten, sich das leisten zu dürfen. »Wenn uns die Chronisten mehr von dem Aufenthalt jener Kreuzesscharen in Rom gesagt hätten, so würden wir sie vielleicht einige Monumente bestürmen sehen, worin die Wibertisten lagen. Die Ritter erstaunten, daß sie auf dem Marsch nach Jerusalem mitten im heiligen Rom ihre Schwerter gegen die wütenden Feinde des Papstes ziehen und mit dem Blute der Schismatiker beflecken mußten, die sie nicht einmal überwältigen konnten. Sie mußten erschrekken, daß sie die Türken (sozusagen) schon in Rom fanden, daß sie, die geweihten Pilger, im Heiligtum St. Peters von meuchelmörderischen Christen bedroht wurden, wenn sie an der Konfession des Apostels ihr Gebet verrichteten.« (F. Gregorovius)

Was für ein Bild des Jammers das doch alles war, dem sich die Kreuzfahrer ausgesetzt sahen! Und so ist es gar nicht erstaunlich, wenn wir Fulcher von Chartres in Bari seufzen hören: »Auch jetzt fürchteten viele der Ärmsten und Mutlosesten das bevorstehende Elend, verkauften ihre Armbrust, ergriffen den Wanderstab und kehrten zu ihren Behausungen zurück. Diese Fahnenflucht erniedrigte sie vor dem Angesicht Gottes wie der Menschen und bedeckte sie mit unauslöschlicher Schande . . .«

Es waren also die verschiedenen Ritterheere verschiedene Wege gegangen, um nach Konstantinopel zu gelangen, der ersten wichtigen Etappe auf dem Weg nach Jerusalem. Und es mußte, wie bereits angedeutet wurde, manches unerwartete Hindernis überwunden werden, um wenigstens bis an die Grenzen des byzantinischen Machtbereiches vorzudringen, wo es dann freilich sogleich zu einer neuerlichen Bewährungsprobe kommen sollte; denn Kaiser Alexios »hörte das Gerücht von der Annäherung zahlloser fränkischer Heere und fürchtete ihre Ankunft« (A. Komnene), aber er »war auch weit entfernt, entmutigt zu sein, und traf alle Anordnungen, um zum Kampf bereit zu sein, wenn die Gelegenheit es erfordern sollte«. (A. Komnene) – Die Schwierigkeiten freilich, die sich von dem Augenblick an ergeben sollten, da das erste westeuropäische Ritterheer byzantinischen Boden betrat, waren so mannigfacher und unterschiedlicher Natur, daß ein schwächerer oder unbegabterer politischer Charakter, als Alexios einer war, damit wohl kaum fertig geworden wäre, während man andererseits feststellen muß, daß, hätten die Kreuzfahrer einen wirklich genialen und charismatischen Anführer besessen, die Geschichte dieses Ersten Kreuzzuges anders verlaufen wäre.

So jedoch wollte es der Zufall, das Schicksal oder auch bloß der von übertriebener Eitelkeit dirigierte Ehrgeiz Hugos von Vermandois, daß dieser der erste westeuropäische Ritter von hohem Rang war, welchem Kaiser Alexios seine Vorstellung vom Ablauf der Geschehnisse mit ebensoviel Höflichkeit wie Unnachsichtigkeit beibringen konnte. Dieser französische Königssohn, dessen Mutter übrigens Anna von Kiew war, eine skandinavische Prinzessin, Hugo von Vermandois also war freilich kein wirklich ernsthafter Widersacher in einem diplomatischen Duell, dessen Spielregeln vom byzantinischen Kaiser vorerst noch fast nach Belieben bestimmt werden konnten. Graf Hugos eigentliche historische Leistung hatte wohl darin bestanden, daß er, während er in Süditalien seine Vorbereitungen zur Überquerung der Adria traf, einen Neffen – dessen Name Wilhelm war – des normannischen Fürsten Bohemund dazu animierte, ihn sogleich mit einer kleineren Abteilung normannischer Krieger zu begleiten; und das wiederum spornte die Mehrzahl der normannischen Fürsten – die zu jenem Zeitpunkt wohl noch gezögert haben mochten, ob überhaupt und auf welche Weise sie an diesem Unternehmen sich beteiligen sollten – zu gesteigerter Aktivität; er, Graf Hugo also, verwandelte sich von der Stunde an, da er das süditalienische Festland verließ, immer mehr in eine Karikatur dessen, was er zu sein vorgab: zuerst dieser Schiffbruch inmitten der Adria, der vielen seiner Männer das Leben kostete und ihn selbst als Schiffbrüchigen an Land spülte, den die Retter für verrückt halten mußten, weil er sich – »abgerissen und verwirrt, wie er war« (Fulcher von Chartres) – wie ein Verrückter gebärdete und vielleicht tatsächlich und vorübergehend an einer Art Sinnesverwirrung litt; dann zwar die Fürsorge des byzantinischen Statthalters von Dyrrhachion, die jedoch von strenger Überwachung begleitet war, was sowohl der Eitelkeit als auch dem Ehrgeiz des französischen Grafen einen empfindlichen Schlag versetzt haben dürfte; und schließlich die Reise nach Konstantinopel, die gleichfalls von einer nicht unerheblichen Demütigung beeinträchtigt wurde, weil man ihn zwang, einen beträchtlichen Umweg zu machen, damit er nicht mit italienischen Pilgern zusammentraf, die damals in großer Zahl über die Via Egnatia der Hauptstadt des Kaiserreiches entgegenzogen. Da war es dann gewiß wohltuend, daß der Kaiser den Herrn von Vermandois aufs freundschaftlichste empfing und ihn sogleich, wie es byzantinischer Brauch gewesen zu sein scheint, mit kostbaren Geschenken bedachte, ihn aber auch – was der Graf, der inzwischen wohl seine Erfahrungen im Umgang mit byzantinischer Gastfreundschaft gemacht hatte, durchaus bemerkt haben dürfte – wie zuvor schon in Dyrrhachion streng überwachen ließ und in seiner Bewegungsfreiheit aufs unangenehmste einschränkte.

Der Kaiser hatte freilich allen Grund, seinen europäischen Verbündeten gegenüber mißtrauisch und vorsichtig zu sein. Die Erfahrungen mit den zerlumpten, undisziplinierten Scharen des Volkskreuzzuges waren so niederschmetternd gewesen, daß jede andere Haltung einer Selbstaufgabe gleichgekommen wäre. Außerdem war man sich in Konstantinopel des Unterschiedes wohl bewußt, der zwischen jenen paramilitärischen, jedoch letztlich zum

Kampfe höchst unfähigen Haufen eines Wandermönches namens Peter oder eines Walter Habenichts einerseits und den Rittern und wohlausgebildeten Knechten der westeuropäischen Fürsten andererseits bestand. Überdies war Alexios, dessen Agenten in Westeuropa vortreffliche Arbeit geleistet hatten, über die wahren Gründe gut unterrichtet, die beispielsweise einen Mann wie Hugo von Vermandois dazu gebracht hatten, das Kreuz zu nehmen. Er wußte, daß es nicht bloß Frömmigkeit und Begeisterung für die Sache Christi war, was manche, ja die meisten dieser Ritter dazu bewogen hatte, sich in gewaltige Unkosten zu stürzen und den Schritt ins Ungewisse zu wagen. Und wahrscheinlich hatte er, der selbst ein energischer und allerdings auch vom Glück begünstigter Emporkömmling war, Verständnis für diese Haltung, Verständnis dafür, daß sich ein Hugo von Vermandois, ein Gottfried von Bouillon, ein Balduin oder einer der normannischen Fürsten ein orientalisches Königreich erträumte. Alle diese Träume setzten die Schwächung der Türken und Araber voraus, der Todfeinde des Byzantinischen Kaiserreiches. Und dagegen war nichts einzuwenden, solange sich die europäischen Ritter an die byzantinischen Spielregeln hielten. »Solange das Kaiserreich Länder zurückgewann, die ihm vor den türkischen Einfällen gehört hatten, sprach viel für die Errichtung christlicher Pufferstaaten an seinem äußersten Rand. Niemand kam zu jener Zeit auch nur auf den Gedanken, daß solche kleinen Staaten unabhängig sein könnten. Alexios jedoch wollte völlig sicher sein, daß er eindeutig als oberster Lehensherr alles dessen betrachtet wurde, was neu begründet wurde.« (S. Runciman) – Und so war der Kaiser entschlossen, den europäischen Rittern einen Eid abzufordern, der sie ausnahmslos zu Lehenspflichtigen machte. Jener feierliche Schwur, den jeder europäische Adelige im Westen seinem obersten Lehensherren leistete, sollte nun in Konstantinopel wiederholt werden, wobei er, Alexios, selbstverständlich diese Rolle des obersten Lehensherrn zu übernehmen gedachte. Und Graf Hugo war nicht der Mann, der sich diesem durchaus verständlichen Wunsch widersetzte. Er leistete den Lehenseid auf den byzantinischen Kaiser und fügte sich widerspruchslos in seine neue Rolle, Gefolgsmann eines fremden Monarchen zu sein.

Es scheint freilich das besondere Schicksal dieses französischen Adeligen gewesen zu sein, stets bloß als auslösendes Moment für irgendein gravierendes Ereignis fungieren zu dürfen. Denn der nächste Feldherr, der mit einer beträchtlichen Armee von Europa nach Konstantinopel zog, Gottfried von Bouillon, Herzog von Lothringen, würde nicht wie Hugo von Vermandois ohne weiteres bereit sein, den byzantinischen Kaiser als obersten Lehensherrn zu akzeptieren; und er würde auch sonst Schwierigkeiten machen, die jenen, welche die zerlumpten Haufen des Volkskreuzzuges verursacht hatten, in nichts nachstanden, für die Byzantiner sogar ungleich gefährlicher waren, weil die Armee, die Gottfried befehligte, besser ausgerüstet und kampfstärker war. Und der unmittelbare Anlaß für diese Schwierigkeiten, die auf eine Kraftprobe zwischen der militärischen Macht Konstantinopels und jener der ritterlichen Kreuzfahrer hinauslief, war wieder einmal Hugo von Vermandois, obgleich er selbst am wenigsten dafür verantwortlich zu machen ist, weil das Gerücht, dessen ahnungsloser Verursacher er war und das den Männern Gottfrieds einen Anlaß bot für ihre Raserei, von ihm gar nicht beeinflußt werden konnte. Aber man muß diese Geschichte wie jede andere, die diesen Kreuzzug zum Inhalt hat, der Reihe nach erzählen, weil sonst der Eindruck entstehen könnte, alle diese Präliminarien zur Wiedereroberung Jerusalems seien absichtsvoll inszeniert worden und gehorchten einer übergeordneten Instanz, die es in Wahrheit gar nicht gab. Es war vielmehr das meiste, was sich ereignete, ein Produkt des blanken Zufalls; es geschah alles ohne jede Absprache, ohne Koordination; es machte ein jeder, was er wollte, weil ein Oberstkommandierender fehlte, weil das Gehirn, das dies alles ersonnen hatte, jetzt nicht auch noch für den realen Ablauf der Geschehnisse, für die Komposition des Ganzen verantwortlich sein konnte oder wollte. Und es grenzt in der Tat an ein Wunder, daß aus dieser allgemeinen Konfusion zuletzt doch noch ein Unternehmen entstand, das zumindest nach außen hin, also auf die Mohammedaner und in mancher Hinsicht auch auf die Byzantiner, den Eindruck einer kompakten, durchdachten Organisation vermittelte.

Gottfried von Bouillon also war der nächste Ritter, der, Lothringen Ende August 1096 verlassend, gemeinsam mit seinem Bruder Balduin auf dem Landweg in Richtung Konstantinopel marschiert war; wobei Balduin vom magyarischen König Koloman als Geisel genommen worden war, was dann wohl auch mitverantwortlich dafür gewesen sein dürfte, daß diese Armee, die bei Ödenburg das ungarische Königreich betreten hatte, ohne weitere Vorkommnisse bis nach Semlin gelangte, wo man Ende November die Save überquerte und damit byzantinischen Boden betrat; was jedoch gleichfalls friedlich verlief, weil Gottfried, unterstützt von seinem energischen Bruder, der in Belgrad wieder zu ihm gestoßen war, für strenge Ordnung sorgte. Alles schien demnach unter einem günstigen Stern zu stehen, bis man um den 12. Dezember das europäische Ufer des Marmarameeres erreichte, wo Gottfried seine Truppen vor der kleinen Stadt Selymbria lagern ließ, nur mehr zwei, drei Tagesmärsche von Konstantinopel entfernt. Und hier, scheinbar aus nichtigem Anlaß, kam es zum Eklat, der darin bestand, daß die Soldaten, die Ritter, selbst die Zivilisten, darunter viele Frauen und auch Mönche, die in großer Zahl diese wie jede andere mittelalterliche Armee begleiteten, zu plündern begannen, daß es wieder zu erschreckenden Übergriffen gegen die verängstigte Bevölkerung kam, so daß Alexios, der sogleich über diese Ausschreitungen informiert worden war, dem Eintreffen dieses neuen und wohlausgerüsteten Heeres mit einiger Besorgnis entgegensah.

Die eigentliche Ursache dieses Aufruhrs aber war der unglückliche Hugo von Vermandois gewesen. Denn ein Gerücht behauptete, daß er, von dem Gottfried noch in Adrianopel erfahren hatte, daß er vom Kaiser mit Geschenken überhäuft worden sei, nunmehr als ein Gefangener in Konstantinopel gehalten werde. Und genau das, so behauptete Gottfried selbst später dem Kaiser gegenüber, sei auch der Anlaß dafür gewesen, daß seine Truppen von einem Augenblick zum anderen jede Disziplin missen ließen. Was immer es auch gewesen sein mag: Die Bevölkerung Thrakiens litt unter den Exzessen der Kreuzfahrer, unter den Plünderungen und Gewalttaten, die sich über mehrere Tage erstreckten und nicht bloß die Stadt Selymbria, sondern auch das Hinterland verwüsteten.

Und als Gottfried schließlich am 23. Dezember in Konstantinopel einmarschierte und dann außerhalb der Stadtmauern, und zwar am nordwestlichen Ufer des Goldenen Horns, sein Lager aufschlug, hatte er die Feindschaft oder doch das Mißtrauen aller auf sich gezogen, weil alle glaubten – es wohl glauben mußten –, daß auch er nur Unruhe und Gewalt ins Land bringen würde.

Es hatten die Byzantiner also keine gute Meinung mehr von diesen westeuropäischen Christen, die sie ausnahmslos als Barbaren betrachteten. Die Tochter des Kaisers, Anna Komnene, drückte es vorsichtig aus, wenn sie sagte: »Das Volk der Kelten ist sehr heißblütig und feurig; wenn es einmal seinem stürmischen Wesen nachgegeben hat, kann man es nicht mehr aufhalten.« – Der Kaiser mußte nun versuchen, aus alledem und mit allen einen Kompromiß zu schließen, der seinen Absichten förderlich war und dennoch den Wünschen der Ritter entgegenkam. Christus, Jerusalem, die Idee des Heiligen Krieges, die Befreiung der orientalischen Christenbrüder vom mohammedanischen Joch: Das alles spielte im Augenblick nur noch eine nebensächliche Rolle. Andere, weltliche Interessen, persönlicher Ehrgeiz, Ruhmsucht und Habgier beherrschten die Szene. Und die Ritter traten wie Komödianten auf, die nicht mehr der strengen Diktion des Stückes folgten, das sie aufzuführen hatten, sondern nur noch dem eigenen Egoismus gehorchten.

Europa war in Bewegung geraten, aber diejenigen, die diese Bewegung verursachten, traten vorerst noch auf der Stelle. Es marschierten zwar die verschiedenen Armeen der Kreuzfahrer zielstrebig in Richtung Konstantinopel: die süditalienischen Normannen unter Bohemund, die sich Ende Oktober in Bari einschifften; die Expedition des mächtigen Grafen von Toulouse, des Herrn Raimund von St. Gilles, die sich quer durch Oberitalien und dann entlang der unwirtlichen Küste Dalmatiens südwärts bewegte, »vierzig Tage lang über die felsigen dalmatinischen Pfade, unablässig von wilden slawischen Stämmen belästigt« (S. Runciman), noch dazu im Winter, der mit klirrender Kälte und fauchenden Stürmen den Südfranzosen arg zusetzte; die Armee unter der Führung des Herzogs Robert von der Normandie mit den flandrischen, bretonischen und angelsächsischen Hilfstruppen, die Ende November über Lucca, wo man den Papst traf, nach Rom zog, wo es zu den bereits geschilderten dramatischen Vorkommnissen im Petersdom und zu Kämpfen mit den Anhängern des Gegenpapstes kam, bis man sich schließlich nach Süditalien aufmachte; dort wurde Winterquartier bezogen, das man erst am 5. April des Jahres 1097 aufgab, als man sich endlich zur Überfahrt nach Albanien entschloß. Es bewegten sich also wohl Zehntausende von Pilgern über die Alpen, quer durch Italien, auch über die uralten Karawanenstraßen des Balkan, gepanzerte Schwertkämpfer, Armbrustschützen, Lanzenträger, Reiterei und Fußvolk und natürlich die unvermeidlichen Zivilisten, ohne die eine Armee nicht auszukommen vermeinte, darunter nicht bloß Frauen und Geistliche, sondern auch Kinder, die man mitschleppte wie irgendein Gepäckstück, die unterwegs geboren wurden und die, sofern sie überlebten, auf diese Weise frühzeitig das Handwerk des Tötens erlernten.

Aber in Konstantinopel, wo die Entscheidungen fallen sollten, herrschte gefährlicher Stillstand, weigerte sich Gottfried von Bouillon hartnäckig, dem byzantinischen Kaiser den geforderten Lehenseid zu schwören. Er habe diesen Eid bereits auf Heinrich IV. geleistet und denke nicht daran, jetzt, ohne aus der alten Lehenspflicht entlassen zu sein, eine neue einzugehen. So argumentierte Gottfried. Des Kaisers Unterhändler – darunter Hugo von Vermandois – argumentierten anders: Dies hier sei nicht Heinrichs Land; und dementsprechend sollte jeder, der hier Aufenthalt zu nehmen wünschte, dem Kaiser Gehorsam entgegenbringen. Man stand einander feindselig gegenüber, jeder auf seinem egoistischen Standpunkt beharrend, der, betrachtet jeweils mit dem Blick der einen oder anderen Partei, gewiß der richtige sein konnte, was aber letztlich dazu führte, daß Gottfrieds Soldaten, denen Alexios, um den Widerstand Gottfrieds zu brechen, zuerst das Pferdefutter und schließlich auch die Zufuhr von Lebensmitteln sperrte, daß diese Soldaten sich also durch Raubzüge in die Umgebung und Plünderung der Vororte Konstantinopels schadlos hielten, bis es endlich am 2. April 1097, es war ausgerechnet der Gründonnerstag, buchstäblich zur Explosion kam. Es stürmten die lothringischen Kreuzfahrer jenes Stadttor, das direkt zum Palastviertel der Kaiserstadt führte und die entsetzten Byzantiner in ihrem Verdacht bestärkte, daß dieser fränkische Herzog tatsächlich beabsichtigte, wie das schon die Prinzessin Anna Komnene ausgedrückt hatte, Konstantinopel zu erobern und die Macht im Kaiserreich an sich zu reißen.

Dieser Verdacht mag gar nicht so grundlos gewesen sein, wie sich das heute vielleicht anhört, denn ehrgeizig war Gottfried von Bouillon, war auch sein düsterer, wilder Bruder Balduin zweifellos; und die Demütigung, mit welcher sich ein Hugo von Vermandois, der immer wieder als Vermittler zwischen dem Kaiser und Gottfried in Erscheinung trat, achselzuckend abfand, weil sie durch Geschenke versüßt wurde, die Demütigung, nicht viel mehr als ein Vasall Alexios' zu sein, nichts anderes als eine Marionette spielen zu dürfen, die nach den Wünschen des byzantinischen Kaisers tanzte, diese Demütigung brannte sich schmerzhaft ins Bewußtsein der stolzen lothringischen Herren ein.

Aber Stolz und Hochmut haben sich noch nie gegen Beharrlichkeit und List behaupten können. Jenes Gefecht vom Gründonnerstag endete damit, daß Alexios, der nicht nur als Diplomat, sondern auch als Stratege zu überzeugen wußte, die kaiserlichen Bogenschützen aufmarschieren und, als die Kreuzfahrer sich davon noch nicht genügend beeindruckt zeigten, die kampferprobte Garnison ausrücken und die Soldaten Gottfrieds mit der ganzen Wucht ihrer militärischen Überlegenheit angreifen ließ, was endlich die Lothringischen, die bei diesem kurzen, aber heftigen Gefecht empfindliche Verluste erlitten, zur Vernunft brachte. Sie beugten sich also nicht den diplomatischen Argumenten, sondern erst einer überzeugenden Demonstration militärischer Stärke. Bereits am Ostersonntag leistete Gottfried den Lehenseid, wobei man sich in Kenntnis der nachfolgenden Ereignisse freilich fragen muß, ob dieses Zeremoniell, auf das der Kaiser so großen Wert legte, tatsächlich diese moralische Bedeutung hatte, daß sich der militärische und psychologische Aufwand überhaupt lohnte, der dazu eingesetzt werden mußte.

Mit welchen Schwierigkeiten Alexios zu kämpfen hatte, welche Diskrepanz zwischen den geschmeidigen, weltgewandten, kultivierten Byzantinern und den mehrheitlich rauhen und ungestümen, ebenso rücksichtslosen wie rohen Kreuzfahrern bestand, erhellt eine kleine Szene, die sich wenige Tage nach der Eidesleistung Gottfrieds im kaiserlichen Palast abspielte. Die Prinzessin Anna erzählte in ihrer Chronik, wie ein fränkischer Ritter, der mit einer kleinen Gruppe von Lehensleuten Gottfrieds, die aus irgendeinem unbekannten Grund erst mit einiger Verspätung in Konstantinopel eingetroffen waren, sich im Zeremoniensaal des Kaisers und im Beisein Alexios' plötzlich auf dessen Thronsessel niederließ und, als ihm Balduin, der wie der Herzog von Lothringen anwesend war, deshalb eine strenge Rüge erteilte, nichts anderes zu antworten wußte, als daß er ein Ritter und nicht einzusehen imstande sei, weshalb er wie alle anderen Anwesenden auch stehen müßte, während der

Kaiser saß. Es war nur ein kurzes Intermezzo, aber Alexios hatte es wohl bemerkt und ließ sich auch durch den Dolmetscher darüber informieren. Später, als man aufbrach, wandte er sich an den Ritter, der sich nun brüstete, noch niemals im Zweikampf besiegt worden zu sein; und der Kaiser sagte, wie Anna Komnene das überlieferte: »Wenn du bisher zu kämpfen suchtest, ohne Gelegenheit zu finden: du wirst sie bekommen im Übermaß!«

Nun darf man solche Dinge selbstverständlich nicht überbewerten. Rüpelhaftes Benehmen, das den höflichen Byzantinern widerstrebte, war damals wohl noch durchaus üblich bei den Europäern, wozu auch kam, daß sie, die, selbst wenn es sich um Ritter handelte, aus einfachen oder eigentlich primitiven Verhältnissen kamen, sich unbehaglich fühlten inmitten des verschwenderischen Luxus am byzantinischen Kaiserhof. Überdies spürten sie wohl, »daß Ostrom der großen Idee der Kreuzzüge ohne innere Sympathie gegenüberstand, und sie fügten sich der inneren Forderung des Zusammenarbeitens nur mit Mißtrauen und quittierten jede Übervorteilung mit Haß und Verleumdung. Sie waren nie imstande, diesen merkwürdigen Hof mit seiner überlegenen politischen Bildung, seinen philosophischen und theologischen Interessen und seiner übermäßig verfeinerten Kultur, über der schon der Hauch der Fäulnis und des Sterbens lag, zu verstehen noch die berechtigten Ansprüche seiner alten Tradition zu würdigen«. (Hermann Hefele)

Jedoch weder der Kaiser noch seine Beamten hatten jetzt hinlänglich Zeit, um sich lange und ausführlich darüber zu beraten, wie man diese Invasion von ungebildeten und, wie es schien, widerspenstigen Barbaren zähmen könnte. Die einzige Möglichkeit, sich ihrer geschickt und rasch zu entledigen, ohne sie als brauchbare Verbündete im Kampf gegen die Türken zu verlieren, war, daß man sie in aller Eile über die Meerenge nach Kleinasien schaffte und damit ähnlich verfuhr wie im Sommer zuvor, als die Armeen des Volkskreuzzuges die Sicherheit Konstantinopels bedroht hatten. Im übrigen betraten nun mit den Normannen Bohemunds, die am 9. April in Konstantinopel eintrafen, hervorragend ausgebildete und kampferprobte Truppen den Schauplatz, die man allein schon deshalb fürchtete, weil die Niederlagen, die diese Normannen, die zweifellos Europas tüchtigste Soldaten waren, in der Vergangenheit dem byzantinischen Kaiserreich zugefügt hatten, noch in aller schmerzhafter Erinnerung waren. Bohemund, der Anführer der Normannen, war gemeinsam mit seinem Neffen Tankred, einem hervorragenden Ritter, sowie einer Abteilung sizilianischer Notabeln – wobei es sich natürlich ausnahmslos um normannische Edelleute und hochrangige Geistliche handelte – im Oktober 1096 von Süditalien aufgebrochen. Man hatte im Gegensatz zu den westeuropäischen Kreuzfahrern, denen man, obgleich zahlenmäßig unterlegen, an Kampfkraft zweifellos bei weitem überlegen war, verschiedene Möglichkeiten der Überquerung des Meeres ausgenützt, so daß es dann in Albanien, wo man sich bei einer Ortschaft namens Dropoli sammelte, einige Zeit dauerte, bis das Heer abmarschbereit war in Richtung Konstantinopel. Bohemund führte dieses Heer über die Bergpässe des Epirus und über die Stadt Kastoria in das westliche Makedonien – schließlich wußte er, wie er am geschicktesten vorzugehen hatte, denn gerade anderthalb Jahrzehnte vor diesen Ereignissen hatte er in jenen Landschaften, die er nun durchquerte, seine Feldzüge gegen die Soldaten Konstantinopels erfolgreich geleitet –; in Makedonien, wo er endlich auf die Via Egnatia stieß, dürften ihn dann außer den Petschenegen, welche die kaiserliche Polizei stellten, auch jene Hofbeamten erreicht haben, denen die Normannen auf ihrem Marsch quer durch das Gebirge bisher ausgewichen waren: Es fürchteten die Byzantiner die Normannen; und es wollte Bohemund dem Kaiser keinen Anlaß liefern, an seiner Aufrichtigkeit und Bündnistreue zu zweifeln. Da war es am besten, man ging einander aus dem Weg, um nicht an die alten Wunden erinnert zu werden, die man sich vor fünfzehn Jahren zugefügt hatte. Steven Runciman bemerkt dazu folgendes: »Dem Kaiser Alexios erschien Bohemund als weitaus der gefährlichste unter den Kreuzrittern. Die Erfahrungen der Vergangenheit hatten die Byzantiner gelehrt, daß die Normannen ehrgeizige, durchtriebene, bedenkenlose und furchtgebietende Feinde waren; und Bohemund hatte in früheren Feldzügen bewiesen, daß er ein ihrer würdiger Führer war. Seine Truppen waren gut organisiert, gut ausgerüstet und gut diszipliniert; er besaß ihr volles Vertrauen. Als Stratege war er möglicherweise allzu selbstsicher und nicht immer klug; aber als Diplomat war er feinfühlig und überzeugend, und als Politiker mit Weitblick begabt.«

Alexios bemühte sich jedenfalls auf besondere Weise um Bohemund, weil er wohl wußte, daß dieser Mann von allen europäischen Feldherren, die an diesem Unternehmen teilnahmen, der fähigste, zugleich aber auch der unberechenbarste war. Andererseits begriff der Normanne vielleicht als einziger von allen Kreuzfahrern, »daß Byzanz noch immer äußerst mächtig war und daß sich ohne seine Hilfe nichts erreichen ließ«. (S. Runciman) – Und er war überdies, wie die meisten der Ritter, außerordentlich ehrgeizig; nur war sein Ehrgeiz nicht blind und ungestüm, sondern von Klugheit, in die sich freilich auch Verschlagenheit mischte, unterstützt. Anna Komnene, die den Europäern insgesamt gewiß nicht wohlgesonnen war, sondern sie verachtete, scheint begriffen zu haben, daß Bohemund, von dessen äußerer Erscheinung sie sich übrigens beeindruckt zeigte, ihrem Vater am gefährlichsten sein könnte, wenn es nicht rechtzeitig gelänge, ihn, dessen Soldaten den Byzantinern in der Vergangenheit manche empfindliche Niederlage zugefügt hatten, in seinem Ehrgeiz vollkommen zufriedenzustellen und gleichzeitig den Interessen des Kaisers zu verpflichten. Ihre Charakterisierung Bohemunds ist in diesem Zusammenhang besonders wertvoll, weil der Normanne dadurch derjenige fürstliche Pilger ist, von dem wir ein genaues Porträt aus byzantinischer Sicht besitzen; und weil die Prinzessin außerdem klug genug war, um sich nicht bloß mit Äußerlichkeiten zu begnügen: »Es ging von diesem Krieger ein gewisser Zauber aus, der indessen teilweise gestört wurde durch ein unbestimmbar Erschreckendes, das von seinem Wesen herrührte. Denn der ganze Mann, die ganze Person war hart und wild, in seinem Wuchs wie in seinem Blick, und selbst sein Lachen ließ seine Umgebung schaudern. An Leib und Seele war er so beschaffen, daß sich in ihm Mut und Liebe stritten, und beide waren auf den Krieg gerichtet. Er hatte einen geschmeidigen Geist, war verschlagen und bei allen Gelegenheiten reich an Ausflüchten. Seine Worte waren wohlberechnet und seine Antworten immer zweideutig. Dieser in solchem Grade überlegene Mann stand allein meinem Vater an Glück, Beredsamkeit und anderen Gaben der Natur nicht nach.« – Anna Komnene mag durchaus im Recht gewesen sein, eine solche Meinung zu haben. Bohemund selbst war davon überzeugt, der »Angelpunkt zu sein, um den sich die gesamte christliche Allianz drehte« (S. Runciman). – Und seine Forderung war ebenso unmißverständlich wie hochgegriffen: Er wollte vom Kaiser, nachdem er diesem ohne zu zögern den Lehenseid geleistet hatte, das Oberkommando über die vereinigten Streitkräfte der Kreuzfahrer übertragen bekommen.

Und genau das war auch der selbstverständliche und stolze Wunsch Raimunds, der Ende April, um jene Zeit ungefähr, als die Armee der Normannen über den Bosporus nach Kleinasien gebracht wurde, in Konstantinopel eintraf und in dessen Begleitung, wie bereits erzählt wurde, sich auch der päpstliche Legat für diesen Kreuzzug befand, Adhemar von Le Puy; wobei Raimund, wenn man die Dinge aus seiner Sicht betrachtet, nicht nur als Graf der Provence und von Toulouse und als Ehemann einer spanischen Prinzessin und damit also von seinem adeligen Rang her, sondern auch als erfahrener Kriegsmann, der bereits gegen die Mauren in Spanien erfolgreich gekämpft hatte, einen begründeten Anspruch auf den Rang eines Oberstkommandierenden hatte. Andererseits war der Kaiser zweifellos bestens darüber unterrichtet, welche Schwierigkeiten Raimund auf seinem langwierigen Marsch nach Konstantinopel gehabt hatte, innerhalb seiner Armee jene Disziplin aufrechtzuerhalten, die man von einem guten Heerführer wohl erwarten durfte: In Dalmatien war man nur knapp dem Hungertod entronnen, nachdem man sich gegen die einheimischen Stämme noch vortrefflich behauptet hatte; aber schon auf dem Weg von Dyrrhachion nach Makedonien war es zu Ausschreitungen gekommen, in deren Verlauf zwei provençalische Ritter getötet worden waren; und weitere Plünderungen und Exzesse folgten, bis man schließlich in Thrakien auf der Suche nach Proviant eine kleine Stadt überfiel, die schwachen Befestigungen erstürmte, die wenigen Soldaten tötete und sich dann mit Gewalt nahm, was man benötigte. Vorher schon war Adhemar von Le Puy durch irgendeinen unglücklichen Zufall, möglicherweise durch ein Mißverständnis oder vielleicht auch durch eigene Schuld mit den kaiserlichen Petschenegen – welche wie bei allen anderen Armeen der Kreuzfahrer auch hier die Rolle der mißtrauisch überwachenden Polizei übernommen hatten – in einen unangenehmen Zwischenfall verwickelt worden, bei welchem er zuerst verwundet und dann gefangengenommen wurde, bis sich später die peinliche Affäre aufklärte und Adhemar wieder zur Armee zurückkehren konnte. Solche Zwischenfälle verschärften naturgemäß die Spannungen zwischen den Byzantinern und den Kreuzfahrern; die Stimmung in der Armee des Grafen von Toulouse war überaus gereizt, so daß nun in Konstantinopel, als Raimund mit der Tatsache konfrontiert wurde, den Lehenseid auf den byzantinischen Kaiser zu leisten, sogleich neue Spannungen entstanden, die vorerst unüberbrückbar schienen.

Es wäre nun freilich müßig, das Verhalten eines Raimund von Toulouse, eines Bohemund, eines Gottfried von Bouillon oder selbst jenes des anpassungsfähigen, wenig charakterstarken Hugo von Vermandois zu tadeln, weil diese Herren alle zuvörderst ihre eigenen Interessen wahrzunehmen suchten und dann erst, wenn überhaupt, an ihre große Aufgabe dachten, die darin bestand, die Einigkeit der Christenheit dadurch wiederherzustellen, daß man den Mohammedanern die heiligsten Stätten in Palästina abnahm und einer christlichen Verwaltung zuführte. Es wäre auch verfehlt, den Zwist dramatisieren zu wollen, der zwischen Raimund und Bohemund sogleich aufs heftigste ausgebrochen war, weil, wie es den Anschein hatte, die leidige Frage der Übernahme des höchsten Kommandos über das vereinigte Kreuzritterheer – das, wenn auch die Flandern, Bretonen, Angelsachsen und nordfranzösischen Normannen in Konstantinopel einlangen würden, eine Stärke von annähernd sechzigtausend Mann haben würde – nur zwischen diesen beiden Fürsten ausgespielt werden konnte; diese Rivalität sollte nicht hochgespielt werden, obgleich sowohl Bohemund als auch Gottfried von Bouillon – beide durch ihren bereits geleisteten Schwur Lehensmänner des byzantinischen Kaisers – unmißverständlich zu erkennen gaben, daß sie, sollte Raimund in seiner oppositionellen Haltung verharren, ihre Soldaten zugunsten des Kaisers gegen die Südfranzosen einsetzen würden. Es war allerdings eine bizarre Situation; und sie zeigt uns, da wir seit damals viele solcher Situationen als Beweis für die Fragwürdigkeit europäischer Einigkeit kennengelernt haben, daß dieser Heilige Krieg, den Päpste wie Gregor und Urban erdacht und propagiert hatten, jederzeit am Egoismus einzelner Fürsten scheitern konnte; aber in der letzten Konsequenz waren alle diese Fürsten, Tausende von Meilen von ihrer Heimat entfernt und mit nichts anderem ausgestattet als mit der rohen Kraft ihrer Soldaten, der listenreichen Diplomatie Alexios' nicht gewachsen. Raimund zum Beispiel, der unter allen Umständen vermeiden wollte, einem Normannen oder einem Lothringer gehorchen zu müssen, ging sogar soweit, sich selbst als weltlichen Delegierten des Papstes zu bezeichnen, was ihn, wie er immer wieder betonte, daran hinderte, irgendeine andere Instanz zu akzeptieren, deren Anordnungen er zu gehorchen hätte.

Es war das alte, unselige Spiel um die Macht, auch wenn in diesem besonderen Fall die Macht nur eingebildet sein konnte, weil allen europäischen Rittern in der letzten Konsequenz wohl bewußt war, daß sie ohne die Zustimmung des Kaisers, ohne seine Unterstützung keinen einzigen Schritt in Richtung Jerusalem und ihrer hochfliegenden Pläne und ehrgeizigen Träume tun könnten. Außerdem erkannten die besonnenen unter den Fürsten sehr bald die Gefahr einer völligen Zersplitterung ihrer Kräfte, wenn sie, was einige Tage lang tatsächlich drohte, nun vor den Toren Konstantinopels gegeneinander kämpfen sollten: Immerhin hatte Bohemund seine Normannen noch nicht zur Gänze über den Bosporus gebracht; immerhin standen Gottfrieds Männer sozusagen auf Abruf bereit, um gegen die Armee Raimunds eingesetzt zu werden; und immerhin durfte man von den Rittern des Grafen Hugo von Vermandois füglich erwarten, daß sie ohne zu zögern gegen die Provençalen des Grafen von Toulouse vorgehen würden. Es war daher nur eine Frage der Zeit, bis Raimund einem Kompromiß, der seinetwegen ausgehandelt worden war, zustimmen würde. Ende April leistete er einen etwas modifizierten Eid auf Alexios, der, wie er glaubte, ihn zu gar nichts verpflichtete; der, wie der Kaiser glaubte, Raimund unwiderruflich an Konstantinopel band. Der Riß freilich, der jetzt im Lager der westeuropäischen Christen entstanden war – und der im Grunde nur die Zerwürfnisse und Eifersüchteleien, die Europa in jenem 11. Jahrhundert an den Rand des Abgrundes getrieben hatten, maßstabgetreu widerspiegelte –, ließ sich nicht mehr kitten. Es mißtraute Raimund dem Normannen Bohemund, weil sich beide – nicht zuletzt vom listenreichen Alexios dazu animiert – als Oberstkommandierende betrachteten und keiner des anderen Vorschläge und Hinweise zu befolgen bereit war. Es war Gottfried nicht gewillt, auf seine vermeintlichen oder tatsächlichen Vorrechte zu verzichten. Und auch Hugo von Vermandois würde ebenso wie der fromme Herzog der Normandie, Robert, der als letzter Heerführer Ende Mai nach Konstantinopel gekommen war, immer wieder versuchen, seinen Rang gebührend herauszustreichen, was in der Praxis nichts anderes bedeutete, als daß auch diese Männer nichts dazu beitragen würden, die Uneinigkeit und das tiefverwurzelte Mißtrauen im Lager der Kreuzfahrer vermindern zu helfen. Das gewaltige Heer, das sich nun im Frühjahr 1097 langsam, schwerfällig gegen das starkbefestigte Nikäa wälzte, wo es zur ersten entscheidenden Kraftprobe zwischen Türken und Christen kommen sollte, gehorchte Befehlen, die aus verschiedenen Mündern kamen, richtete sich nach Meinungen, die aus unterschiedlichen Motiven entstanden. Alexios wiederum, der sich vielleicht über die Bedeutung des Lehenseides, den ihm die Ritter geschworen hatten, aber ganz gewiß nicht über deren Moral irgendwelche Illusionen machte, Alexios mußte sich glücklich schätzen, die Masse der Kreuzfahrer nach Kleinasien dirigiert zu haben. Außer Zweifel steht, daß er »aufrichtig beabsichtigte, mit dem Kreuzzug zusammenzuarbeiten, freilich mit einer Einschränkung. Er gedachte nicht, die Interessen des Kaiserreiches den Interessen der Ritter aus dem Westen zum Opfer zu bringen«. (S. Runciman) – Die alles entscheidende Frage aber war, ob angesichts des mohammedanischen Feindes, angesichts der mächtigen Mauern der seldschukischen Hauptstadt Nikäa gleichsam in letzter Sekunde jene lebensnotwendige Einigkeit, die auf praktischen Überlegungen basierte, ins Lager der Christen einkehrte, ohne die an einen ersten und wichtigen, auch aus psychologischen Gründen notwendigen Erfolg über die Türken nicht zu denken war.

VIERTER TEIL

Der Krieg beginnt in Kleinasien

Nikäa, die damalige Hauptstadt jener seldschukischen Stämme, die am nächsten und bedrohlichsten der byzantinischen Hauptstadt gegenüberstanden und deren regierender Sultan Kilidsch Arslan I. im Frühling des Jahres 1097, als in Konstantinopel gerade die ersten wichtigen Entscheidungen gefallen waren, im Osten seines Reiches mit politischen Geschäften befaßt war, die ihn gezwungen hatten, den Großteil seiner Soldaten von Nikäa abzuziehen, dieses Nikäa also war damals bereits eine alte Stadt, deren Ruhm in den beiden Kontinenten, die sich nun anschickten, einander aufs erbitterste zu bekämpfen, weit verbreitet war. Sie war um die Mitte des ersten vorchristlichen Jahrtausends von thrakischen Fürsten gegründet worden, hatte das Schicksal zweier Feldherren Alexanders des Großen beeinflußt, nämlich jene von Antigonos und Lysimachos, wobei es Antigonos gewesen war, welcher der Stadt ihren schönen griechischen Namen geschenkt hatte. Später hatten sich hier bithynische Könige niedergelassen, war einem gewissen Hipparchos, einem genialen Mathematiker, die Einteilung des Kreises in 360 Grad gelungen und wetteiferten Griechen und Römer darin, das Paradies, das die Natur hier geschaffen hatte, architektonisch aufs schönste auszustatten. Im frühen Mittelalter dann wurde Nikäa zu einer jener blühenden kleinasiatischen Provinzstädte, denen einige Generationen hindurch die manchmal bewundernswerte und manchmal bloß eigenartige Bauwut der byzantinischen Kaiser manches interessante Bauwerk hinterließ. Hier war es in der Hauptsache der große Justinian, der sein Augenmerk auf die idyllisch gelegene Stadt richtete, die heute noch ein – freilich nur wenig bekanntes – Kleinod unter den alten Städten des türkischen Kleinasien ist: Hinter der gewaltigen byzantinischen Stadtmauer, die wie ein rostfarbener Schild die Stadt schützt, liegen die großartigen Ruinen jener Bauwerke, in denen einst über die Geschicke so vieler Menschen entschieden wurde. Denn das erste Ökumenische Konzil, das im Jahre 325 in Nikäa tagte, brachte die Entscheidung darüber, daß die weitverbreitete Lehre des alexandrinischen Presbyters Arius, der Christus nur als gottähnlich und nicht als Gott selbst erkannte, als Irrlehre verdammt wurde; drüben im fernen Europa sollte diese wichtige Entscheidung die ersten Religionskriege entfachen, die ersten Ketzerverfolgungen verursachen, die der damals noch jungen christlichen Glaubenslehre Ströme von Blut gleichsam als nutzloses Opfer darbringen würden. Und wiederum in Nikäa kam es im Jahre 787 auf dem 7. Ökumenischen Konzil dann auch zu jener schicksalhaften Verurteilung der sogenannten Bilderstürmer, die aus einem falschverstandenen Puritanismus heraus viele Jahrzehnte lang wie die Barbaren gewütet hatten. Viele Jahrhunderte später – aber das betrifft schon nicht mehr unsere Geschichte – sollte Nikäa sogar zur Hauptstadt jenes lateinischen Kaiserreiches werden, das aus den Trümmern der von den Venezianern – deren Anführer Enrico Dandolo war – zerstörten byzantinischen Macht entstanden war; und hier sollte, wiederum einige Jahrhunderte später, als Seldschuken und Türken, die hier und im benachbarten Bursa mit der Gründung ihres Imperiums begannen, ein Zentrum der Fayencenproduktion entstehen, wo persische Facharbeiter und Handwerker die farbenprächtigen Kacheln herstellen würden, die dann die schönsten Moscheen des Osmanischen Weltreiches zwischen Istanbul und Mekka schmücken sollten.

Heute ist Nikäa – oder Iznik – eine verwahrloste, jedoch immer noch durch die Größe und die verwitterte Pracht ihrer historischen Dekorationen sehenswerte türkische Kleinstadt mitten in einem sanften Hügelland, das vom Ostufer des Iznik-Sees – wie er zu jener Zeit, in der unsere Geschichte handelt, noch hieß – allmählich ansteigt, ein samtgrünes und bräunlichfarbenes Bauernland, darin Elstern und graubäuchige Nebelkrähen zu dominieren scheinen und Tausende von knorrigen Ölbäumen daran erinnern, daß die mediterrane Welt nahe ist. Es ist eine stille, verloren anmutende Stadt, der es nicht an Grazie mangelt und von der man sich heute freilich nur schwer vorstellen mag, daß sie damals, Ende des 11. Jahrhunderts, im Schnittpunkt turbulentester Geschehnisse lag. Denn schon in den ersten Maitagen des Jahres 1097 lagerte Gottfried von Bouillon mit seinen Soldaten vor Nikäa, begleitet und unterstützt von byzantinischen Pionieren unter dem Kommando eines Mannes namens Manuel Butumites, der im Zusammenhang mit der später erfolgenden Einnahme der Stadt noch eine besondere Rolle spielen sollte. Und dieser Aufmarsch europäischer Ritter vor der gewaltigen, vieltürmigen Stadtmauer der seldschukischen Hauptstadt war erst der Beginn einer Aktion, welche dem Sultan beibringen sollte, daß es gefährlich sei, einen starken Gegner zu unterschätzen; und die andererseits bewies, daß es bei allem Zwist und bei allen Gegensätzen, die das christliche Lager beherrschten, doch etwas Gemeinsames gab, das die verschiedenen Ritterheere, die jetzt nach und nach vor Nikäa eintrafen, miteinander verband und zu einer Einheit formte, die jedem Gegner gefährlich werden konnte.

Der Fehler Kilidsch Arslans wiederum bestand vor allem darin, daß er die Europäer als Soldaten gering achtete. Er hatte, wie er glaubte, zu solcher Meinung allen Anlaß, nachdem er im Vorjahr fast mühelos die undisziplinierten und militärisch unroutinierten Haufen des sogenannten Volkskreuzzuges hatte dezimieren können; jetzt, Ende April, marschierte Gottfrieds Heer über Nikomedia, wo man sich mit den Normannen unter dem Kommando des düsteren, eigenwilligen Tankred sowie mit den Überlebenden der geschlagenen Volksarmee Peters vereinigte, langsam und vorsichtig gegen Nikäa; Peter von Amiens, der lange Monate in Konstantinopel als geduldeter Gast des Kaisers zugebracht hatte, war nun wieder in Erscheinung getreten und erfreute sich bei den Europäern sogar einer gewissen Popularität; jetzt also hätte der Sultan wohl erkennen müssen, daß ihm eine gänzlich andere Art von militärischer Strategie, eine völlig andere Art von generalstabsmäßig geplanter Kriegführung drohte als jene der Pilger, mit denen er im Vorjahr noch spielend fertiggeworden war. Zumindest die Späher, die die christlichen Kolonnen von dem Augenblick an nicht mehr aus den Augen ließen, als diese in Kleinasien gelandet waren, hätten dem Sultan warnend berichten müssen, was sie sahen: daß jetzt nicht mehr wie früher blindlings losmarschiert wurde; und daß bei diesen gepanzerten Rittern, die mit ihren schweren Rüstungen und Waffen einen furchteinflößenden Eindruck gemacht haben müssen, kein leichtsinniger Verzicht mehr feststellbar war auf jene selbstverständlichen Vorsichtsmaßnahmen, die ein Heer in feindlicher Umgebung ergreifen muß; und daß Gottfried – ebenso wie der Normanne Tankred – ein ungemein erfahrener Kriegsmann war, der zum Beispiel den Wald von Drakon, wo noch das Gebein der im Vorjahr erschlagenen Christen bleichte, nur unter strengen Sicherheitsvorkehrungen durchquerte; und der sogar für die nachfolgenden Armeen Wegzeichen errichten ließ, was wohl nichts anderes bedeutete, als daß hier mit konsequenter Überlegung militärisch gearbeitet wurde; und daß man diesem Ritterheer nicht mehr mit einem überraschenden Pfeilhagel aus dem Hinterhalt würde beikommen können.

Den Kundschaftern des Sultans, die das Heer Gottfrieds wochenlang beobachteten, konnte dies alles kaum verborgen geblieben sein. Man wird auch annehmen dürfen, daß sie ihre Erkenntnisse nach Nikäa gemeldet haben: byzantinische Pioniere, ortskundige Späher, welche den Weg freimachten, den die Ritter marschierten; Flankenschutz und schwerbewaffnete Vorausabteilungen, die jeden Überfall aus dem Hinterhalt, wie er noch gegen Peters Pilgerheer so erfolgreich angewendet worden war, jetzt unmöglich machten; und zudem ein gesicherter Nachschub an Truppen und Verpflegung. Da war alles durchdacht und vortrefflich organisiert; auch die Bewaffnung dieser Armee schien hervorragend; nicht einmal schweres Belagerungsgeschützt fehlte, denn das schleppten die byzantinischen Pioniere mit sich. Aber alle warnenden Meldungen erreichten den Sultan entweder gar nicht oder nur mit großer Verspätung. Wohl entsandte Kilidsch Arslan sogleich, nachdem er die ersten alarmierenden Nachrichten über Größe und Kampfkraft des Ritterheeres erfahren hatte, ein Entsatzkommando nach Nikäa, dem er selbst mit dem Hauptheer folgte, aber das geschah zu einem Zeitpunkt, da die Stadt bereits eingeschlossen war. Denn Mitte Mai erschien auch Raimund von Toulouse mit seinen Soldaten vor Nikäa, und während er gemeinsam mit Gottfried und Tankred die Stadt von der Landseite her belagerte, sperrten der Herzog Robert von der Normandie und Stephan von Blois, die am 3. Juni eintrafen, auch die letzten Zufahrtswege über den Askanischen See. Der Sultan, der mit seinem Hauptheer nach strapazenreichen Gewaltmärschen am 21. Mai auf dem Schauplatz eingetroffen war, suchte die Christen zwar sogleich durch einen Überraschungsangriff aus ihren Stellungen zu vertreiben, aber bereits jetzt erwies es sich, daß die europäischen Ritter und ihre Soldaten den Türken zumindest ebenbürtig waren, was Mut und Ausdauer betraf; und daß sie vor allem im direkten Zweikampf ihren Gegnern überlegen waren. Es dauerte dieses Gefecht, durch welches Kilidsch Arslan seine Hauptstadt befreien wollte, einen ganzen Tag und kostete auf beiden Seiten schwere Verluste. Aber zuletzt behaupteten die Christen ihre Stellungen; zumal die Normannen unter Tankred, welche die Hauptlast des Angriffes zu tragen gehabt hatten, erwiesen ihrem legendären Ruf, die vortrefflichsten Soldaten Europas zu sein, alle Ehre. Und als der Abend herabsank auf das sanfte anatolische Hügelland, war die Entscheidung gefallen. Der Sultan mußte sich mit seiner geschlagenen Armee in die Berge zurückziehen und Nikäa seinem Schicksal überlassen.

Man könnte nun der Einfachheit halber berichten, Nikäa sei Mitte Juni von den Kreuzfahrern eingenommen worden;

und derlei nüchterne Nachricht entspräche durchaus der Wahrheit. Aber es wäre eben nur eine oberflächliche und damit eine halbe Wahrheit, die nichts davon verrät, was sich an Überraschendem und zugleich Charakteristischem und was sich darüber hinaus vor allem hinter den Kulissen auf diplomatischer Ebene abspielte, dort also, wo stets die tatsächlichen Entscheidungen fallen. Denn während die Normannen und Südfranzosen im begreiflichen Überschwang ihres Triumphes über die Armee des Sultans vielen getöteten Türken die Köpfe abschnitten und sie mit Hilfe des byzantinischen Belagerungsgeschützes über die Mauern in die Stadt schleuderten, sie auch auf Lanzen aufspießten und vor den Stadttoren als barbarische Trophäen zur Schau stellten, was zweifellos wohl auch zur Einschüchterung und Entmutigung des Feindes gedacht war, und während sich also diese Soldaten Christi, der einst die Nächstenliebe gepredigt hatte, siegessicher bereitmachten, den letzten entscheidenden Sturmangriff zu unternehmen, der auf Mitte Juni angesetzt war, hatten sich die Kommandanten der türkischen Garnison längst schon mit Butumites, dem byzantinischen General der Genietruppen, ins heimliche Einvernehmen gesetzt – oder hatte dieser, wie manche Historiker behaupten, vermittels eines Unterhändlers Kontakte mit den Belagerten aufgenommen –, um die Voraussetzungen einer möglichst ehrenhaften Übergabe Nikäas an die Byzantiner auszuhandeln.

An die Byzantiner! Und nicht an die europäischen Ritter! Allem Anschein nach ahnten diese überhaupt nichts von den konspirativen Dingen, die zwar vor ihren Augen, aber ohne ihr Wissen geschahen. Und die, wie man vielleicht zum besseren Verständnis dieser merkwüridgen Situation erklären muß, ohnehin unfähig gewesen wären, die Motive der Byzantiner und Türken zu begreifen, die einander aus langer und gleichsam inniger Feindschaft kannten und einander auch in mehr als einer Hinsicht ähnlich waren, ähnliche Überlegungen anstellten und in Situationen wie dieser vor Nikäa auch ähnlich reagierten. Es war zum Beispiel Kaiser

Alexios nicht im mindesten daran gelegen, Nikäa, das seit den Tagen Justinians ein Juwel des byzantinischen Imperiums war, in einem zerstörten und ausgeplünderten Zustand zurückzuerhalten. Und es mußte den Türken, welche die Hauptfrau des Sultans in ihrer Mitte wußten, wichtig erscheinen, die Stadt, die nicht länger mehr zu halten war, den Byzantinern und nicht den barbarischen Fremden aus Europa zu übergeben, weil sie ganz genau wußten, daß von den kultivierten Griechen ehrenhaftere, humanere Bedingungen zu erwarten waren als von den Franken, die von beiden, von Griechen und Türken, insgeheim verachtet wurden. Die heimlichen Partner in dem Intrigenspiel, das jetzt zwischen Butumites und den türkischen Kommandanten stattfand, wußten sehr wohl, wie man sich in einer solchen diffizilen Situation zu verhalten hatte, ohne das Gesicht zu verlieren, welche Bedingungen einzuhalten waren und was man letztlich voneinander zu erwarten hatte. Als daher am Morgen des 19. Juni die Kreuzfahrer zu diesem, wie sie meinten, letzten Sturmangriff sich versammelten, für welchen sie, wie Wilhelm von Tyrus berichtete, eine Menge Vorbereitungen getroffen hatten – »Als die Stadt nun von allen Seiten umzingelt war, beschlossen die Fürsten, aus dem nahen Wald alles nötige Material holen zu lassen und in aller Eile Maschinen zu bauen, Widder genannt, die zum Zertrümmern von Mauern dienen, Ballisten, die im Volksmund Manganen heißen, und andere Maschinen, um Steine zu schleudern. Gleichzeitig zogen sie Arbeiter zusammen und beschleunigten mit aller Macht die Ausführung dieser Arbeiten, um die Festung mit mehr Erfolg anzugreifen.« –, und als die Kreuzfahrer zum Angriff sich versammelten, der ihnen Nikäa und damit neben dem wichtigen Kriegsruhm auch unermeßliche Beute in die Hände bringen sollte, erblickten sie zu ihrer maßlosen Überraschung kaiserliche byzantinische Standarten auf den Mauern, entdeckten sie die verhaßten Petschenegen jenseits dieser Mauer, begriffen sie, daß sie hinters Licht geführt worden und das Opfer von Abmachungen waren, die ihnen außer der fragwürdigen

Genugtuung, sich dem Gegner zumindest auf dem Schlachtfeld als ebenbürtig erwiesen zu haben, überhaupt nichts einbrachten. Denn auch eine Brandschatzung Nikäas, eine Plünderung , was die Enttäuschung der Christen über den Verrat der Byzantiner vielleicht etwas gemildert haben würde – als Verrat betrachteten sie nämlich diesen heimlichen Handel, der Byzantiner und Türken plötzlich zu einer Art Verbündeter gemacht hatte –, denn auch eine ausgiebige Plünderung also, die den Gewohnheiten damaliger Kriegführung entsprochen hätte, wurde dadurch vereitelt, daß die Griechen den Kreuzfahrern, die nach wie vor außerhalb der Stadtmauern lagern mußten, den Zutritt zur eroberten Stadt nur einzeln erlaubten. Es war das, was die Europäer nun erlebten, zweifellos demütigend und auch ernüchternd.

Allerdings entschädigte Alexios die enttäuschten und erbitterten Ritter durch reichliche Geschenke, die er ihnen gewissermaßen als Honorar für ihr Wohlverhalten – das ein erzwungenes gewesen war – übergab. Aber auch hier forderte er, der sich keinerlei Illusion über die egoistischen Motive dieser Kreuzfahrer erlaubte, eine Gegenleistung: Jene Ritter, die bisher noch nicht den Eid auf ihn geleistet hatten, mußten diese Zeremonie jetzt nachholen. Dann erst wurden ihnen die wohlgefüllten Geldbeutel ausgehändigt, die den Weg nach Jerusalem, so schien es zumindest vorerst noch, zu einem einträglichen Geschäft machen würden.

Dieser Weg nach Jerusalem führte zuerst einmal über Doryläon, das eine antike Stadt war, die zu jener Zeit bereits mehr als achtzehnhundert Jahre lang bestand und wo im Jahre 798 der byzantinische Kaiser Nikephoros I. durch eine Reiterarmee unter der Führung des legendären Harun al Rashid eine empfindliche Niederlage hatte hinnehmen müssen; dies dürfte den europäischen Rittern, die sich nun Ende Juni dieser alten byzantinischen Grenzfestung näherten, die freilich seit mehr als zwanzig Jahren schon in seldschukischem Besitz war, entweder gar nicht bekannt oder völlig gleichgültig gewesen sein. Doryläon ist übrigens längst aus dem staubigen Antlitz Anatoliens verschwunden; es hat sich, nachdem es in späteren Jahrhunderten von Osmanen und Mongolen mehrmals zerstört worden war, gleichsam resignierend aus der Geschichte davongemacht, die für diese Stadt stets eine unglückliche gewesen ist. Erst in späterer Zeit entstand hier die große türkische Provinzstadt Eskişehir, in der aber heute so gut wie gar nichts mehr an jene Ereignisse erinnert, die den Inhalt unserer Erzählung bilden; bis auf einen Umstand allerdings: Auch jetzt noch ist Eskişehir – wie damals Doryläon – ein wichtiger Verkehrsknotenpunkt, an welchem sich mehrere Straßen und Eisenbahnlinien kreuzen. Damals gabelten sich hier die meistbenützten Karawanenwege und Heerstraßen vom Marmarameer und der Ägäis hinein ins Inneranatolische und hinüber nach Arabien. Das wußten die Kreuzfahrer; und das wußten selbstverständlich auch die Türken. »Sultan Kilidsch Arslan hatte sich nach dem mißlungenen Entsatz Nikäas ostwärts zurückgezogen, um seine Streitkräfte neu zu sammeln. Der Verlust Nikäas hatte ihn tief bestürzt; und der Verlust seines dortigen Goldschatzes war ein schwerer Schlag gewesen. Aber die Türken waren im tiefsten Herzen noch immer Nomaden. Des Sultans eigentliche Hauptstadt war sein Zelt. In den letzten Junitagen kehrte er an der Spitze seiner gesamten Truppen . . . nach Westen zurück. Am 30. Juni lag er in einem Tal nahe Doryläon und wartete darauf, die Kreuzfahrer anzugreifen . . .« (S. Runciman) – Es hatten sich also die Türken in den Wäldern rings um die Stadt versammelt. Heute würde man freilich vergebens nach einer dichten Vegetation Ausschau halten, in deren Schutz sich ein zahlenmäßig starkes Heer verbergen könnte, um im geeigneten Augenblick über seine ahnungslosen Opfer herzufallen. Die Landschaft von Eskişehir deutet nämlich schon die öden Steppen an, die sich nach Osten dehnen und deren Durchquerung allen Armeen, die hier durch die Weltgeschichte marschierten, bedeutende Probleme bereiteten, was bald auch den europäischen Rittern auf schmerzhafte Weise bewußt werden sollte.

Um den 30. Juni, so berichten es die Chronisten, langten die Normannen unter Bohemund in Doryläon ein, nachdem man sich vorher bereits dahingehend geeinigt hatte, das Heer in zwei Abteilungen zu gliedern, aus Gründen des leichteren Nachschubs und auch der Sicherheit, was eine kluge Maßnahme war, die sich jetzt als lebensrettend erweisen sollte. Denn schon in den frühen Morgenstunden des 1. Juli stürmten die Türken, die in diesem Augenblick noch der irrigen Meinung waren, das ganze Christenheer vor sich zu haben, aus den Wäldern hervor und gegen das Lager der Kreuzfahrer, schlossen dieses, in welchem sich auch zahlreiche Frauen, Kinder und Geistliche befanden, gänzlich ein und überschütteten es mit einem Pfeilhagel. Fulcher von Chartres erzählte, daß an die dreihundertsechzigtausend Türken diesen ungestümen Angriff unternahmen, was natürlich eine gewaltige Übertreibung darstellt, aber zweifellos waren die Soldaten des Sultans gegenüber den Normannen in einer erdrückenden Überzahl. Man kann sich unschwer vorstellen, wie verheerend die raschen Überfälle der Türken, welche die Ritter nicht zu fassen bekamen und daher auch nicht zum Zweikampf zwingen konnten, auf die Europäer gewirkt haben müssen. Fulcher von Chartres schildert anschaulich die Stimmung der Christen, als diese nach stundenlangem Kampf dem Druck des Feindes kaum noch standhalten können: »Die Luft hallte wider von den durchdringenden Schreien, die auf der einen Seite unsere Männer, unsere Frauen und Kinder ausstießen, auf der anderen Seite die Heiden, die sich auf uns stürzten. Schon verloren wir alle Hoffnung, unser Leben zu retten, wurde uns bewußt, alle Sünder und Verbrecher zu sein, und erflehten demütig das göttliche Mitleid. Unter den Pilgern befanden sich vier Prälaten, ebenso viele Priester, alle in weißen Ornaten, die unterwürfig den Herrn baten, die Macht der Feinde zu brechen und uns Seine Barmherzigkeit zu schenken; alle sangen und beteten unter Tränen, und eine Menge Menschen, die den baldigen Tod fürchteten, warfen sich zu Boden und bekannten ihre Sünden.«

Aber gegen Mittag dann, nach bald zehnstündigem Kampf, trat das ein, was Bohemund schon sehnlichst erwartet hatte: Das zweite Kreuzfahrerheer unter Gottfried von Bouillon erreichte endlich den Schauplatz, griff unverzüglich die vollkommen überraschten Türken an, die jetzt, da sie die Schlacht bereits gewonnen glaubten, Rücken an Rükken kämpften und sich nach zwei Seiten hin verteidigen mußten und zudem, selber erschöpft durch ihre stundenlangen wütenden Angriffe, mit den Franzosen Raimunds, den Lothringern Gottfrieds und den flandrischen und bretonischen Soldaten unter Herzog Robert und dem Grafen Stephan ausgeruhte Truppen vor sich hatten, denen sie physisch und moralisch nicht mehr gewachsen waren. Endgültig entschieden aber wurde die Schlacht durch eine bravouröse Attacke des päpstlichen Legaten Adhemar von Le Puy, der plötzlich »mit einer Abteilung Südfranzosen auf der Berghöhe in ihrem Rücken auftauchte«, was die ohnedies schon schwankenden Türken endgültig demoralisierte. In wilder Panik ergriffen sie die Flucht, allerdings unbehelligt von den erschöpften Christen, die sich damit begnügten, das Lager des Feindes ausgiebig zu plündern.

Es war diese Schlacht von Doryläon innerhalb weniger Wochen die zweite militärische Entscheidung zugunsten der Kreuzfahrer. Kilidsch Arslan war geschlagen. Zwei wichtige byzantinische Festungen, Nikäa und Doryläon, konnten dem Kaiser zurückgegeben werden. Und der Weg nach Jerusalem schien endgültig offen ... so dachten zumindest die europäischen Ritter, die sich schon als Herren künftiger Königreiche fühlten, die sie, wie sie glaubten und hofften, demnächst erobern würden.

Stationen eines Kreuzzugs

Der Sieg von Doryläon schien die meisten Probleme vorerst einmal gelöst zu haben. Sogar der byzantinische Feldherr Tatikios, der mit einer kleineren Abteilung von Petschenegen und anatolischen Söldnern das Kreuzfahrerheer seit Nikäa begleitete, wo sein Vorläufer Butumites als Kommandant der neu zu errichtenden griechischen Garnison zurückgeblieben war, sogar dieser Tatikios also, der ein erfahrener Soldat war, hatte jetzt manchen Grund, mit den europäischen Christen zufrieden zu sein. Es kam zwar immer wieder zu Auseinandersetzungen zwischen diesen und den Griechen, und der hauptsächliche Anlaß dafür war neben dem tiefen Mißtrauen, das beide füreinander empfanden, die Rücksichtslosigkeit der Kreuzfahrer gegenüber der ländlichen Bevölkerung Anatoliens, die hier zwischen Nikäa und Doryläon und dann auch weiter landeinwärts in Richtung Ikonion vornehmlich aus Griechen bestand, gegen die aber die Kreuzfahrer in einer Art und Weise vorgingen, als wären es Türken; aber diese Auseinandersetzungen änderten nichts an dem Umstand, daß die Europäer in mancher Hinsicht auf die Mitarbeit Tatikios' angewiesen waren. Wohl muß man S. Runciman zustimmen, wenn er schreibt: »Die turkmenischen Invasionen und zwanzig Jahre Krieg hatten zerstörte Dörfer und unbestellte Felder zurückgelassen; die Brunnen waren verunreinigt oder ausgetrocknet; Brücken waren eingestürzt oder zerstört. Die spärliche und verängstigte Bevölkerung war nicht immer zu Auskünften bereit. Und doch, wann immer etwas fehlging, verdächtigten die Franken sofort die griechischen Führer des heimtükkischen Verrats, während fränkische Zügellosigkeit und Undankbarkeit die Griechen verbitterte. Tatikios fand, daß seine Aufgabe immer unerfreulicher und schwieriger wurde.«– Aber die klügeren, einsichtigeren unter den Rittern vertrauten sich, zumindest für den Anfang dieser anatolischen Expedition, vorbehaltlos dem erfahrenen byzantinischen Feldherrn an. Nach einem kurzen Aufenthalt in Doryläon wählte man jenen Weg, den Tatikios vorgeschlagen hatte. Es war dies eine alte Heerstraße, die am südlichen Rand der großen Salzsteppe, die nach Süden zu von mächtigen Bergen umrahmt wurde, über Polypolos, dann das pisidische Antiochia und Laodikäa nach Ikonion führte, das damals bereits eine wichtige Stadt am Nordrand des gewaltigen Taurusgebirges war. Am 3. Juli jedenfalls setzte sich das Heer von Doryläon aus in Bewegung, wobei man jetzt darauf verzichtete, mehrere Marschkolonnen zu bilden, weil man aus den Erfahrungen der Schlacht von Doryläon gelernt hatte, daß es gefährlich war, die eigenen Kräfte allzusehr aufzusplittern. Außerdem hatte man sich von Tatikios belehren lassen, daß es ohnehin außerordentlich schwierig sein würde, für einen geregelten Nachschub zu sorgen. Die Frage der notwendigen Versorgung mit Trinkwasser zum Beispiel war überhaupt nur dadurch zu lösen, daß man sich der alten byzantinischen Zisternen bediente, die vor vielen Generationen schon entlang der wichtigsten Heer- und Handelsstraßen von den Griechen angelegt worden waren.

Jedoch gerade diese lebenswichtigen Zisternen waren von den zurückweichenden Türken, die nunmehr eine Taktik der verbrannten Erde anwandten, gründlich zerstört worden. Ein anonymer Chronist, wahrscheinlich ein Mönch, der sich wie viele seines Standes dem Kreuzfahrerheer angeschlossen hatte, beschrieb die Situation, in der sich die Europäer alsbald befanden, die einen Feind verfolgten, der nicht zu fassen war, und die jetzt plötzlich mit Schwierigkeiten konfrontiert wurden, mit denen sie nicht gerechnet hatten: »Und wir verfolgten die Türken durch Wüsten und ein wasserloses und unwirtliches Land, aus dem wir nur mit Mühe herauskamen. Hunger und Durst bedrängten uns überall, und wir hatten fast nichts mehr zu essen außer den

Dornsträuchern, die wir ausrissen und zwischen den Händen zerrieben; das waren die Speisen, von denen wir jämmerlich lebten. Dort starb der größte Teil unserer Pferde, so daß viele unserer Ritter zu Fuß gingen. Aus Mangel an Reitpferden bedienten wir uns der Ochsen als Schlachtrosse, und Ziegen, Hammel und Hunde mußten in dieser äußersten Not unser Gepäck tragen.« – Es litten vor allem die schwerbewaffneten und der Kriegsmode ihrer Zeit entsprechend ausgerüsteten Ritter in ihren Harnischen und dicken Kettenhemden unter der drückenden Sommerhitze Inneranatoliens, unter dem quälenden Durst und wohl auch unter dem Eindruck der öden Trostlosigkeit, den diese Landschaft auch heute noch vermittelt, da man sie auf endlos scheinenden Überlandstraßen in einem schnellen Wagen innerhalb einiger Stunden durchqueren kann. Außerdem rächte sich jetzt auch die rücksichtslose Haltung der Ritter gegenüber der einheimischen Bevölkerung: »Als sie in das Innere des Landes der Sarazenen eingedrungen waren, konnten sie von den verhaßten Bewohnern dieser Gegend weder Brot bekommen noch Lebensmittel anderer Art; niemand stellte sich ein, ihnen etwas zu verkaufen oder zu schenken; daher auch kam es, daß viele von ihnen, nachdem sie allmählich alle ihre Vorräte verzehrt hatten, grausam von Hunger gequält wurden. Was die Pferde und Saumtiere betrifft, so litten sie unter dem Futtermangel doppelt, denn sie schleppten unser Gepäck und bekamen nichts zu fressen.« (Fulcher von Chartres) – Man entdeckte zwar unbekannte Pflanzen, die genießbar schienen und die man – es handelte sich um das Zuckerrohr – ihres rohrförmigen Aussehens und ihres süßen Geschmackes wegen auch »canna mellis« nannte; aber das war natürlich nur eine geringe Entschädigung für die qualvollen Entbehrungen und die Strapazen, denen diese Armee ausgesetzt war. Und als man Mitte August endlich Ikonion erreichte, das heutige Konya, das an den Ausläufern einer der größten und berüchtigsten Salzsteppen Kleinasiens liegt und das damals seit rund zehn Jahren eine der wichtigen Hauptstädte der Seldschuken war, da wären die völlig ermatteten, ja erschöpften Soldaten Christi wohl noch kaum in der Lage gewesen, einem überraschenden Angriff der Türken standzuhalten. Aber Kilidsch Arslan und seine Verbündeten hatten auch Ikonion geräumt; und mit ihnen war die gesamte türkische Bevölkerung ins nahe Gebirge geflohen. Auch die christlichen Griechen – im alten Ikonion hatte einst Paulus gemeinsam mit seinem Begleiter Barnabas erfolgreich missioniert und hier eine der ersten frühchristlichen Gemeinden Kleinasiens ins Leben gerufen – verhielten sich mißtrauisch und abwartend, so daß die Stadt auf die Europäer einen vollkommen leeren und unheimlichen Eindruck machte.

Es fällt heute, da so viele Jahrhunderte seit jenen Ereignissen vergangen sind, außerordentlich schwer, sich den enervierenden Alltag dieser Armee vorzustellen, die sich in vielen kleinen Etappen ihrem fernen Ziel entgegenquälte. Einen ungefähren Eindruck vermitteln uns die schriftlichen Berichte anonymer Chronisten oder jenes Fulcher von Chartres, der ähnlich wie Wilhelm von Tyrus ein sorgfältiger Beobachter und detailfreudiger Porträtist dieser Expedition war, wenngleich er gelegentlich zu Übertreibungen neigte. Über die Entbehrungen, welche die Soldaten ebenso wie die Zivilisten in diesem Heer auf dem langwierigen, umständlichen und auch gefahrvollen Weg durch das Innere Anatoliens erdulden mußten, schrieb er: »Da wir kein Brot hatten, aßen viele von uns Pferde, Esel, Kamele; und um das Unglück voll zu machen, wurden wir häufig durch scharfe Kälte und starke Regenfälle belästigt, ohne uns auch nur an der Wärme der Sonnenstrahlen trocknen zu können, wenn wir durchnäßt waren von dem Wasser, das drei oder vier Tage lang nicht aufhörte, vom Himmel zu fallen. Ich habe viele unserer Leute an diesen kalten Schauern zugrunde gehen sehen aus Mangel an Zelten, die dagegen schützten. Ja, ich, Fulcher, der ich mich bei diesem Heer befand, habe an ein und demselben Tag mehrere Menschen beiderlei Geschlechts und eine große Anzahl Tiere an Erkältung durch diese Regengüsse sterben sehen.« – Es litt übrigens nicht nur der gemeine Mann, die Marketender oder die namenlosen, unbedeutenden Mönche unter den Zumutungen des anatolischen Klimas, unter Hitze, Kälte, Hunger und quälendem Durst, sondern auch die Anführer, die stets im Blickpunkt des öffentlichen Interesses stehen, waren durch die Strapazen geschwächt. Raimund von Toulouse zum Beispiel wurde als Schwerkranker bis nach Ikonion geschleppt; an seinem Aufkommen zweifelten selbst die Ärzte, die ihn betreuten. Ein Bischof, nämlich jener von Orange, erteilte ihm sogar die letzte Ölung. Aber gegen alle vernünftige Erwartung erholte sich der Graf in Ikonion, während viele seiner Gefolgsleute am hitzigen Fieber starben, das sie wahrscheinlich durch den Genuß verdorbenen Wassers und unreifer oder gar giftiger Früchte empfangen hatten. Ein anderer Heerführer, Gottfried von Bouillon, war einige Tagesmärsche vor Ikonion auf der Jagd von einem wütenden Bären angefallen und schwer verletzt worden, so daß auch er, wie im übrigen die ganze Armee, einige Tage der Pflege und Erholung bedurfte, zumal Ikonion, das, wie schon erwähnt, fast völlig menschenleer war und dadurch einen deprimierenden Eindruck auf die Europäer gemacht haben muß, doch auch wieder durch seine zahlreichen Obstplantagen und die vielen lebhaft rauschenden Brunnen, die von den Türken nicht zerstört worden waren, einen heilsamen Einfluß auf alle hatte, die erschöpft und krank danieder lagen.

Freilich konnte dieser notwendige Aufenthalt in der seldschukischen Hauptstadt, den die Armee so dringend brauchte, nur kurz andauern, denn schon in der nächsten Stadt, dem etliche Tagesmärsche entfernten Heraklea, wartete eine kleinere türkische Abteilung auf die Kreuzfahrer, wobei es wieder einmal die kriegerischen Normannen unter Bohemund waren, welche unverzüglich die Feinde, die diese Stadt belagerten, angriffen und in die Flucht schlugen. Heraklea wurde nämlich von christlichen Armeniern bewohnt, die jetzt ihren Befreiern – denn als solche betrachteten sie die europäischen Ritter zumindest bis zu jenem Augenblick, da diese in der gewohnten Manier zu plündern und sich der Bevölkerung gegenüber als rohe Besatzungsmacht aufzuführen begannen – freundschaftlich entgegenkamen. Es wird berichtet, daß ein feuriger Komet über die Stadt seine Bahn zog, als die Normannen nach einigen hitzigen Scharmützeln den Sieg über die rasch flüchtenden Türken feierten; und daß das Auftauchen dieses Gestirns ganz allgemein als günstiges Omen für den weiteren Verlauf des Feldzuges angesehen wurde, eines Feldzuges, der in den letzten Wochen und Monaten freilich eher ein Kampf gegen die Unbarmherzigkeit der Natur und des Klimas war und der allerdings ebenso viele Opfer gekostet hatte wie irgendeine reguläre Feldschlacht. Außerdem war es ja nicht so, daß man vom Feind völlig unbehelligt blieb. Immer wieder mußten die Christen kleinere Überfälle erdulden, tauchten seldschukische Reiter scheinbar aus dem Nichts auf, verschossen ihre Pfeile und verschwanden wieder, bevor die überraschten Kreuzfahrer, die jedesmal einige Opfer zu beklagen hatten, selbst zum Angriff übergehen konnten. Es war diese Methode der ständigen Belästigung durch einen Gegner, den man nicht zu stellen vermochte, zumindest ebenso ärgerlich und kräfteraubend wie die Zumutung eines mörderischen Klimas oder die Unbarmherzigkeit der anatolischen Steppenlandschaft.

In Heraklea mußte man sich dann wieder einmal entscheiden, welchen Weg man einzuschlagen hatte, um das Taurusgebirge, das als eine gewaltige und scheinbar unbezwingbare Barriere zwischen den Steppen Inneranatoliens und der Levante lag, zu überwinden. Wieder war es der Byzantiner Tatikios, der den brauchbaren Rat erteilte – dem jedoch nicht alle europäischen Ritter gehorchen würden –, einen Umweg zu machen, um den Gefahren der sogenannten Kilikischen Pforte zu entgehen, eines schmalen und bedrohlichen Paßüberganges hinunter nach Kilikien, der damals und bis in die Mitte unseres Jahrhunderts ein gefürchteter Saumpfad war, obgleich er die kürzeste Verbindung zwischen Anatolien und Antiochia darstellte. Die

Mehrzahl der Ritter entschied sich daher für den längeren Weg nach Cäsarea, dem heutigen Kayseri, der alten Hauptstadt Kappadokiens, um von dort, wie es Tatikios geraten hatte, auf weniger beschwerlichen Straßen – auch wenn es mehr Zeit in Anspruch nehmen sollte – über den minder gefährlichen Antitaurus in die Ebene von Antiochia zu marschieren. Einige Ritter jedoch, allen voran der Normanne Tankred sowie Gottfrieds düsterer Bruder Balduin, mißtrauten Tatikios, dessen wachsender Einfluß auf die christlichen Heerführer ihnen unbehaglich war, und trennten sich mit ihren Soldaten vom Hauptheer. Sie wählten den direkten Weg über den Hauptkamm des Taurus und über die Kilikische Pforte. Am 10. September brachen die beiden Armeen, die nun eine jeweils entgegengesetzte Richtung einschlugen, in Heraklea auf. Und schon nach wenigen Stunden verlor man einander aus den Augen.

Man müßte die Geschichte dieses Ersten Kreuzzuges eigentlich auf mehreren Ebenen erzählen und sie auch unter völlig gegensätzlichen Perspektiven betrachten, um ein möglichst wahrheitsgetreues Bild von allen Widersprüchen und Imponderabilien zu erhalten. Der Bericht über die Strapazen und Entbehrungen, denen das christliche Heer auf seinem Weg von Nikäa über Doryläon nach Ikonion und weiter nach Heraklea, Kappadokien und Kilikien ausgesetzt war, müßte zum Beispiel durch die Erzählung darüber ergänzt werden, wie sich die Türken im unmittelbaren Kampfgebiet verhielten, das nun wiederum nicht wirklich ein Kampfgebiet war, weil es zwar wohl zu gelegentlichen Überfällen, jedoch zu keinem größeren Gefecht kam, weil die Grenzen zwischen den beiden Gegnern fließend waren, denn in der Regel geschah es so, daß die allerletzte christliche Nachhut, untertauchend in einer Wolke aus mehlfarbenem Staub, am Horizont verschwand, während die allgegenwärtigen und doch nie wirklich faßbaren seldschukischen Reiter, die sich während des Vorbeimarsches des Kreuzfahrerheeres verborgen gehalten hatten, nun wieder auftauchten. Der Feind war also überall und nirgends; das wußten die Christen; und das begriff man auch in Konstantinopel, wo Kaiser Alexios jetzt, da der Vormarsch der Kreuzfahrer gegen alle byzantinischen Erwartungen und Befürchtungen verhältnismäßig zügig voranging, für die Sicherung der Nachschubwege zu sorgen begann, eine Aufgabe, die freilich nie wirklich befriedigend gelöst werden konnte. Und in diesem Zusammenhang müßte man auch die Reaktionen im arabischen Raum, in Syrien, Palästina und Ägypten erwähnen, wo der Angriff der europäischen Christenheit den Islam buchstäblich in einem ungemein kritischen Augenblick seiner Geschichte getroffen hatte. Dieser Kreuzzug habe sich wie ein Ölfleck ausgebreitet, schreibt Francesco Gabrieli in seiner Einleitung zur Dokumentation über die Kreuzzüge aus arabischer Sicht. Die Araber aber, und hierin verhielten sie sich den seldschukischen Stämmen ähnlich, waren außerstande, diesem Ölfleck wirkungsvoll zu begegnen, da sie untereinander zerstritten und teilweise sogar in einem Zustand absoluter Anarchie waren, was sie die Gefahr, die vom Westen drohte, am Anfang unterschätzen oder überhaupt negieren ließ. Sie betrachteten diese Armee, die langsam, schwerfällig das Innere Anatoliens durchquerte und deren Vorausabteilungen sich nun, Ende September 1097, den Ebenen Kilikiens näherten, als einen Haufen blindwütiger Fanatiker, die sich anschickten, die Länder des Islam zu überfallen. Man würde, so glaubte man zu diesem Zeitpunkt noch in Bagdad und in Kairo, irgendwie damit fertig werden; ernst zu nehmen, so dachte man, waren diese fremden Barbaren und Fanatiker ohnedies nicht.

Diese also – Normannen, Lothringer, Wallonen und Bretonen, Südfranzosen und Italiener, auch Deutsche und Angelsachsen – hatten sich nun, da man Heraklea verließ, wieder in mehrere Gruppen aufgesplittert. Tankred und bald darauf auch Balduin, der Bruder Gottfrieds, waren von der großen Heerstraße, die ostwärts nach Kappadokien führte, nach Süden abgebogen, während Gottfried von Bouillon,

Raimund von Toulouse, der Normanne Bohemund und die Anführer des nordfranzösischen und flandrischen Kontingentes, Herzog Robert und Graf Stephan von Blois, den direkten Weg nach Cäsarea nahmen; sie wurden von Tatikios, dem byzantinischen Kommandanten, begleitet. Und während Tankred und Balduin vorerst einmal ohne besondere Schwierigkeiten Kilikien erreichten und hier ein dramatisches Kapitel in der Geschichte dieses Ersten Kreuzzuges zu inszenieren begannen, worüber noch ausführlich zu berichten sein wird, näherte sich das Hauptheer allmählich der letzten wichtigen Schlüsselposition des Feindes, nämlich der großen und seit dem Altertum berühmten Stadt Antiochia. Zuvor freilich gab es noch einige kleinere Gefechte mit seldschukischen Kommandos, die aber – wie schon in den vergangenen Monaten – weniger gefährlich oder mühsam waren als die Abenteuer, die von den Soldaten zu bestehen waren, um die Gebirgspässe des Antitaurus zu überwinden. Davor hatte man noch einige armenische Ortschaften von der Türkenherrschaft befreit und war Tatikios von den Anführern des Kreuzzuges überraschend aufgefordert worden, einen Statthalter für dieses armenische Gebiet im südöstlichen Kappadokien zu ernennen, der hier im Namen und im Auftrag des byzantinischen Kaisers herrschen sollte – es wurde von Tatikios ein provençalischer Ritter für diese Aufgabe ausgewählt –, was immerhin bedeutete, daß die europäischen Fürsten sich tatsächlich als Lehensmänner des Kaisers betrachteten.

Eine andere Episode charakterisiert die kaum verhohlene Zwietracht unter den Fürsten, von denen immer noch jeder bestrebt war, zumindest als Primus inter pares angesehen zu werden. Man unterwarf sich wenigstens für den Augenblick der Vorherrschaft des Kaisers; aber man war eifersüchtig darauf bedacht, innerhalb der Armee die eigene führende Position zu verstärken. Daraus ergab sich naturgemäß manche Intrige, auch manche tödliche Feindschaft. Und als eines Tages das Gerücht aufkam, Antiochia sei von den Türken aufgegeben worden, entsandte Raimund von Toulouse, ohne sich mit den anderen Fürsten abzusprechen oder ihnen zumindest Mitteilung von seinen Plänen zu machen, ein Kommando von einigen Hundert Rittern nach Antiochia, um diese reiche und schöne Stadt, über deren Luxus man sich wahre Wunderdinge erzählte, für sich in Besitz zu nehmen; das ganze Abenteuer schlug fehl, weil Antiochia entgegen den Gerüchten von den Türken keinesfalls geräumt worden war; vielmehr waren, aber das wußten die Kreuzfahrer in jenem Augenblick noch nicht, beträchtliche Verstärkungen in die Stadt gebracht worden. Und die Verstimmung unter den Fürsten war groß, als Raimunds eigenmächtiges Handeln bekannt wurde. Das gegenseitige Mißtrauen wuchs; vor allem Bohemund, der schärfste Rivale Raimunds um die immer noch vakante Position eines Oberstkommandierenden, nannte die Eigenmächtigkeit des provençalischen Grafen einen schlimmen Verrat an der gemeinsamen Sache. Es war vorhersehbar, daß solche Auseinandersetzungen irgendwann einmal zum offenen Konflikt führen und der christlichen Sache beträchtlichen Schaden zufügen würden.

Vorerst freilich erwartete die Kreuzfahrer der vielleicht schwierigste Abschnitt ihres bisherigen Vormarsches, der ein wenig wohl auch einer Art Völkerwanderung geglichen haben mag, wenn man sich vorstellt, daß nicht nur einige Zehntausend Ritter und Soldaten, sondern auch Tausende von Frauen und Kindern, Hunderte von Geistlichen jeden Ranges und natürlich zahllose Händler mit ihren Gehilfen – und alle den verschiedensten Nationalitäten angehörig – an diesem Marsch teilnahmen, der jetzt, Anfang Oktober, da im Gebirge bereits der grausträhnige Herbstregen eingesetzt hatte, welcher den Boden in einen schlammigen Morast verwandelte, vollends zur Qual für Mensch und Tier wurde. Ein anonymer Teilnehmer an diesem Unternehmen berichtete: »Wir drangen in das teuflische Gebirge ein, das so hoch und steil ist, daß an seinem Hang niemand wagte, vor den anderen den Aufstieg zu versuchen. Die Pferde stürzten in die Schluchten, und jedes fallende Saumtier riß ein anderes mit sich. Überall zeigten die Ritter ihre Trostlosigkeit, schlugen sich vor Schmerz und Traurigkeit an die Brust und fragten sich, was sie mit sich und ihren Waffen anfangen sollten. Sie verkauften ihre Schilde und guten Panzerhemden mit den Helmen für drei oder fünf Denare oder für gleichviel was. Diejenigen, die sie nicht hatten verkaufen können, warfen sie von sich für nichts und setzten dann ihren Weg fort.« – Das teuflische Gebirge, das der unbekannte Chronist meinte, waren die Berge des Antitaurus, die den östlichen Abschluß dieser mächtigen Gebirgsmasse bilden, die viele Hundert Kilometer lang das kahle und abweisende Inneranatolien vom fruchtbaren levantinischen Küstenland trennt. »Es schien, als laste ein Fluch auf diesen Bergen«, seufzten damals viele Ritter, notieren heute noch die Historiker, wenn sie das unerhörte Wagnis einer solchen Gebirgsüberquerung zu charakterisieren versuchen, deren Gefahren und Unwägbarkeiten man sich heute kaum vorzustellen vermag. Aber es scheint der Mensch des Mittelalters weit größere physische und psychische Belastungen ertragen zu haben und widerstandsfähiger gewesen zu sein, auch ausdauernder oder fatalistischer, als es der heutige moderne Mensch ist, dem es wohl auch an jenem blinden Gottvertrauen mangelt, das die Kreuzfahrer befähigte, selbst die schwierigsten Hindernisse zu überwinden.

Denn ungeachtet aller Qualen und Opfer, welche die Durchquerung dieses Gebirges gekostet hatte – angeblich starben mehr Menschen auf diesen wenigen Meilen zwischen der kappadokischen Hochlandsteppe und den feuchtschwülen Fluren Kilikiens, als der ganze Feldzug bisher überhaupt an Toten gekostet hatte –, ungeachtet auch des elenden körperlichen Zustandes, in dem sich viele Pilger befanden, von denen die meisten mehr tot als lebendig die Stadt Marasch im östlichen Kilikien erreichten, beseelte doch Zuversicht das Heer, das nun, Mitte Oktober, in einer einigermaßen leidlichen Ordnung gegen Antiochia zog, dessen gewaltige Festungsmauern man am 20. oder 21. Oktober dieses ereignisreichen Jahres 1097 erstmals unter der glühenden syrischen Herbstsonne als einen dicken und dunklen Strich in der grünen Ebene des Orontes-Tals erblickte. »Die Kreuzfahrer«, schreibt Albert von Aix, ein provençalischer Ritter, »zogen auf die Mauern von Antiochia zu, und im Glanze der vergoldeten, grünen, roten und andersfarbigen Schilde entfalteten sie ihre goldenen und purpurnen Banner. Sie ritten auf Schlachtrossen und trugen funkelnde Helme und Schilde.« – Es muß in der Tat ein prachtvoller Anblick gewesen sein, der alle Leiden und Opfer vergessen ließ und auch, wenigstens für diesen historischen Augenblick, die Spannungen und Rivalitäten unterdrückte, die nach wie vor und eigentlich in immer stärkerem Ausmaß zwischen den einzelnen europäischen Fürsten bestanden. Man hatte jetzt, da man wie zu einem prunkvollen europäischen Ritterturnier Aufstellung nahm vor der letzten starken Festung, die den Weg nach Jerusalem versperrte, nur noch den fast schon greifbaren Triumph vor Augen. Jerusalem lag sozusagen hinter diesem Tor, das man mit Gottes Hilfe öffnen würde. An das Nachher dachte man nicht; und auch nicht an die Möglichkeit, daß Antiochia zu einem schier unüberwindlichen Hindernis werden könnte.

Es wäre ein Irrtum zu glauben, die gespannte Situation habe sich nun, da die Masse der Kreuzfahrer vor Antiochia lagerte, einigermaßen geklärt; und eine Art Waffenstillstand zwischen den rivalisierenden Fürsten habe jetzt, da es dem Anschein nach doch nur noch einer letzten großen Anstrengung bedurfte, um nach der Eroberung Antiochias endlich Jerusalem zu erreichen, alle Zwistigkeiten beseitigt oder zumindest bis nach der Zeit aufgehoben, da man im Triumphzug in Jerusalem einziehen würde. Das Gegenteil war der Fall. Die Intrigen und Feindschaften nahmen eher noch zu, denn »es war nur allzu deutlich geworden, daß die Kreuzfahrerfürsten nicht willens waren, zum Wohl der Christenheit zusammenzuwirken, sobald sich ihnen Aussicht auf Erwerb persönlichen Besitzes bot; und die einheimischen Christen erkannten bald, daß ihre fränkischen Retter sich nur oberflächlich von selbstlosen Erwägungen leiten ließen, und daß es für sie selbst am vorteilhaftesten war, einen Franken gegen den anderen auszuspielen.« (S. Runciman) – Ein geradezu klassisches Beispiel, das diese negative Meinung unterstreicht, die man von den Anführern des Ersten Kreuzzuges haben muß, war der spektakuläre Auftritt Balduins in dieser Geschichte des Ersten Kreuzzuges, der mit dem Augenblick begann, da er sich mit dem Normannen Tankred in Heraklea vom Hauptlager absetzte, um sich endlich jenes Fürstentum zu erobern und jene Reichtümer anzueignen, die das ausschließliche Motiv für seine Teilnahme an diesem Unternehmen gewesen waren.

Balduin war, wie wir wissen, ursprünglich für eine geistliche Karriere vorgesehen gewesen; als jüngerer Bruder des glänzenden, allerdings gleichfalls charakterlich zwiespältigen Gottfried von Bouillon, war ihm ein Anteil an den Ländereien und am Vermögen derer von Bouillon versagt geblieben, so daß eine geistliche Karriere als brauchbarer und damals durchaus üblicher Ausweg erschienen war. Aber Balduin war weder seinem Temperament noch seinem Charakter nach so beschaffen, um ein demütiger Diener der Kirche zu sein. Er wird von allen zeitgenössischen Chronisten als verschlagen, grausam, düster und wollüstig beschrieben, ohne daß man ihm freilich Intelligenz und guten Geschmack in kulturellen Dingen abgesprochen hätte. Und vor allem scheint dieser Graf von Boulogne von unbändigem Ehrgeiz erfüllt gewesen zu sein. Er war einer jener vielen europäischen Ritter, die, als sie sich dem Kreuzzug anschlossen, buchstäblich alle Brücken hinter sich verbrannten, weil sie den festen Willen hatten, sich im Orient eine neue und glänzendere Existenz aufzubauen, als ihnen das in der alten Heimat möglich gewesen wäre. Und Balduin hatte in Anatolien dementsprechend schon frühzeitig mit den christlichen Armeniern, in deren Gebiet nunmehr der Heerbann der Kreuzfahrer eingedrungen war, enge Kontakte geknüpft, weil ihm wohl bewußt gewesen sein dürfte, daß er jenen Erfolg, den er brauchte, um »sich ein Fürstentum zu erobern«, nur in Zusammenarbeit mit den Armeniern erreichen konnte. So etwa hielt er sich einen armenischen Berater namens Bagrat, der ihn genau über die politische und militärische Situation im östlichen Anatolien unterrichtete, wo ein gewisser Thoros über die Stadt Edessa herrschte, das heutige türkische Urfa dicht an der syrischen Grenze, ein kinderloser und alternder Herrscher, der, um seinen Herrschaftsbereich vor den Türken zu schützen, bereits vor Jahrzehnten an den römischen Papst – es war zu jener Zeit Gregor VII. der geistliche Beherrscher der Christenheit gewesen – eine Botschaft gesandt hatte mit der Bitte, die armenische Sache zu unterstützen. Das war zwar, wenn man diese Angelegenheit unter einem moralischen Aspekt betrachtet, Verrat am byzantinischen Kaiserreich, dem alle armenischen Fürstentümer nominell unterstellt waren; aber gerade die Abhängigkeit von Konstantinopel war es, welche die armenischen Fürsten – wie etwa diesen Thoros von Edessa – am heftigsten verabscheuten; man hatte sich gelegentlich sogar mit den Türken verbündet, wenn es darum ging, die byzantinische Macht zu schwächen. Und als die ersten erfolgversprechenden Nachrichten über das Vordringen des Kreuzfahrerheeres bis in die entlegenen armenischen Gebiete am Euphrat und in Kurdistan drangen, schmiedete mancher ehrgeizige armenische Fürst fieberhaft Pläne, wie er sich die militärische Stärke der Europäer zum Vorteil seiner eigenen Sache nutzbar machen könnte.

Das alles wußte Balduin, der über die armenischen Verhältnisse durch seinen Berater Bagrat vortrefflich unterrichtet war. Und das alles paßte genau in seine eigenen ehrgeizigen Pläne, so daß es wahrscheinlich keiner besonderen Überredungskunst Tankreds bedurfte, um Balduin davon zu überzeugen, daß es notwendig sei, sich vom Hauptheer zu trennen, um auf eigene Faust sein Glück zu versuchen. »Aber als Tankred in Heraklea seine Absicht kundtat, das Hauptheer zu verlassen, um sein Glück in Kilikien zu versuchen, war Balduin der Ansicht, daß es unklug sei, einem anderen westlichen Fürsten als erstem eine armenische Unternehmung zu gestatten, wenn er selbst aus dem Umstand, daß er der Hauptfreund dieses Volkes war, Vorteil ziehen wollte. Es ist unwahrscheinlich, daß Tankred und er zu einer Vereinbarung gelangten. Beide waren jüngere Mitglieder fürstlicher Häuser, die daheim keine Zukunftsaussichten hatten; und beide wollten eingestandenermaßen Herrschaften im Osten begründen. Aber während Balduin sich bereits zu einem armenischen Staat entschlossen hatte, war Tankred gewillt, sich dort festzusetzen, wo es am wenigsten Umstände machte.« (S. Runciman) – Tankreds Begabung für die feine Kunst der Diplomatie und seine Fähigkeit, rücksichtslos und grausam gegen die Welt zu sein, um selbst Erfolg zu haben, muß wohl wesentlich geringer eingeschätzt werden, als jene Balduins, der alle Voraussetzungen auf sich vereinigte, um sowohl ein erfolgreicher Heerführer als auch ein verschlagener Tyrann zu sein, und der alles riskierte, um viel zu erreichen, wenn ihm bloß die Gunst des Schicksals förderlich war, wobei er freilich selbst, was häufig der Fall sein würde, dieser Gunst mit allen Mitteln nachhalf; Mitte September zog zuerst der Normanne Tankred mit seinen Truppen südwärts zur Kilikischen Pforte, wobei es freilich kaum mehr als hundert Ritter und etwa die doppelte Anzahl an Knechten gewesen sein dürften, die Tankred aufzubieten vermochte; und kurz darauf, gleichfalls von Heraklea aus, machte sich auch Balduin auf den Weg, er allerdings mit einer beträchtlich größeren Streitmacht von mindestens fünfhundert Rittern und mehr als zweitausend Soldaten. Bemerkenswert ist dabei wohl auch der Umstand, daß beide Fürsten sich gegen alle Gewohnheiten damaliger Kriegführung aller Zivilpersonen entledigten; sogar Godvere, die Ehefrau Balduins, mußte mit ihren Kindern beim Hauptheer zurückbleiben; man würde einander erst Monate später wiedersehen, und zwar in einem Augenblick, da Godvere im Sterben lag. Aber irgendeiner privaten Sentimentalität scheint dieser Mann, wenn wir seinen Charakter richtig verstehen, ohnedies nicht fähig gewesen zu sein.

Die Geschichte entwickelte sich nun folgerichtig und ganz im Sinne Balduins. Tankred, der mit seiner kleinen

Truppe nur einige Tagesmärsche dem größeren und damit schwerfälligeren Aufgebot Balduins voraus war und der im übrigen ebensowenig wie Balduin irgendwelche Schwierigkeiten bei der Durchquerung der berüchtigten Kilikischen Pforte hatte, Tankred eroberte, nachdem er die grünen und üppigen Ebenen Kilikiens erreicht hatte, zuerst einmal Tarsos, die Geburtsstadt des Apostels Paulus und damals – im Gegensatz zu heute – gewiß die bedeutendste Stadt der ganzen Region. Dieser erste Erfolg war freilich nicht so sehr der Kriegskunst der Normannen zuzuschreiben, sondern dem Umstand, daß die türkische Garnison, die sich einige Tage lang gegen die Normannen recht erfolgreich behauptet hatte, erst in dem Augenblick die Stadt räumte, als am Horizont Balduins Truppen erschienen und die Türken erkennen mußten, daß sie dieser Übermacht nicht gewachsen sein würden. Es zog dann allerdings nicht Balduin, sondern Tankred als Erster in Tarsos ein, das zu jener Zeit fast zur Gänze von armenischen Christen bewohnt wurde. Und hier schon, bei diesem ersten Anlaß, zeigte es sich, daß die beiden ungleichen Verbündeten, der Normanne und der Franzose, die eigentlich intime Freunde hätten sein sollen, einander feindseliger gesinnt waren und überdies einander haßerfüllter gegenüberstanden als Christen und Türken. Denn Balduin, nachdem er endlich vor Tarsos angelangt war, forderte unverzüglich, daß die Stadt ihm übergeben werde; und er ließ, um seiner Forderung den notwendigen Nachdruck zu verleihen, seine Truppen vor den Toren kampfbereit Aufstellung nehmen. Und der Normanne, der über eine zu geringe Streitmacht verfügte, um gegen den Grafen von Boulogne erfolgreich bestehen zu können, mußte nachgeben. Tankred zog mit seinen Truppen ab und weiter in Richtung Adana. Balduin wiederum, der im Grunde weder an Tarsos noch an irgendeiner anderen kilikischen Stadt ein besonderes Interesse zeigte, weil ihm das feuchtschwüle Klima zu unangenehm war und weil er durch Bagrat längst über jene interessanten Möglichkeiten informiert war, die sich ihm weiter östlich in Edessa boten, Balduin demonstrierte bereits wenige Tage später, wozu er tatsächlich fähig war, wenn es darum ging, eine Beute, auch wenn sie keinen großen Gewinn versprach, zu verteidigen oder eine Position zu behaupten, selbst wenn dies auf Kosten der eigenen Ehre geschehen mußte. Etwas Menschenfeindliches und Dämonisches scheint diesen Mann beherrscht zu haben, das ihn zu äußerster Rücksichtslosigkeit und allerdings auch, wie Balduins spätere Erfolge das beweisen, zu einer glänzenden Karriere befähigte. Einige Hundert Normannen, die als Verstärkung für Tankred aus Heraklea nachgefolgt waren, mußten jetzt nämlich auf Befehl Balduins außerhalb der Stadtmauern von Tarsos lagern, weil er ihnen den Zutritt zur Stadt verweigerte. Er fürchtete wahrscheinlich, daß Tankred zurückkehren und sich mit den Normannen in der Stadt verbünden und dann Rache nehmen könnte für die Demütigung, die ihm in Tarsos zugefügt worden war. Und so erfüllte sich das Schicksal dieser bedauernswerten Krieger aus Süditalien und Sizilien, denn in der Nacht überfielen die Türken die ahnungslosen Normannen draußen vor der schützenden Stadtmauer und machten sie bis auf den letzten Mann nieder, während ihnen Balduin jede Unterstützung verweigerte. Für ihn waren die Normannen ebensolche Feinde wie die Türken, weil auch sie seinen ehrgeizigen Absichten hinderlich sein konnten. Und jede Schwächung seiner Feinde kam ihm nur gelegen.

Es war also das, was sich nun in und vor Tarsos und in der weiteren Folge in den Ebenen Kilikiens sowie später an Euphrat und Trigris abspielte, im Grunde gar nichts anderes als eine Fortsetzung der unseligen europäischen Verhältnisse auf orientalischem Boden. Das bestätigte zwar in einem überraschenden Ausmaß jene nüchterne Meinung, welche die Baumeister dieses Ersten Kreuzzuges unter anderem auch gehabt hatten, daß nämlich die Furien des Krieges und der unaufhörlichen Selbstzerfleischung der europäischen Ritterschaft sich dadurch, daß gerade die ehrgeizigsten und rücksichtslosesten Adeligen in die Levante zogen, von Europa endlich entfernen würden; aber es minderte zugleich die moralische Qualität dieses Unternehmens, das in manchen Phasen tatsächlich wie eine Vorwegnahme künftiger europäischer Kolonialpolitik erscheint. Besonders zynisch aber mußte diese Art des Religionskrieges, der in Wahrheit zumindest ebensosehr ein Eroberungskrieg war, auf alle jene wirken, die daraus immer noch eine Art Befreiungsfeldzug zugunsten der kleinasiatischen Christen zu rekonstruieren versuchten. Denn auch dies hatte ja ursprünglich zu den hauptsächlichen Motiven gezählt, welche Papst Urban II. und seine eifrigen Prediger verkündeten, um die Begeisterung für dieses Unternehmen zu schüren: Befreiung der geknechteten, gedemütigten Christenbrüder im Orient und Errichtung eines gewaltigen und in Liebe vereinigten christlichen Imperiums bis an den Saum der arabischen Wüsten. Die Wirklichkeit sah jetzt freilich völlig anders aus, da Tankred mit seinen Normannen in Kilikien wütete und Balduin immer weiter nach Osten vorstieß und die ersten europäischen Ritter ungefähr zur Weihnachtszeit 1097 an den Ufern des Euphrat standen.

Es betritt nun aber auch jener armenische Fürst Thoros von Edessa die Szene, der sich schon seit Jahrzehnten um Unterstützung aus dem Westen bemüht hatte und der jetzt – da der ebenso tüchtige wie berüchtigte türkische Emir von Mossul, Kerbogha, ein rücksichtsloser Despot, eine große Armee sammelte, um sowohl das bedrohte Antiochia zu verstärken als auch alle armenischen Fürstentümer wieder unter die türkische Herrschaft zu zwingen – immer dringendere Botschaften an Balduin sandte, um dessen Hilfe zu erbitten, bis er ihm schließlich sogar die Adoption und Mitregentschaft anbot. Es war dies, wenn man es nüchtern betrachtet, ein Lehrbeispiel für die Art, Politik nach der machiavellistischen Methode zu betreiben. Thoros war in Edessa nicht sonderlich beliebt. Der türkische Feldherr Kerbogha bedrohte überdies vom Süden her das Fürstentum, dessen Armee viel zu schwach war, um sich gegen die türkische Übermacht erfolgreich zur Wehr zu setzen. Andererseits waren die fränkischen Ritter zu jenem Zeitpunkt noch vom Nimbus der Unbesiegbarkeit umgeben, genossen sie bei den östlichen Armeniern einen geradezu legendären Ruf. Es ist freilich fraglich, ob Thoros sogleich das äußerste Angebot, nämlich Adoption und Mitregentschaft, an Balduin gemacht hatte, um diesen als Verbündeten gegen die Türken zu gewinnen. Wahrscheinlich erhöhte Thoros erst nach und nach seinen Einsatz in diesem Spiel, das von beiden Seiten mit den scheinheiligsten Argumenten geführt wurde, bis Balduin schließlich, der sehr rasch begriffen haben mochte, daß sich ihm hier die Chance seines Lebens bot, seine Forderungen ins scheinbar Maßlose erhöhte, wohl wissend, daß der armenische Fürst gar keine andere Wahl hatte, als diesen Forderungen nachzugeben, wenn er seine Herrschaft nicht gefährden wollte. Auf die Idee, daß er gerade dadurch, indem er Balduin adoptierte und ihn zum Mitregenten ernannte, nicht nur die Macht über Edessa, sondern auch sein Leben verlieren könnte, scheint Thoros allerdings nicht gekommen zu sein.

Anfang Februar des Jahres 1098 traf Balduin, vorerst einmal nur von acht Rittern begleitet, in Edessa ein. Er wurde, wie uns Fulcher von Chartres, den Balduin als Feldgeistlichen und Chronisten angeworben hatte, in seinen Erzählungen mitteilte, von den Armeniern mit großer Begeisterung begrüßt, die allerdings sehr bald einer allgemeinen Ernüchterung wich, nachdem erst einmal die Feierlichkeiten der Adoption Balduins und zugunsten seiner Einsetzung als Mitregent und Graf von Edessa vorüber waren und die Armenier erkennen mußten, daß dieser fränkische Adelige aus dem fernen Europa mit harter Konsequenz eine Politik betrieb, die keinesfalls einem armenischen Nationalismus – was sich manche Optimisten erhofft hatten –, sondern der fränkischen Sache dienlich sein sollte. Balduin hatte ganz einfach überaus geschickt und ungemein skrupellos die Notlage eines armenischen Fürsten ausgenützt, um seine eigenen Interessen, seine kühnen Pläne zu befriedigen, Jetzt, da er sozusagen sicher im Sattel saß und vom Burgberg zu

Edessa, den ein gewaltiges Heiligtum der heidnischen Gottheit Baal schmückte, die Früchte seines Ehrgeizes überblikken konnte, benötigte er auch nicht mehr die Hilfe seines Mentors. Und schon am 7. März, also nur wenige Wochen nach der schönen Adoptionszeremonie, brach in Edessa eine Verschwörung gegen Thoros aus, die zwar gewiß von langer Hand vorbereitet gewesen war, die aber ohne die stillschweigende Billigung Balduins – um es vorsichtig auszudrücken – keine Aussicht auf Erfolg gehabt hätte. Es war nämlich Balduin, der, als die Verschwörer in den Palast eindrangen, Thoros zynisch aufforderte, sich den Argumenten der Vernunft zu beugen und sein Schicksal in die Hände der Aufrührer zu legen, was immerhin merkwürdig anmutet, wenn man sich vorstellt, daß eine einzige energische Geste der fränkischen Ritter genügt hätte, um dem Spuk ein Ende zu bereiten. Aber Balduin unternahm nichts dergleichen. Und Thoros, von seinem Adoptivsohn in Stich gelassen, ergab sich den Verschwörern. Schon am nächsten Tag wurde das Gerücht verbreitet, daß er zu fliehen versucht habe; oder der Fürst unternahm in seiner Verzweiflung tatsächlich einen Fluchtversuch ... wie auch immer: Das Volk, aufgeputscht und maßlos in seiner Raserei, bemächtigte sich des Unglücklichen und zerriß ihn buchstäblich in tausend Stücke. Und wieder betrachtete Balduin scheinbar ungerührt dieses widerliche Schauspiel, das seinen Aufstieg zum Alleinherrscher über das Fürstentum freilich auf dramatische Weise beschleunigte. Denn bereits am 10. März, also nur drei Tage nach dem Ausbruch der Revolution – sofern man für das, was sich in Edessa an Mysteriösem, Ekelhaftem und Widerspruchsvollem abspielte, überhaupt diesen Begriff verwenden darf –, forderten die Armenier Balduin offiziell auf, die Regierungsgeschäfte zu übernehmen.

»Spätere armenische Historiker, die zu einer Zeit schrieben, als offensichtlich war, daß die fränkische Herrschaft den völligen Ruin der Armenier am Euphrat herbeigeführt hatte, verurteilten Balduin aufs strengste«, schreibt Steven Runciman in einer Art Konklusion der Ereignisse vom

März 1098. Allerdings ist es ungemein schwierig, hier ein einigermaßen objektives Urteil abzugeben oder mit den üblichen moralischen Maßstäben zu operieren, da beide Parteien, Armenier und Europäer, am Zustandekommen dieser Tragödie Mitschuld trugen. Es war zweifellos eine rein armenische Verschwörung gewesen, die Thoros um Macht und Leben brachte; und es waren natürlich Armenier gewesen, die ihn ermordet hatten. Aber die unleugbare Schuld Balduins bestand darin, daß er, der sowohl über die Verschwörung selbst als auch über die Motive der Verschwörer und ihre barbarischen Pläne unterrichtet gewesen sein muß, nichts dagegen unternahm; und daß er, obgleich er persönlich für die Sicherheit seines Adoptivvaters gebürgt hatte, auch nicht verhinderte, daß dieser auf bestialische Weise ermordet wurde. Was das vernichtende Urteil der armenischen Historiker über die europäische Herrschaft am Euphrat angeht, so darf man nicht übersehen, daß Balduin keinesfalls, wie manche Verschwörer das angenommen hatten, sich als ein willfähriges Spielzeug in ihren Händen begriff, sondern vielmehr einen Staat nach europäischem Muster zu formen suchte, wobei er überall dort, wo das möglich war, die einheimische armenische Aristokratie durch fränkische Ritter ersetzte. »Die Regierungsgewalt blieb fest in den Händen des fränkischen Fürsten und seiner fränkischen Lehensleute; aber Morgenländer, sowohl Christen als auch Mohammedaner, wurden aufgefordert, am staatlichen Leben teilzunehmen; und eine allgemeine Durchdringung der Völker und Rassen sollte diesen Staat schließlich zu einem gemeinschaftlichen Ganzen verschmelzen. Es war die Politik eines klarsichtigen Staatsmannes; aber den erst jüngst aus dem Westen gekommenen Rittern, die sich dem Kreuz angelobt und geschworen hatten, die Ungläubigen auszurotten, erschien sie fast wie ein Verrat des Kreuzfahrergelübdes. Urban, so meinten sie, hatte nicht zu Clermont seinen Ruf an die Gläubigen ergehen lassen, um Balduin und seinesgleichen in halborientalischen Monarchien einzusetzen.« (S. Runciman) – Insgesamt freilich bewies Balduin hier bereits seine außerordentlichen Fähigkeiten, und zwar sowohl im Negativen als auch im Positiven, die ihn später einmal befähigen sollten, als Nachfolger seines Bruders Gottfried König von Jerusalem zu werden. Er war in der Tat, wie das lateinische Chronisten und auch moderne Historiker übereinstimmend formuliert haben, der fähigste und scharfsinnigste Staatsmann, den dieser Erste Kreuzzug hervorgebracht hatte.

Freilich hätte sich sein Charakter grundsätzlich ändern müssen, hätte die Vorstellung, welche ein Adeliger wie er von Macht und Würde hatte, eine gänzlich andere, humanere, den christlichen Idealen entsprechendere sein müssen, wollte man die Art seiner Regierung, seines Auftretens als Politiker und despotischer Herrscher als vollkommen bezeichnen. Es wechselten bei Balduin zu sehr Licht und Schatten einander ab, wobei seine Neigung zur Grausamkeit immer ausgeprägter und seine Habgier immer deutlicher wurde. Er hatte sich nach der Ermordung Thoros' in den Besitz des gewaltigen Staatsschatzes gebracht und diesen nicht zur Unterstützung seiner neuen Untertanen angewendet, was eine schöne Geste und überdies dringend notwendig gewesen wäre, weil das Land durch die zahlreichen Unruhen und Kriege der letzten Jahre vielfach ausgeplündert war, sondern Balduin hatte sich mit einem Teil dieses Vermögens ein benachbartes Emirat gekauft und so sein Herrschaftsgebiet beträchtlich erweitert. Überdies belohnte er jene fränkischen Ritter, die sich ihm anschlossen, mit großartigen Geschenken, während er der bodenständigen armenischen Bevölkerung immer neue Steuern abpreßte. Eine Verschwörung gegen ihn und die Methoden, mit denen er regierte, die er gegen Ende des Jahres 1098 entdeckte, zerschlug er mit rücksichtsloser Grausamkeit, wie sie in jenem Zeitalter zwar durchaus üblich gewesen war, aber für einen frommen Pilger, der das Gelübde aufs Kreuz geschworen hatte, nicht gerade statthaft schien: Balduin ließ die angesehensten Bürger der Stadt blenden oder ihnen Füße und Nasen abschneiden; dazu beschlagnahmte er das

Vermögen jener, die lediglich im Verdacht standen, an der Verschwörung beteiligt gewesen zu sein; und wo sich die schlauen Armenier gegen den Verlust ihres Vermögens abgesichert hatten, indem sie es dem Zugriff der fränkischen Häscher entzogen, sorgte Balduin dafür, daß er dennoch in den Besitz ihres Eigentums kam – er ließ einfach alle jene Bürger verhaften, bei denen keine Vermögenswerte gefunden werden konnten. Und das Lösegeld, das die Eingekerkerten dann bezahlen mußten, entsprach in jedem Fall den Erwartungen, die man in ihren Reichtum gesetzt hatte. Selbst sein Schwiegervater – Balduin hatte nach dem Tod seiner europäischen Frau die Tochter eines armenischen Stammesfürsten geheiratet – mußte vor dem Zorn, der Habgier und dem Mißtrauen dieses ebenso fähigen wie unbarmherzigen, ebenso tüchtigen wie skrupellosen Mannes fliehen.

Es war das, was sich in Edessa innerhalb weniger Monate herangebildet hatte, also tatsächlich eine Vorwegnahme späterer Diktaturen oder mehr noch jener Kolonialherrschaften, wie sie Europa im 18. und 19. Jahrhundert in den Ländern der Dritten Welt errichtete. Es verachteten die Europäer, die jetzt in immer größerer Anzahl nach Edessa strömten, die Armenier, die unfähig oder zu schwach waren, um sich gegen die Tyrannei und den Hochmut der westlichen Christen durchzusetzen. Aber auch die Bauern, die unter der Feudalherrschaft Thoros' gelitten hatten, wurden jetzt vielfach wie Sklaven behandelt. Das wertvolle Land erhielten fränkische Neuzuwanderer. Die Abgaben waren nicht gemildert, sondern eher noch erhöht worden. Und die Gesetze, die Balduin erließ, waren von drakonischer Strenge. Es hätten die Türken nicht unbarmherziger sein können als diese christlichen Kreuzfahrer, die zwar dem gleichen Gott huldigten wie ihre Untertanen, aber daraus nicht die mindeste moralische Konsequenz zogen.

Eine Leistung von eminenter strategischer Bedeutung, deren Wirkung eine nachhaltige und das Schicksal dieses Ersten Kreuzzuges beeinflussende war, ist allerdings Balduin und seinen europäischen Rittern ungeachtet ihres hochmütigen und die Armenier zutiefst verletzenden Verhaltens dennoch zu danken, ohne daß sich deshalb an der kritischen Meinung, die man über das widerspruchsvolle Charakterbild Balduins haben muß, irgend etwas änderte. Es war nämlich Kerbogha, der türkische Emir von Mossul, im Mai des Jahres 1098, als Balduin gerade erst seine Herrschaft über Edessa gesichert hatte, mit einem zahlenmäßig starken Heer zum Entsatz des bedrohten Antiochia aufgebrochen. Zu seinem eigenen Verhängnis belagerte er Edessa, weil er wahrscheinlich der Ansicht war, mit den wenigen fränkischen Rittern, die zu diesem Zeitpunkt die Burg verteidigten, leichtes Spiel zu haben. Drei Wochen lang hetzte er seine Soldaten gegen die Mauern der Stadt. Wertvolle Zeit verstrich. Und die Zahl der Opfer auf türkischer Seite war unverhältnismäßig hoch. Dann hoben die Türken die Belagerung auf und marschierten gegen Antiochia, wo sie genau um jene drei Wochen verspätet eintreffen würden, die sie vor Edessa verloren hatten. Und das wiederum entschied letztlich die Schlacht um Antiochia.

Der Kampf um Antiochia

In Antiochia, das wußten alle vom einfachen Reitknecht bis zum hochmütigen Adeligen, würde sich das Schicksal dieses Kreuzzuges entscheiden. Denn in dieser Stadt hatte sich nicht nur der Turkmene Yaghi-Siyan, der als Statthalter des Emirs von Aleppo im Verlaufe der Jahre praktisch zum unabhängigen und mächtigen Beherrscher der ganzen Küstenregion emporgestiegen war, mit einem zahlenmäßig recht starken Aufgebot an Soldaten und Hilfskräften festgesetzt, sondern Antiochia war auch der Schlüsselpunkt für alle Unternehmungen sowohl der Christen als auch der Türken und Araber. Die Stadt, am Fluß Orontes und etwa achtzehn Kilometer vom Meer entfernt gelegen, war zu jenem Zeitpunkt, als die vereinigte Armee der europäischen Kreuzfahrer und des byzantinischen Hilfskontingentes unter Tatikios vor ihren Mauern erschien, seit annähernd tausend Jahren schon ein Mittelpunkt des kulturellen, religiösen und wirtschaftlichen Lebens der Levante. Sie hatte seit ihrer Gründung im Jahre 300 vor Christus alle Höhen und Tiefen einer Weltmetropole durchgemacht, war einst nach Rom und dem ägyptischen Alexandria die mächtigste und volkreichste Stadt des Imperiums gewesen, hatte Erdbeben und Brandschatzungen durch die Perser sowie zahlreiche Überfälle der Türken und Araber überstanden und war dennoch, als sie nach einem wechselhaften Schicksal im 10. Jahrhundert von den Griechen zurückerobert werden konnte, sogleich wieder zum wichtigsten Umschlagplatz für den Handelsverkehr zwischen der orientalischen und der westlichen Welt geworden. Antiochia war aber auch stets dafür berühmt gewesen, daß hier herausfordernde Wollust, Üppigkeit des Lebensstils und die Kunst der diplomatischen Intrige ein besonderes geistiges und moralisches Klima ermöglichten, wie es in dieser Form anderswo in der mediterranen Welt nicht vorstellbar war. Fast eine halbe Million Menschen, darunter viele griechische, armenische und syrische Christen, lebten hier an den Ufern des Orontes. Mehrere Wasserleitungen führten von den umliegenden Bergen, auf denen bis weit in den Frühling hinein die Schneefahnen wehten, kostbares kaltes Quellwasser in die prachtvoll geschmückten Zisternen der Stadt. Und auch die berühmte Säulenstraße, über die einst schon die Römer gestaunt hatten, eine Art Via triumphalis der Levante, existierte noch in Bruchstücken und wurde vom flackernden Schein der zahllosen Öllampen erhellt, die für eine der ersten perfekt funktionierenden Straßenbeleuchtungen der damaligen Welt sorgten. Die Märkte quollen über von den erlesensten Köstlichkeiten; jeder Luxus, der für Geld zu haben ist, war in den Basaren vorrätig in jeder Form und für jeden Geschmack. Die Dirnenhäuser der Stadt waren weitum berühmt. Und ihr Reichtum war ohnedies schon seit dem Altertum im Orient wie im Okzident sprichwörtlich.

Was aber für die europäischen Christen – sie lagerten nun staunend und vielleicht auch ein wenig furchtsam vor den gewaltigen Mauern, die von rund vierhundert Wachtürmen gekrönt wurden und fast unbezwingbar anmuteten – besonders bedeutsam schien, war der Umstand, daß in diesem Antiochia, das seit dem Jahre 1085 in türkischem Besitz war, ihr eigener Name erstmals in Anwendung gekommen war. Denn hier hatten bereits Paulus und Petrus missioniert, war eine der ersten frühchristlichen Gemeinden außerhalb Palästinas entstanden und war in einer kleinen Grotte oberhalb der Stadt – dem heutigen türkischen Antakya – zum ersten Mal in der Geschichte des Christentums jener Begriff entstanden, der inzwischen längst zum selbstverständlichen Allgemeingut aller Christen geworden ist: Christianoi. Christen. Vielleicht hatte Petrus, als er in der Felsgrotte predigte, dieses Wort geprägt. Vielleicht war es einer der Brüder im Glauben, als er mit anderen in dieser bauchigen Höhle stand und sich fragte, was er denn nun eigentlich sei . . . Niemand wußte später mit Sicherheit zu sagen, wie es eigentlich begonnen hatte. Nur daß es hier in Antiochia erstmals zu diesem Begriff »Christianoi« gekommen war, stand außer Frage. Übrigens hatte Yaghi-Siyan beim Herannahen des Kreuzfahrerheeres, dessen Vorausabteilungen am 20. Oktober 1097 den Orontes erreichten, sogleich verfügt, daß die Christen unter den Einwohnern Antiochias die Stadt verlassen mußten. Ausgenommen von dieser Verordnung waren lediglich die syrischen Christen, die als unversöhnliche Gegner der Armenier und Griechen galten, und, wie das der Chronist Wilhelm von Tyrus beschreibt, die vermögenden und einflußreichen unter den Christen: »Infolgedessen hatten sie unter sich alle Schwachen ausgetrieben, weil sie nur hinderlich waren, ferner alle, die nur knapp die nötigen Lebensmittel hatten und sich und ihre Familien nicht erhalten konnten, und hatten so in der Stadt nur die Reichen behalten, diejenigen, die große Vermögen besaßen und denen es leichtfiel, ihre Häuser mit allen Arten von Lebensmitteln zu versorgen.« – Der Patriarch Johannes Oxites wurde allerdings ins Gefängnis geworfen; später würde man ihn gelegentlich in einem Käfig an der Stadtmauer aufhängen, ihn also zum Hohn für die Christen und als Abschreckung für alle jene zur Schau stellen, die an einen Sieg der christlichen Sache glaubten.

Und in der Tat war Anlaß zur Skepsis, zum Pessimismus gegeben, wenn die europäischen Fürsten die Lage genau bedachten. »Es war ein Mittwoch, als sie das Gebiet von Antiochia betraten und seine Mauern umlagerten«, schreibt der Chronist Albert von Aachen, »und die Stadt ruhte in so tiefem Schweigen, daß man aus den Mauern weder Ton noch Laut vernahm. Man hätte meinen können, die ganze Festung sei von Verteidigern leer.« – Genau das Gegenteil war der Fall. Allerdings verfügten weder die Kreuzfahrer über genügend Leute, um die gewaltigen Stadtmauern in ihrer ganzen Länge einzuschließen, noch konnte Yaghi-Siyan alle Verteidigungspositionen hinlänglich besetzen, ebenso, wie er außerstande war, sogleich nach dem Eintreffen der christlichen Armee jenen entscheidenden Ausfall zu unternehmen, der möglicherweise alle nachfolgenden und mühsamen Unternehmungen überflüssig gemacht und dem Weg der europäischen Christen nach Jerusalem ein vorzeitiges Ende bereitet hätte. Die Franken wiederum versäumten es, durch einen ersten energischen Vorstoß die verhältnismäßig schwachbesetzten Wälle zu stürmen, wobei es Raimund von Toulouse war, der auf einen sofortigen Angriff drängte, sich aber mit seiner Meinung nicht durchsetzen konnte, und zwar aus Gründen, die sowohl mit dem Ehrgeiz der anderen Fürsten zu tun hatten, sich hier vor Antiochia besonders in Szene setzen zu können, als auch mit der Erschöpfung der Soldaten, die nach den letzten anstrengenden Gewaltmärschen nicht mehr fähig schienen, einen Sturmlauf gegen das hochaufragende Mauerwerk von Antiochia zu unternehmen. Es war vor allem der Normanne Bohemund, der sich energisch der durchaus vernünftigen Absicht Raimunds widersetzte, Antiochia sogleich im Handstreich zu nehmen, denn »sein Ehrgeiz war jetzt darauf gerichtet, Antiochia für sich selbst in Besitz zu nehmen«. (S. Runciman) – Und so wandte Bohemund, der im übrigen unter den Fürsten und Soldaten allein schon seiner erfolgreichen Feldzüge wegen, die er einst gegen die Byzantiner unternommen hatte, hohes Ansehen genoß, seinen ganzen Einfluß gegen Raimund auf, was letztlich bewirkte, daß man auf jeden Überraschungsangriff verzichtete, Raimund jedoch endgültig zum haßerfüllten Gegner Bohemunds wurde.

Es war eine schwierige und verwirrende Situation. Und vor allem traf etwas ein, mit dem eigentlich niemand gerechnet hatte: Spätestens um die Weihnachtszeit waren die Vorräte an Proviant erschöpft, begann der Hunger im Lager der Kreuzfahrer zu wüten und die Moral der Truppen zu schwächen. Wilhelm von Tyrus schildert das in seiner Chronik überaus anschaulich: »Im dritten Monat der Belagerung begannen im Lager die Lebensmittel zu fehlen, und unsere Truppen hatten viel unter diesem Mangel zu leiden. Im Anfang hatte man alles Nötige in großem Überfluß gehabt; die

Pferde hatten mehr Futter, als sie fressen konnten, und die Soldaten, die wie Unbesonnene glaubten, dieser Zustand von Wohlleben würde immer andauern, hatten sich bei keiner Gelegenheit Mäßigung auferlegt; schließlich hatten sie mit ihrem Überfluß solchen Mißbrauch getrieben, daß sie in wenigen Tagen Vorräte verschleuderten, die, sorgfältig eingeteilt, für eine lange Zeit gereicht hätten. Im Lager hielt man sich an keine Ordnung, man befolgte keinen Grundsatz der Sparsamkeit, diesen Ratgeber kluger Menschen, überall herrschte Luxus und eine beispiellose Verschwendung, und diese Verschwendungssucht bezog sich nicht nur auf alles, was menschliche Nahrung betraf. Niemand kümmerte sich um das für die Saumtiere und Pferde bestimmte Futter; nach und nach kam das Heer auf einen solchen Grad von Mangel, daß sich alsbald Hungersnot einstellte und das ganze Volk sich bedroht sah vom Untergang, weil die Lebensmittel fehlten. Die Soldaten taten sich zu Kommandos zusammen und verpflichteten sich eidlich, zu gleichen Teilen und auf Treu und Glauben hin alles zu teilen, was sie auf ihren Streifzügen einsammeln konnten; dann zogen sie in Banden zu drei- oder vierhundert Mann aus und durchstreifen das ganze Land auf der Suche nach Lebensmitteln.« – Bald stellte sich jedoch heraus, daß es nicht genügte, wenn einzelne Gruppen sich auf Nahrungssuche machten, weil es einerseits ungemein gefährlich war, sich in zu geringer Zahl ins Niemandsland zu wagen, wo jederzeit türkische Verbände einen Hinterhalt legen konnten oder gar eine jener Entsatzarmeen in Erscheinung zu treten vermochte, die seit Monaten schon in Syrien und Mesopotamien zusammengestellt wurden, um Antiochia aus seiner Umklammerung zu befreien; und andererseits war in der ganzen Region nichts Nennenswertes mehr zu organisieren oder zu plündern, weil sowohl Christen als auch Türken und nicht zuletzt auch die hungernde Landbevölkerung selbst alle Vorräte aufgebraucht hatten. So einigte man sich schließlich darauf, nahezu ein Drittel der kampffähigen Soldaten unter dem Kommando Bohemunds – es soll sich dabei um mehr als zwanzigtausend Mann gehandelt haben – von der Belagerung abzuziehen und tiefer hinein ins Syrische zu entsenden, um dort, wo der Krieg noch nicht gewütet hatte, für die Verproviantierung des hungernden Heeres zu sorgen. Am 28. Dezember verließ diese Armee das Lager. Schon in der darauffolgenden Nacht unternahm Yaghi-Siyan jenen Ausfall auf den zurückbleibenden Rest der Kreuzfahrer, den er am Anfang der Schlacht um Antiochia verabsäumt hatte und der nun beinahe eine Entscheidung zugunsten der Türken herbeiführte. Es war letztlich nur der Aufmerksamkeit und Tapferkeit Raimunds zuzuschreiben, daß es zu keiner Katastrophe kam und der Ring, den die Belagerer um die Stadt gelegt hatten, nicht gesprengt wurde. Dennoch begriffen nun wohl auch die letzten Optimisten, daß es entweder eines Wunders oder irgendeines besonderen Zufalls bedurfte, um der mißlichen Situation noch eine gute Wendung zu geben. Beinahe schien es nämlich, als walte jetzt, da man sich schon recht dicht vor dem ersehnten Ziel Jerusalem wähnte, ein Unstern über dem ganzen Unternehmen.

Inzwischen war jene Armee unter Bohemund, die für die Verproviantierung der hungernden Belagerer hätte sorgen sollen und der sich übrigens auch Robert von Flandern mit seinen Truppen angeschlossen hatte, geradenwegs und ohne zu ahnen, was ihr bevorstand, einem türkischen Entsatzheer entgegenmarschiert, das sich in Damaskus gesammelt hatte und das nun in Eilmärschen gegen Antiochia zog. Am letzten Tag dieses bedeutungsvollen Jahres 1097 überfielen die Damaszener, die im Gegensatz zu den Christen genau über jede Bewegung des Feindes unterrichtet waren, die vollkommen überraschten Soldaten Roberts von Flandern, welcher die Vorhut übernommen hatte, und drohten diese zur Gänze zu vernichten, bis endlich Bohemund mit seinen Normannen eingreifen konnte. Es gelang im weiteren Verlauf des Gefechts diesen kriegsgewohnten und ungewöhnlich tapferen Männern sogar, den Feinden so schwere Verluste beizubringen, daß diese sich in großer Verwirrung zurückziehen mußten und für die nächste Zeit nicht daran denken durften, das belagerte Antiochia zu retten. Dennoch war der Verlust, den die Europäer hinnehmen mußten, weitaus größer. Denn nunmehr schien es so gut wie ausgeschlossen, das offene Land, das nicht mehr so schutzlos war, wie man ursprünglich angenommen hatte, so gründlich auszuplündern, daß man mit dem Ertrag dieser Plünderungen den Hunger im eigenen Lager hätte stillen können. Man mußte sich vielmehr damit begnügen, einige armselige Dörfer in Brand zu stecken, um dann eilends wieder nach Antiochia zurückzukehren, wo man buchstäblich mit leeren Händen, aber dafür mit vielen Verwundeten und Kranken, eintraf.

Die Stimmung unter den Christen sank auf einen kaum noch vorstellbaren Tiefpunkt. Erdbeben und mysteriöse Himmelserscheinungen, unter denen wir uns wahrscheinlich gar nichts anderes als ein besonders intensives Nordlicht vorzustellen haben, wirkten zudem nachhaltig auf die Psyche der Belagerer ein. Dazu kamen Kälte und schwere Regenfälle, wie sie für die winterliche Jahreszeit auch in der östlichen Levante keineswegs ungewöhnlich sind, was aber die Christen, die eine gänzlich andere, sozusagen sonnigere Vorstellung von Syrien hatten, nur wenig tröstete. Aus den Briefen, die Graf Stephan von Blois in die Heimat absandte, wissen wir zum Beispiel um die Stimmung, die in jenen Tagen allenthalben vor Antiochia herrschte, ziemlich genau Bescheid: »Während des ganzen Winters haben wir vor dieser Stadt für Christus Unsern Herrn unter außerordentlicher Kälte und gewaltigen Regengüssen gelitten. Was gewisse Leute von der Sonnenhitze erzählen, die in Syrien zu ertragen unmöglich wäre, ist nicht wahr, denn der Winter ist hier völlig ähnlich unserem Winter im Abendland.« – Viele Pilger begannen in dieser schwierigen, ja, wie es schien, fast ausweglosen Situation am Sinn des Unternehmens überhaupt zu zweifeln; andere waren davon überzeugt, daß Gott sie ihrer Missetaten wegen, die sie auf dem langen Weg von Konstantinopel bis vor die Tore Antiochias begangen hatten, nunmehr zu strafen beabsichtigte. Der päpstliche Legat, Adhemar von Le Puy, ordnete sogar, um Gott wieder zu versöhnen, eine feierliche dreitägige Fastenzeit an, was freilich angesichts der hungernden Menschen, die längst schon bereit waren, für ein Stück Brot ihr Seelenheil zu verkaufen, wohl nur wenig Sinn haben konnte. Und es kam wie stets in solchen Augenblicken, da der Mensch das Nützliche seines Tuns nicht mehr einzusehen vermag und an der Aufgabe, die er sich gestellt hat, endgültig zu verzweifeln beginnt, zu gefährlichen Auflösungserscheinungen. Mancher Schildknappe, mancher Reitknecht verließ in aller Heimlichkeit das Lager, um sich irgendwie nach Westen durchzuschlagen. In mancher sturmgepeitschten Nacht, wenn sich in den strähnigen Regen, der fast pausenlos vom Himmel fiel, schwere Schneeflocken mischten, desertierten ganze Abteilungen. Und einmal befand sich unter den Fahnenflüchtigen sogar Peter von Amiens, jener Wandermönch aus Frankreich, der einst mit seinem Fanatismus und seinen mystischen Beschwörungen dafür gesorgt hatte, daß Zehntausende aus Europa aufgebrochen und ihm bis nach Konstantinopel und über das Marmarameer bis in jenen Wald von Drakon gefolgt waren, wo sich dann ihr Schicksal unter dem Pfeilhagel der seldschukischen Reiter auf eine erbarmungswürdige Weise erfüllte. Ihm, der immer noch unter den Kreuzfahrern ein hohes Ansehen genoß und dessen Flucht ungemein demoralisierend auf alle wirkte, weil man darin ein Anzeichen dafür zu erkennen glaubte, daß die Sache der Europäer verloren sei, ihm hetzte der Normanne Tankred nach, um den Deserteur wieder einzuholen und mit Gewalt ins Lager zurückzutreiben. Andere Persönlichkeiten wie etwa den griechischen Feldherrn Tatikios, der freilich nicht aus persönlicher Feigheit das Unternehmen verließ, konnte und wollte man nicht zurückhalten. Tatikios war durch Bohemund schwer beleidigt worden, weil dieser das Gerücht ausstreuen ließ, die Griechen machten mit den Türken gemeinsame Sache, um ihn, Bohemund, der ganz allgemein als erfahrenster und gefährlichster

Mann im christlichen Lager galt und bei den gemeinen Soldaten ungemein populär war, unschädlich zu machen. Es war diese Verleumdung, denn um eine solche handelte es sich, freilich ein Teil des abgefeimten Spiels, das Bohemund betrieb, um sich in den alleinigen Besitz von Antiochia zu bringen. Denn war erst einmal der offizielle Repräsentant des byzantinischen Kaisers vom Schauplatz entfernt, so würde im Augenblick, da die Stadt endlich in die Hände der Christen fiel, Alexios auch keinen Anspruch mehr erheben können auf diese Stadt, die, bevor sie im Jahre 1085 türkisch geworden war, jahrhundertelang byzantinisch gewesen war.

Das alles zeigt uns recht deutlich, daß in dieser bunt zusammengewürfelten Armee, die ausgezogen war, um den Ruhm Gottes auf unvergleichliche Weise zu verkünden und das Imperium der Christenheit ins nahezu Unermeßliche auszudehnen, in Wahrheit die niederträchtigste Intrige und der gegenseitige Argwohn regierten und daß die Helden, denen das christliche Europa ebenso wie das christliche Byzanz vertraute, eigentlich maßlose Schurken waren, denen der eigene Vorteil unendlich viel mehr bedeutete als die Sache Christi. Und daß der Mensch, wenn er sich in einer extremen Situation befindet und sich dabei Strapazen und Gefahren ausgesetzt sieht, denen er nicht gewachsen zu sein scheint, keineswegs stets zum übermenschlichen Heroismus, sondern viel eher zur banalen Feigheit und durchschnittlichen Gemeinheit fähig ist. Bohemund zum Beispiel bediente sich eines jeden Mittels, auch des grausamsten und unmenschlichsten, um seinem Ziel, der Eroberung und Inbesitznahme Antiochias zu seinen eigenen Gunsten, näher zu kommen, wobei es seine erklärte Absicht war, in diesem Teil der orientalischen Levante einen normannischen Staat zu schaffen, ein Königreich oder zumindest ein Fürstentum ähnlich jenem, wie es Balduin in Edessa geschaffen hatte, ohne daß dieser auch nur das mindeste zur Zurückeroberung Jerusalems geleistet hätte. Und auch Bohemunds Pläne beschäftigten sich, zumindest bis zum endgültigen Fall der belagerten Stadt, nicht im geringsten mit Jerusalem oder den heiligen Stätten in Palästina. Was hier inszeniert wurde, war ein Eroberungsfeldzug, war ein Kolonialkrieg, dessen Regisseure von kaltblütiger Grausamkeit und grenzenloser Gier beherrscht wurden, was durch das fromme Zeichen des Kreuzes nur unzulänglich verdeckt wurde. Und wessen dieser Mann, der zweifellos eine starke und beeindruckende Persönlichkeit gewesen sein muß, sozusagen ein vitales Geschöpf seiner Zeit, in der das Raubtierhafte und Unmenschliche die Regel waren und jene, die das Evangelium zu befolgen und im Sinne der Bergpredigt zu leben versuchten, bloß bemitleidenswerte Kreaturen waren, und wessen Bohemund also fähig war, um seine Ziele zu erreichen, charakterisiert ein Bericht des Augenzeugen und Chronisten Wilhelm von Tyrus, der übrigens ein gelehrter Mann genannt werden muß, dessen Intelligenz rühmenswert und dessen vorausblickender Ehrgeiz bemerkenswert waren, so daß seine Darstellungen – er hatte sogar mit dem Studium der arabischen Sprache begonnen, um auch die Meinung des Gegners studieren zu können – durchwegs authentisch sein dürften. Er also beschreibt eine Szene, in welcher dargelegt wird, wie Bohemund die ständige Gefahr zu bereinigen suchte, die durch türkische Spione gegeben war. Denn vor allem syrische Christen, die unter der Türkenherrschaft ein verhältnismäßig angenehmes Leben gehabt hatten und die den westlichen Eroberern gegenüber eher feindselig eingestellt waren und die armenischen Christen sogar haßten, boten sich Yaghi-Siyan immer wieder freiwillig als Spione an, so daß dieser über alle Bewegungen im Lager der Kreuzfahrer bestens unterrichtet war. Und eben gegen diese Gefahr gedachte Bohemund ein Mittel einzusetzen, das, wie dann die Erfahrung lehrte, ob seiner Unmenschlichkeit tatsächlich wirkungsvoll sein sollte. Wilhelm von Tyrus berichtet jedenfalls: »Gegen Anbruch der Nacht, als jedermann wie gewöhnlich mit den Vorbereitungen zum Abendessen beschäftigt war, befahl er, einige Türken, die er gefangenhielt, aus dem Gefängnis zu holen. Er lieferte sie dem Henker aus, der sie sofort umbrachte. Dann ließ er ein großes Feuer entfachen, wie um die Mahlzeit vorzubereiten, und schrieb vor, man solle jene braten und mit der größten Sorgfalt so anrichten, als sollten sie gegessen werden. Endlich befahl er den Seinen, wenn jemand käme und fragte, was derartige Vorbereitungen bedeuteten, so sollten sie antworten, daß ›die Fürsten im Rat beschlossen hätten, künftig würden alle Feinde und Spione, die ergriffen würden, auf diese Art behandelt und dienten den Fürsten und dem Volk als Speise‹ ... Diese Berichte verbreiteten sich im ganzen Orient und gelangten bis in die fernsten Länder. Alle wurden dadurch in gleicher Weise von Schrecken ergriffen.« – Das also waren die Methoden, derer sich ein christlicher Fürst bediente, um einem frommen Unternehmen zum Erfolg zu verhelfen.

Inzwischen, es war bereits der Winter beinahe vergangen, ereignete sich auch auf türkischer Seite manches, das den Christen zwar lange Zeit weitgehend verborgen blieb, sie aber, als die Geschehnisse völlig überraschend über sie hereinbrachen, von neuem ernsthaft gefährdete. Es hatten die Türken, die ähnlich wie die europäischen Fürsten in ständiger Eifersucht aufeinander ein Bild völliger Desorganisation und Zersplitterung boten, endlich begriffen, daß der Verlust Antiochias ihnen allen so großen Schaden zufügen würde, wie sie ihn nicht wiedergutmachen könnten, selbst wenn sie in mehreren offenen Feldschlachten gegen die Christen die Oberhand behielten. Und so bildete sich endlich in Syrien ebenso wie in Mesopotamien eine Art Allianz der islamischen Sache, die es zustande brachte, einige Entsatzarmeen zugunsten der belagerten Stadt zu entsenden. Eine dieser Armeen, und wahrscheinlich die stärkste, war jene des türkischen Heerführers Kerbogha, von deren Schicksal wir schon in der Erzählung über Balduins Aufstieg zum Beherrscher Edessas vernommen haben. Und im Lager der Christen wußte man spätestens seit den ersten Maitagen des Jahres 1098, daß die Gefahr immer drohender wurde, »zwischen der Garnison (von Antiocha) und dem riesigen Entsatzheer zermalmt« (S. Runciman) zu werden, sofern es ihnen nicht gelang, die Stadt vorher zu erobern.

Das Herannahen der Türken unter Kerbogha, von dessen militärischen Fähigkeiten man sich wahre Wunderdinge erzählte; der quälende Hunger im Lager der Christen; die Unmöglichkeit, auch nur eine einzige Bresche in das gewaltige Mauerwerk der belagerten Stadt zu schlagen; und nicht zuletzt auch die ständigen Intrigen im Kampf um die Vormachtstellung im christlichen Heer: Das waren die hauptsächlichen Ursachen dafür, daß dieses Heer nahe daran war, auseinanderzufallen, daß es sich im Frühling 1098 aufzulösen begann. Ein deutliches Indiz dafür war das Verhalten des Grafen Stephan von Blois, eines der Anführer jenes nordfranzösischen Kontingentes, das einst gemeinsam mit flandrischen Truppen, den nordfranzösischen Normannen, den Bretonen und etlichen Hundertschaften englischer Bogenschützen zu diesem Kreuzzug aufgebrochen war, der nun vor den Mauern Antiochias endgültig zu scheitern drohte. Stephan von Blois verließ jedenfalls am 2. Juni das Heerlager, um sich über den Seeweg vorerst einmal nach Tarsos zurückzuziehen und von dort aus später in die Heimat zurückzukehren, wo ihn allerdings eine vorwurfsvolle und wütende Ehefrau empfangen sollte, die sich nicht in die peinliche Schmach würde finden wollen, einen Feigling zum Ehemann zu haben. Aber das alles ereignete sich dann schon zu einem Zeitpunkt, als alle Entscheidungen im Zusammenhang mit Antiochia längst gefallen waren. Jetzt, an diesem 2. Juni, da Stephan von Blois mit einigen Tausend Nordfranzosen das Lager verließ, schien in der Tat ein klägliches Ende dieses Kreuzzuges unvermeidlich zu sein. Einen solchen Aderlaß, wie ihn der nordfranzösische Adelige verursachte, konnte wohl keine Armee verkraften, geschweige denn ein ohnedies schon dezimiertes und demoralisiertes Heer wie jenes der Kreuzfahrer.

Aber alle Geschichte, auf die wir uns erstaunt besinnen, verrät immer wieder eine Neigung zum Unerhörten oder sogar Wunderbaren und beweist zudem, daß manche vermeintliche Niederlage bereits den Keim zum Sieg in sich bergen kann. Allerdings spielte in diesem besonderen Fall wohl auch die Energie Bohemunds eine Rolle, die unglaubliche Vitalität eines Mannes, der fest entschlossen war, Antiochia als seine persönliche Beute heimzuholen und den Rückschläge nicht im mindesten entmutigen konnten. Dieser Normanne, im fernen Süditalien Herr über die Hafenstadt Tarent, überragte ähnlich wie Balduin die Schar jener ehrgeizigen Männer, denen dieser Erste Kreuzzug vielfach nur ein Vorwand war zur Bereicherung und zur Gestaltung ihres Glückes. Er nämlich war imstande – und auch hierin glich er Balduin –, in politischen Kategorien zu denken, Visionen zu haben; und selbst wenn er uns wie Balduin als Charakter unsympathisch oder unbegreiflich anmutet, so könnnen wir ihm doch nicht den Respekt versagen angesichts seiner unermüdlichen Tatkraft, mit welcher er immer wieder einen Weg suchte, das scheinbar Unmögliche zu versuchen. Und in der Tat schien es unmöglich zu sein, Antiochia durch einen Sturmangriff oder durch eine Kriegslist zu erobern. Und unmöglich schien auch die Situation der Belagerer, jetzt, da Kerboghas Armee sich in Gewaltmärschen näherte und es nur noch eine Frage von Tagen sein konnte, bis die Kreuzfahrer an zwei Fronten würden kämpfen müssen. Aber das Glück des Tüchtigen stand Bohemund zur Seite. Und was sich wie eine Phrase anhört, die zu oft und zu leichtfertig gewisse erstaunliche Vorkommnisse in der Geschichte der Menschheit zu erklären versucht, trifft in diesem besonderen Falle tatsächlich zu. Denn an jenem Tag, da Stephan von Blois mit seinen nordfranzösischen Soldaten abzog, entschied sich endlich das Schicksal Antiochias und damit auch jenes dieses Unternehmens, das zu diesem Zeitpunkt längst gescheitert schien. Dem Bericht eines anonymen Kreuzfahrers entnehmen wir, was die Ursache für diese unvorhergesehene Wende in diesem Drama war: »Es gab einen Admiral türkischer Rasse mit Namen Firuz, der mit Bohemund eine enge Freundschaft geschlossen hatte. In den Botschaften, die sie sich abwechselnd schickten, forderte Bohemund ihn oft auf, ihn als Freund anzunehmen; er versprach ihm als Gegenleistung, ihn in die Christenheit aufzunehmen, und ließ ihn auf Reichtümer und große Ehren hoffen. Firuz zeigte sich diesen Worten und Versprechungen geneigt. Er sagte: ›Ich bewache drei Türme; ich verspreche sie ihm gern, und zu der Stunde, da Bohemund will, werde ich ihn dort hereinlassen‹.«

Diesen Mann namens Firuz, diesen mysteriösen »Bewacher dreier Türme«, der jetzt plötzlich eine so bedeutende Rolle spielte, sollte man näher betrachten, zumal jene Darstellung, die der Anonymus über ihn abliefert, nicht in allem der Wahrheit entspricht. So war Firuz weder Admiral noch gehörte er der türkischen Rasse an, sondern er war ein Armenier, der aus Gründen, die wir nicht kennen, die wir nur vermuten dürfen und die gewiß auch in seinem labilen, habgierigen Charakter begründet lagen, ein Renegat geworden war, der seinen christlichen Glauben abgelegt hatte und zum Islam übergetreten war. Unter Yaghi-Siyan hatte er dann rasch Karriere gemacht, war Offizier geworden, ohne sich jedoch jener ehrenhaften Haltung zu befleißigen, die man von einem solchen Manne füglich erwartet. Wir wissen, daß Firuz noch aus der Not der belagerten Stadt Gewinn zu ziehen versuchte, indem er mit gehorteten Lebensmitteln einen schwunghaften Handel betrieb. Er war sozusagen einer jener Schmarotzer, die in jedem Krieg in Erscheinung treten und sich des Elends der Menschen bedienen, um daraus ihren Gewinn zu schlagen. Wir wissen aber auch, daß er dieser illegalen Geschäfte wegen bereits empfindlich bestraft worden war; und zwar dort, wo es ihn am schmerzhaftesten traf, nämlich am Geldbeutel. Er hatte Buße zahlen müssen, was ihn, wenn wir ihn richtig einschätzen, zu haßerfüllten Gedanken befähigt haben dürfte. Außerdem gab es da noch das Gerücht von der Untreue seiner Frau ausgerechnet zugunsten eines türkischen Offiziers, was Firuz, den gebürtigen Armenier, nicht nur in seinen privaten Gefühlen, sondern auch in seiner nationalen Ehre getroffen haben mag. Derlei hört sich bei einem solchen Charakter, der jede Schamlosigkeit und jede Gemeinheit, wenn sie ihm nur nützen, ohne weiteres toleriert, zwar etwas merkwürdig an; aber selbst Verräter haben eine Ehre, die ihnen heilig ist. Und weil Firuz ohnedies in ständigem Kontakt mit seinen ehemaligen Glaubensgenossen geblieben war, weil er wahrscheinlich ein Mann von Umsicht und Vorsicht war, der sich zwar verkaufte, aber nie gänzlich preisgab, und weil er jetzt nach einer Möglichkeit suchte, sich für die Schmach, die ihm widerfahren war, zu rächen, wobei man nie erfahren wird, was ihn mehr getroffen hatte, die Geldstrafe oder die Untreue seiner Frau, so nahm er jedenfalls eine Beziehung zu Bohemund auf, die nun in den ersten Junitagen des Jahres 1098 Folgen haben sollte.

Bohemund wiederum, der sich des Verräters mit der kalten Gleichgültigkeit dessen bediente, der selbst zu jedem Treuebruch fähig ist, um sein Ziel zu erreichen, verheimlichte lange Zeit diese Möglichkeit, sich doch noch der Stadt zu bemächtigen. »Statt dessen wies er öffentlich mit Nachdruck auf die heraufziehenden Gefahren hin, um den Wert seines kommenden Triumphes noch zu erhöhen«, wie das Steven Runciman formuliert. Und diese heraufziehenden Gefahren waren in der Tat beträchtlich, denn Kerbogha hatte inzwischen das Fruchtlose seiner Anstrengungen eingesehen, Edessa zu erobern, und war nun nur noch einige wenige Tagesmärsche von Antiochia entfernt, wo unter den Europäern Panik ausbrach, weil man nunmehr endgültig davon überzeugt sein mußte, daß alles verloren sei. Und genau in diesem Augenblick begann der lange vorbereitete Verrat wirksam zu werden. Es verschwanden gerade die letzten Soldaten des entmutigten Stephan von Blois aus dem Lager, als Bohemund die anderen Heerführer zu sich bat und ihnen die Möglichkeit eröffnete, Antiochia schon in der kommenden Nacht einzunehmen. Allerdings stellte er selbst in diesem dramatischen Augenblick noch Bedingungen, auf die man vorerst nicht eingehen konnte oder wollte, denn Bohemund, der sich seines Erfolges sicher sein konnte, forderte auch jetzt und gerade jetzt, daß ihm die

Stadt als Eigentum zuerkannt werde; und jener anonyme Chronist, der uns schon mit Firuz und dessen Verrat bekanntgemacht hatte, schilderte die Situation, die sich an diesem 2. Juni von Stunde zu Stunde änderte: »Aber jene weigerten und widersetzten sich. Sie sagten: ›Den Besitz dieser Stadt wird niemand erhalten, sondern alle werden wir sie zu gleichen Teilen besitzen; wir haben alle dieselben Mühsale erduldet, wir werden auch alle die gleiche Ehre davontragen‹. Bei diesen Worten lächelte Bohemund leicht und zog sich sogleich zurück.« – Das war der erste Teil. Wenig später schon sah alles ganz anders aus: »Kurz danach erhielten wir Nachrichten über das Heer unserer Feinde: Türken, Azymiten und andere Nationen. Sogleich traten unsere Führer zusammen und hielten Rat. Sie sagten: ›Wenn Bohemund die Stadt allein oder mit Hilfe anderer gewinnen kann, machen wir sie ihm gern zum Geschenk, unter der Bedingung aber, daß, wenn der Kaiser uns zu Hilfe kommt und die Abmachungen einhalten will, die er uns versprochen und beschworen hat, wir ihm die Stadt zu Recht übergeben werden, selbst wenn Bohemund sie in seinem Besitz haben wird‹.«

Der Angriff, der eigentlich gar keiner war, sondern eher darin bestand, daß man den präzisen Hinweisen des Verräters Firuz gehorchte – auch im Jahre 1085 waren die Türken übrigens nur vermittels Verrat in die damals byzantinische Stadt eingedrungen –, begann in der Nacht vom 2. auf den 3. Juni. Zuerst besetzten an die sechzig Ritter unter der Führung eines gewissen Fulk von Chartres die Bastionen, über die Firuz die Oberaufsicht hatte und der jetzt den Christen das Eindringen in die Verteidigungsanlagen erleichterte. Dann stürmten normannische Soldaten jene Wachtürme, die noch von Türken besetzt waren; zugleich wurden zwei der großen Stadttore geöffnet, durch die nun die Masse der Kreuzfahrer drängte, während in der Stadt ein Teil der noch verbliebenen christlichen Bevölkerung damit begann, die Türken zu massakrieren. Unser anonymer Berichterstatter, der gewiß an diesen Kämpfen, die bald in ein fürchterliches Gemetzel ausarteten, teilgenommen hatte, erzählte dazu: »In diesem Augenblick erscholl in der ganzen Stadt ein gewaltiges Geschrei. Bohemund verlor keine Zeit, sondern befahl, sein ruhmreiches Banner im Angesicht der Burg auf einem erhöhten Punkt aufzupflanzen. Bei Tagesanbruch hörten diejenigen, die noch in ihren Zelten waren, das ungeheure Getöse, das in der ganzen Stadt erscholl. Als sie herausstürzten, sahen sie das Banner Bohemunds auf der Höhe wehen; sogleich mitgerissen durch den schnellen Zulauf, drangen sie durch die Tore in die Stadt ein und metzelten die Türken und Sarazenen, die ihnen begegneten, nieder, mit Ausnahme jener, die in die hochgelegene Burg fliehen konnten; andere Türken gelangten durch die Tore hinaus und retteten sich.«

Ein Gemetzel war es, keine ehrenvolle Eroberung! »Bei Anbruch der Nacht, am 3. Juni, war in Antiochia kein Türke mehr am Leben; selbst aus Nachbardörfern, bis zu denen die Franken nie vorgedrungen waren, war die türkische Bevölkerung geflohen, um bei Kerbogha Schutz zu suchen. Die Häuser der Bürger von Antiochia, der Christen wie der Mohammedaner, wurden geplündert und ausgeraubt. Die Schätze und Waffen, die sich in ihnen fanden, wurden in alle Winde verstreut oder mutwillig zerstört. Es war unmöglich, durch die Straßen der Stadt zu gehen, ohne auf Leichen zu treten, die allesamt in der Sommerhitze rasch verwesten. Aber Antiochia war wieder eine christliche Stadt.« (Steven Runciman) – Yaghi-Siyan, der Statthalter, war unmittelbar nach dem Eindringen der ersten Christen gemeinsam mit seiner Leibwache aus der Stadt geflüchtet, was ihm aber auch nicht das Leben rettete, denn schon wenige Meilen hinter Antiochia und nachdem ihn auch die letzten seiner Soldaten verlassen hatten, war er auf einem schmalen Gebirgspfad, über den er hinüber ins Mesopotamische zu entkommen trachtete, vom Pferd gestürzt und, während er noch benommen oder vielleicht auch verletzt am Fuße eines steinigen Abhanges lag, von einem armenischen Bauern wie ein tollwütiger Hund erschlagen worden.

Nach einer anderen Darstellung soll es die Bevölkerung eines armenischen Dorfes gewesen sein, die den ehemals gefürchteten und freilich auch verhaßten türkischen Diktator erbarmungslos zu Tode prügelte; wobei historisch lediglich erwiesen ist, daß zu einem Zeitpunkt, als die christlichen Eroberer Antiochias noch vollauf damit beschäftigt waren, die Stadt so gründlich auszuplündern, wie es die Türken nicht besser zustande gebracht hätten, plötzlich ein Armenier bei Bohemund erschien und ihm das Haupt Yaghi-Siyans überreichte, was dem Manne, ob er nun der Mörder war oder nur der Nutznießer dieser Tat, eine ansehnliche Belohnung einbrachte.

In der Stadt selbst blieb vorerst nur noch die Zitadelle in türkischer Hand. Sie wurde vom Sohn des unglücklichen Yaghi-Siyan gehalten, wobei dieser sich darauf verlassen durfte, daß die Christen viel zu sehr damit beschäftigt waren, zu stehlen und zu rauben und zu brandschatzen, als sich um diesen letzten noch verbliebenen türkischen Verteidigungspunkt zu kümmern, der, da er auf steiler Anhöhe lag, nur schwer einzunehmen gewesen wäre. Überdies wären die Anführer der Franken jetzt mit einer anderen Frage beschäftigt gewesen, »die bereits allen Anzeichen nach den Kreuzzug zu spalten drohte« (S. Runciman), nämlich mit der Entscheidung darüber, wem die Stadt nun tatsächlich übergeben werden sollte, wenn nicht bereits am 5. Juni, also nur einen Tag nach der Eroberung Antiochias, eine Schreckensmeldung eingetroffen wäre: Kerbogha hatte mit seinem Heer den Orontes erreicht und lagerte fast genau an jener Stelle, wo bis zum 3. Juni noch das Hauptlager der Christen gewesen war. Fünf Tage später schon war die Stadt erneut gänzlich eingeschlossen; nur befanden sich diesmal die Christen innerhalb der Mauern, saßen sie jetzt in der Falle, wobei sie noch den Nachteil zu ertragen hatten, daß sie die Zitadelle bewachen mußten und zudem über so gut wie gar keine Lebensmittelvorräte verfügten, da sie in den wenigen Stunden, die sie sich als triumphierende Sieger fühlen durften, wie Barbaren gewütet und alles vernichtet hatten, was ihnen nicht stehlenswert erschienen war; und das waren vor allem jene Vorräte, die noch unter Yaghi-Siyan angelegt worden waren, um selbst im Falle einer langanhaltenden Belagerung die Bevölkerung vor dem Elend des Hungers zu bewahren.

Es war eine bizarre Situation. »Am folgenden Tag kam eine zahllose Truppe von Türken an; sie belagerten sogleich alle Tore der Stadt und hinderten die Unsrigen, hinein- oder hinauszugelangen; was die Unsrigen betrifft, die am Meer geblieben waren, so lassen sie sie umkommen durch Feuer und Schwert; auch beginnt bei diesem erschwerten Leben und der Angst vor dem Hinausgehen eine schreckliche Hungersnot. Furchterfüllt waren der Graf Stephan und Wilhelm, ein Verwandter Bohemunds, sowie einige andere nach Konstantinopel gekommen. Als man dort erfuhr, daß sie wieder aufbrechen wollten, riet man ihnen ab, die begonnene Reise fortzusetzen, weil man glaubte, das ganze Heer sei umgekommen. Was die angeht, die in der Stadt die Hungersnot plagte, so mangelte ihnen alles, Brot und selbst Esels- und Pferdefleisch.« – So beschreibt ein italienischer Kreuzzugsteilnehmer aus der Stadt Lucca die Zustände, die nur wenige Stunden nach dem höchsten Triumph der christlichen Armee diese wieder in tiefe Niedergeschlagenheit und Verzweiflung stürzten. Es war nicht nur das Erscheinen der Armee Kerboghas, mit welchem man insgeheim ohnedies gerechnet hatte, das die Europäer deprimierte, die nun in Antiochia wie in einer Falle saßen, aus der sie keinen Ausweg mehr wußten, sondern es war mehr noch die drohende Gefahr einer neuerlichen Hungersnot, die jetzt, da man sich für vierundzwanzig Stunden als Sieger gefühlt und am Ziel eines langen und mühsamen Weges geglaubt hatte, wieder alles zunichte zu machen drohte. Eben noch hatten die Soldaten die Stadt geplündert und in ihrem sträflichen Leichtsinn wertvolle Lebensmittel vernichtet, Warenlager in Brand gesteckt und in den Vorräten gewütet, die, hätte man sie sogleich konfisziert und sorgfältig rationiert, für Monate ausgereicht haben würden; und jetzt mußte man Feigen-, Distel- und Weinblätter garkochen, um überhaupt überleben zu können. Albert von Aachen schreibt in seiner Chronik dieses Kreuzzuges: »Steinhartes oder faulgewordenes Leder feuchteten sie an, machten es im heißen Wasser heiß.« – Und er schildert die Versuche, selbst aus dem Kot der Tiere, der mit Pfeffer, Kümmel und anderen Gewürzen vermischt wurde, etwas Genießbares herzustellen. Sogar von einzelnen Fällen kannibalischer Abscheulichkeiten wird berichtet, wobei es angeblich die Leichen erschlagener Türken gewesen sein sollen, die man, nachdem man sie abgehäutet hatte, wie ein beliebiges Stück Bratenfleisch behandelte . . .

Man könnte sich nun angesichts solcher Vorkommnisse und des Elends, welchem diese Pilger nunmehr schon seit vielen Monaten ausgesetzt waren, allen Ernstes fragen, ob nicht in vielen von ihnen längst schon jenes fromme Feuer erloschen war, das sie vor Jahresfrist aus ihrer Heimat vertrieben hatte; und ob dieser Kreuzzug, der in Wahrheit wie ein beliebiger Feldzug jenes barbarischen Zeitalters verlief, überhaupt noch einen moralischen Sinn, eine sittliche Rechtfertigung hatte angesichts der Scheußlichkeiten, die er produzierte. Und was eigentlich in den Köpfen der Anführer vorging, von denen die meisten ohnedies nur auf Landgewinn und persönliche Bereicherung bedacht waren und die nun freilich genauso hungerten wie die Mannschaften, wie der Troß, wie die Geistlichen, die bisher zwar immer wieder von neuem die schöne Leidenschaft dieser Pilger hatten entfachen können, ungeachtet aller Widrigkeiten den Weg nach Jerusalem unbeirrt weiter zu verfolgen, die aber in diesen hoffnungslosen Augenblicken, da vor den Mauern Antiochias die Türken lauerten und dahinter der Hunger wütete, auch nichts anderes mehr vermochten, als auf ein Wunder oder auf ein gnädiges Ende zu warten. Der Legat des Papstes, Adhemar von Le Puy, scheint einer jener wenigen tatkräftigen, optimistischen Charaktere gewesen zu sein, die sich vom allgemeinen Chaos nicht beeindrucken ließen. Er nämlich ordnete sogleich nach der Eroberung der

Stadt die Renovierung der Gotteshäuser an, die von den Türken geschändet worden waren; und er sorgte auch dafür, daß der Patriarch von Antiochia, den man aus dem Gefängnis befreit hatte, wieder in seine altgewohnten Rechte und Pflichten eingesetzt und von den europäischen Christen und insbesondere von den Geistlichen respektiert wurde.

Und dann war da noch Bohemund, der sich jetzt bereits als Herr der Stadt fühlte und der gewiß der einzige unter allen europäischen Fürsten war, welchen die Nachricht befriedigte, daß ein byzantinisches Entsatzheer unter der persönlichen Führung des Kaisers, das im Frühling von Konstantinopel aus in Richtung Antiochia aufgebrochen war, wieder umgekehrt sei, weil, wie es offiziell hieß, die Frage des gesicherten Nachschubs und des Flankenschutzes nicht lösbar schien. Der wahre Grund für diese Umkehr, die von den Christen als Verrat empfunden wurde, dürfte aber wohl in den Erzählungen jenes Stephan von Blois zu suchen sein, der unmittelbar vor dem Fall Antiochias desertiert war und der nun als Überbringer schlimmer Botschaften im Lager des Kaisers erschien. Denn Graf Stephan stellte die Sachlage so dar – und glaubte wahrscheinlich selbst an diese Geschichte –, als ob das Heer der Kreuzfahrer längst vernichtet sei, untergegangen im Kampf gegen die Übermacht Kerboghas und gegen den Hunger. Alexios glaubte dieser Erzählung und befahl den Rückzug.

Das also war die tatsächliche Situation, die mit dem Ausdruck »bizarr« eigentlich nur ungenügend dargestellt wird. Da saßen in der verwüsteten Stadt Antiochia einige Zehntausend Christen, die nunmehr schon seit vielen Monaten kämpfend und marschierend, frierend und hungernd, bis zur vollkommenen Lethargie erschöpft und doch wieder einem rätselhaften Impuls gehorchend unentwegt nach vorne gestürmt waren, auch wenn dieses Vorne, dieses Ziel von den meisten nicht wirklich begriffen wurde. Es war eine Idee, der man verzweifelt nachjagte; eine Vision, die man mit dem Verstand allein nicht bewältigen konnte. Und es war ungeachtet aller dramatischen Ereignisse, die jetzt folgen sollten, in der Tat das größte Wunder, daß diese Armee überhaupt noch existierte, daß sie, die in diesen Junitagen des Jahres 1098 zu Antiochia weniger durch fromme Leidenschaft als durch eine Art Hysterie zusammengehalten wurde, nach wie vor eine ernst zu nehmende Macht bedeutete, ein Instrument war in den Händen jener, die damit Großes für die Christenheit bewirken oder auch nur ihre eigenen Pläne realisieren wollten. Wenn man jedenfalls die Aufzeichnungen jener meist anonymen Pilgersoldaten liest, die diesen Feldzug mitgemacht hatten und die ohne jede Beschönigung die Qualen beschrieben, die sie alle erdulden mußten, dann fragt man sich, welchem Gesetz oder welchem Instinkt die Menschen gehorchten, daß sie imstande waren, das Außerordentliche zu riskieren, um bis nach Jerusalem zu gelangen, das doch fast allen diesen Büßern und Sündern bloß eine Chimäre war oder eine Chiffre, die in Wahrheit für die Existenz dieser Menschen keine reale Bedeutung besaß. War es tatsächlich der Glaube, der sie alle weitertrieb? Oder eine Art von gottergebener Gleichgültigkeit, unterbrochen durch Anfälle frommer Raserei? Oder die Hoffnung auf ein neues und besseres Leben jenseits des nächsten Horizonts, jenseits dessen, dahinter dieses Jerusalem liegen mußte?

Die Lage war hoffnungslos. In Antiochia wütete der Hunger. Draußen vor den Mauern der Stadt lagerte ein gewaltiges türkisches Heer, das den eingeschlossenen Christen an zahlenmäßiger Stärke und gewiß auch an Moral bei weitem überlegen war. Das Entsatzheer des byzantinischen Kaisers befand sich irgendwo in Anatolien, Hunderte von Kilometern entfernt und überdies auf dem Rückzug nach Konstantinopel. Mit irgendwelchen nennenswerten Verstärkungen aus Europa durfte man nicht rechnen. Jeder neue Angriff der Soldaten Kerboghas konnte das Ende bedeuten. War also tatsächlich ein Wunder vonnöten, um diesen Ersten Kreuzzug in letzter Sekunde vor der vollkommenen Vernichtung zu retten?

Der Zweck heiligt die Mittel

Ein skeptischer Mensch würde sich, wollte er die nachfolgenden Ereignisse sozusagen mit einem vernunftbegabten Blick erfassen, sehr genau jenes Datums entsinnen, an welchem zum erstenmal ein gewisser Peter Bartholomäus, ein schlichter Bauernjunge aus der Provence, bei Graf Raimund von Toulouse vorsprach, um diesem und dem päpstlichen Legaten eine mehr als ungewöhnliche Geschichte zu erzählen. Es war dies der 10. Juni 1098. Und seit fünf Tagen stand Kerbogha mit seiner Armee vor den Mauern Antiochias, war die Lage der christlichen Eroberer, die jetzt ihrer Eroberung kaum noch froh sein konnten, eine mehr als angespannte, ja sogar verzweifelte, und hatte es zumindest für den gewöhnlichen Mann, für den durchschnittlichen Pilger, der weder in großen strategischen Zusammenhängen zu denken gewohnt war noch einen Anlaß hatte, der launischen Göttin Fortuna ein sonderliches Vertrauen zu schenken, tatsächlich den Anschein, als wäre alles verloren, als hätte sich Gott endgültig von seinen Pilgern abgewendet. Es schien also rund um diesen 10. Juni alles aufs äußerste gefährdet, was diese Armee bisher erreicht hatte; es war zuvor bereits die Stimmung der nunmehr eingeschlossenen Kreuzfahrer ins schier Bodenlose gefallen, was bei einer Truppe, die sich seit Monaten in der Hauptsache nur noch von Kräutern und Disteln ernährt und dabei immerzu einen gefährlichen bis überlegenen Feind vor Augen hat, freilich nicht sonderlich überrascht. »Die Soldaten waren hungrig und bangen Muts«, schreibt Runciman und fügt vorsorglich hinzu, daß nunmehr auch der Glaube, welcher sie bisher aufrechterhalten hatte, zu wanken begann. »Es herrschte eine Stimmung, in welcher Träume und Gesichte blühten und gediehen. Dem mittelalterlichen Menschen war das

Übernatürliche weder etwas Unmögliches noch gar etwas Seltenes. Die modernen Vorstellungen von der Macht des Unterbewußten waren unbekannt. Träume und Visionen stammten von Gott oder in einigen Fällen auch vom Teufel. Die Skepsis beschränkte sich darauf, dem Wort des Träumers kurzerhand keinen Glauben zu schenken. Diese Einstellung ist bei der Beurteilung des nachfolgenden Vorkommnisses zu erinnern.« – Nicht vergessen sollte man in diesem Zusammenhang, daß auch in den folgenden Jahrhunderten, in denen sich allmählich die Aufklärung der Menschen bemächtigte, bis herauf in unsere Tage der Aberglaube und die Fähigkeit zur Vision immer dann erstaunlich zunehmen, wenn die Verzweiflung der Menschen besonders groß ist.

An diesem 10. Juni also stand der provençalische Bauernjunge Peter Bartholomäus, den wir uns als einen pfiffigen Burschen vorstellen müssen, der vom Leben arg gebeutelt worden war und dennoch sein Schicksal bisher gemeistert hatte, im Zelt des Grafen von Toulouse und überbrachte diesem und dem Bischof Adhemar von Le Puy eine ganz und gar ungewöhnliche Botschaft. Raimund von Agiles, einer der Begleiter des Grafen von Toulouse, hat uns genau überliefert, was den Kern der Erzählung dieses Peter Bartholomäus ausmachte: »Andreas, der Apostel Unseres Gottes und Herrn Jesus Christus hat mir viermal verkündet und befohlen, ich solle zu Euch gehen und Euch aus der Stadt die Lanze bringen, die die Seite des Erlösers öffnete. Als ich heute nämlich mit den anderen aus der Stadt zum Kampfe gezogen und verfolgt von zwei Reitern atemlos und halb ohnmächtig geflohen war, blieb ich traurig auf einem Stein sitzen. Als ich so saß, im Übermaß von Kummer und bedrückt von Schmerz und Furcht, trat der heilige Andreas vor mich hin mit einem Begleiter. Er bedrohte mich sehr für den Fall, daß ich Euch nicht schnell die Lanze brächte.« – So also sprach angeblich Wort für Wort dieser Peter Bartholomäus, von dem man nicht verschweigen darf, daß er nicht den allerbesten Ruf genoß. Er scheint ein notorischer

Aufschneider und Lügner gewesen zu sein, dessen blühende Phantasie und dessen südländisches Temperament ihm bei manchem Schelmenstreich behilflich gewesen waren; und er scheint auch, wenn wir den verschiedenen Chronisten Glauben schenken dürfen, bei aller Naivität, die vielleicht auch bloß eine gespielte war, ein ziemlich durchtriebener, abgefeimter Kerl gewesen zu sein, was natürlich nicht ausschließt, daß seine Frömmigkeit, die ihn zu solchen bemerkenswerten Traumbildern befähigte, durchaus echt war. Im übrigen war er nicht der einzige, dem in jenen schweren Tagen Visionen zuflogen; auch ein Priester oder Mönch aus dem provençalischen Valence namens Stephan gab an, daß ihm Christus erschienen und wichtige Aufträge mitgeteilt habe, was Adhemar, den einflußreichen Bischof von Le Puy, der den abenteuerlichen Erzählungen des Peter Bartholomäus eher reserviert gegenüberstand, doch beeindruckt zu haben scheint, weil dieser Priester einen guten Leumund besaß und überdies sogleich bereit gewesen war, bei der Bibel die Wahrhaftigkeit seines Traumbildes zu beschwören, wozu sich Peter Bartholomäus nicht bereitgefunden hatte oder wozu er auch gar nicht erst aufgefordert worden war. Wie auch immer: Zuletzt vermochte der Bauernbursche durch seine Hartnäckigkeit und wohl auch durch die Genauigkeit seiner Angaben darüber, wo sich diese Heilige Lanze befand – nämlich in der großen St.-Peter-Kathedrale, die von Adhemar gerade erst in Ordnung gebracht und wieder neu geweiht worden war –, sowohl Raimund als auch den mißtrauischen Bischof zu überzeugen. Vielleicht war es die Häufigkeit der Erscheinungen, war es der lange Zeitraum, über welchen sich diese Visionen erstreckten – seit mehr als einem halben Jahr hätten ihn die Traumgesichte verfolgt, erzählte Peter Bartholomäus und überraschte seine fürstlichen Zuhörer mit einer Detailfreudigkeit, wie sie dem eher schüchternen Priester Stephan nicht zur Verfügung stand –, vielleicht also waren es etliche Dinge, die heute nicht mehr rekonstruierbar sind, die zuletzt den Ausschlag gaben, daß man dem bäuerlichen Geschichtenerzähler doch glaubte und den Auftrag erteilte, unverzüglich in der Kathedrale nach dieser kostbaren Reliquie zu forschen. Dem allgemein bekannten Umstand, daß in Konstantinopel bereits seit Jahrhunderten eine solche Heilige Lanze verehrt wurde, scheint man in diesem Zusammenhang keine Bedeutung beigemessen zu haben.

Nun entwickelte sich diese mysteriöse Geschichte freilich nicht so einfach, wie sie sich hier darstellt. Denn obgleich sich im ganzen Heer die Nachricht mit Windeseile verbreitet hatte, daß zwei Männern in mehreren Visionen Christus und Heilige erschienen wären, um ihnen und damit allen Kreuzfahrern ein ermutigendes Zeichen zu geben, weil es ja außer jedem Zweifel stand, daß zum Beispiel die Heilige Lanze, wenn sie erst einmal gefunden worden war, den Christen im Kampf gegen die übermächtigen Heiden zum Sieg verhelfen würde; und obgleich diese Nachricht, die durch allerlei phantasievolle Erzählungen noch ausgeschmückt wurde, die Moral der Truppe buchstäblich von einem Augenblick zum anderen entscheidend verbesserte: Es war dennoch ein recht schwieriger Weg bis zur Auffindung dieser Reliquie, es bedurfte trotzdem mancher Anstrengung und vielleicht sogar des einen und anderen niedergeschlagenen Blickes, wodurch man sein Gewissen angesichts eines möglichen Schwindels beruhigte, bis man das kostbare Stück endlich entdeckte. Das geschah am 14. Juni. Ein Meteor durchquerte an jenem Tag überdies den Himmel und verglühte oberhalb des türkischen Lagers, was allgemein als günstiges Zeichen angesehen wurde. Und zugleich begannen Arbeiter damit, den Boden in der Kathedrale zu durchwühlen – nach einer anderen Darstellung soll dies freilich erst am darauffolgenden Tag geschehen sein –, wobei man sich genau nach den Anweisungen des provençalischen Bauernjungen richtete, der inzwischen zu ungeheurer Popularität emporgestiegen war, nicht zuletzt auch deshalb, weil er immer wieder angab, Visionen zu haben, was Skeptiker vielleicht damit erklären werden, daß er im Priester Stephan, der gleichfalls mit erstaunlichen Traumgesichten aufwarten konnte, einen ernsthaften Konkurrenten hatte, über den es in diesem seltsamen Wettstreit der Visionäre um jeden Preis zu triumphieren galt, was aber den abergläubischen Pilgern wiederum nur ein weiterer Beweis für die Glaubwürdigkeit all dieser Erzählungen war. In diesem Zusammenhang darf man nicht verschweigen, daß Peter Bartholomäus des öfteren kleiner Lügen überführt wurde und sich in peinliche Widersprüche verwickelte, darunter in jenen merkwürdigen, daß er auf strenges Befragen erklärte, des Lesens und Schreibens unkundig zu sein, was aber, wie alle seine Kameraden genau wußten, die Unwahrheit war.

Doch das alles schien jetzt, da die Arbeiter eine tiefe Grube in den Fußboden der Kathedrale geschaufelt hatten, völlig bedeutungslos. Wir können uns heute kaum vorstellen, mit welcher Aufmerksamkeit alle Anwesenden, darunter der Graf von Toulouse und natürlich Adhemar, der päpstliche Legat, sowie Raimund von Agiles, der uns eine detaillierte Schilderung dieser Ereignisse überlieferte, in diese Grube blickten, die freilich lange Zeit nichts weiter vorstellte als eben ein ganz gewöhnliches Erdloch, darin sich gar nichts Außergewöhnliches entdecken ließ. Raimund von Agiles berichtete darüber: »Vom Morgen bis zum Abend gruben wir. Am Abend begannen wir, die Hoffnung aufzugeben, wir könnten die Lanze finden. Der Graf war fortgegangen, sich um die Bewachung seines Lagers zu kümmern. Wir aber haben uns an seinen Platz gestellt und den der anderen, die es müde waren zu graben, und haben mutig das Geschäft fortgeführt. Als der junge Mensch, der von der Lanze gesprochen hatte, sah, daß wir ermüdeten, legte er seinen Gürtel und seine Schuhe ab, und barfüßig und im Hemd stieg er in die Grube, die wir gegraben hatten, und ermahnte uns, Gott zu bitten, er möge uns die Lanze geben zum Trost und Sieg Seines Volkes. Endlich hat Gott in Seiner Güte uns die Lanze gezeigt, und als erst die Spitze über der Erde erschien, habe ich, der ich dies schreibe, sie geküßt. Die Freude und den Jubel, die die

Stadt erfüllten, kann ich nicht beschreiben. Es war der 14. Juni, als die Lanze gefunden wurde.«

Es hatte also Peter Bartholomäus tatsächlich dafür gesorgt, daß sich seine Visionen bewahrheiteten. »Es ist zwecklos, heute noch zu versuchen, sich ein Urteil darüber zu bilden, was sich wirklich ereignete. Die Kathedrale war erst kürzlich anläßlich ihrer neuerlichen Weihe gesäubert worden. Peter Bartholomäus war möglicherweise nach seiner Rückkehr nach Antiochia, deren genauen Zeitpunkt er nie angab, bei diesen Arbeiten beschäftigt gewesen und hatte so die Möglichkeit gehabt, ein Stück Eisen unter dem Fußboden zu vergraben. Oder aber er besaß die Gabe eines Wünschelrutengängers, der das Vorhandensein von Metall in der Erde anzugeben vermochte. Es ist bemerkenswert, daß selbst zu jener Zeit, da man allgemein Wunder für möglich hielt, Adhemar eindeutig auf seiner Ansicht beharrte, Peter sei ein Scharlatan; und dieses Mißtrauen wurde von vielen anderen geteilt. Aber noch war es nicht offen geäußert worden. Die Auffindung der Reliquie hatte die Christen – und sogar die Griechen und Armenier – so guten Mutes gemacht, daß niemand ihre Wirkung zu verderben wünschte.« (S. Runciman) – Der Zweck sollte also die Mittel, auch die unverschämtesten, heiligen, wie sich jetzt rasch herausstellen würde.

Man muß sich nun wieder der allgemeinen militärischen Lage zuwenden, an der sich in der Zwischenzeit nichts geändert hatte. Die Christen waren in der Stadt hoffnungslos eingeschlossen, litten Hunger und waren demoralisiert. »Wenn Bohemund nicht die Stadttore geschlossen hätte, wären nur wenige geblieben«, notierte Raimund von Agiles lakonisch, der gewiß kein Parteigänger Bohemunds und der Normannen war. Dieser wiederum hatte endgültig den Oberbefehl über das gesamte Kreuzfahrerheer an sich gerissen, nicht zuletzt auch deshalb, weil Raimund von Toulouse, sein einziger ernsthafter Rivale, erkrankt war. Und gerade das bedeutete wahrscheinlich, wenn wir einmal von der belebenden Wirkung absehen wollen, welche durch die

Auffindung der Heiligen Lanze erzeugt worden war, die Rettung dieser Armee aus einer katastrophalen Situation. Denn Bohemund verharrte nicht, wie das die anderen Anführer getan hatten, in diesem Zustand der Lethargie, den Verzweiflung, Erschöpfung und Mutlosigkeit erzeugen und an dessen Ende Auflösung und Kapitulation stehen, sondern er, der stets ein Mann der Tat gewesen war, ein ungemein vitaler Charakter, der ein Schicksal nicht ergeben akzeptierte, weil er es immer wieder zu seinen Gunsten zu zwingen versuchte, ein Mann des Erfolges, dem das Ungewöhnliche gut genug war, um daraus eine bewundernswerte Biographie zu formen, sondern er also bestand darauf, die Initiative zu ergreifen, um nicht von Kerbogha überrannt zu werden.

Ein erster Schritt aus der selbstauferlegten Defensive war die Entsendung einer Gesandtschaft zu Kerbogha, um diesen zumindest zur Annahme eines Waffenstillstandes oder vielleicht sogar zur Aufhebung der Belagerung zu bringen. Es war dies wahrscheinlich eher ein Versuch Bohemunds, etwas Zeit zu gewinnen, um Ordnung in die eigenen Reihen zu bringen, als eine überzeugende Demonstration zugunsten eines Friedens, den im Grunde weder die Christen noch die Türken ernsthaft anstrebten. Die Gesandtschaft bestand aus zwei Männern, die beide wohl wußten, daß sie ihr Leben riskierten, wenn sie zu Kerbogha gingen, der berüchtigt war für seine Grausamkeit und Unberechenbarkeit; und dabei ist es bemerkenswert, daß einer dieser beiden Männer ausgerechnet Peter von Amiens war, der ein knappes halbes Jahr zuvor aus dem Lager vor Antiochia desertiert war und den man damals mit Gewalt hatte zurückholen müssen. Er also, den man eigentlich als einen Feigling bezeichnen müßte, was wiederum im Gegensatz stehen würde zu seinem religiösen Fanatismus und zur Energie, mit welcher er den legendären Volkskreuzzug initiiert hatte und die ihn auch noch nach dem elenden Zusammenbruch dieses Unternehmens befähigt hatte, ein unermüdlicher und eifernder Prophet des Heiligen Krieges zu sein, er also ging jetzt in das Lager des Feindes, von dem man ja wußte, wie unberechenbar er war. – Sein Begleiter war ein gewisser Herluin, ein Franke, der sich dadurch auszeichnete, daß er des Arabischen und Persischen mächtig war und sich als Dolmetscher nützlich machen konnte. Wortführer der Unterhandlungen war allerdings Peter von Amiens. Wenngleich wir nicht genau wissen, welche Bedingungen oder Angebote er im Namen und im Auftrag Bohemunds machen durfte, so kann man doch wohl davon ausgehen, daß er den Türken für den Fall, daß sie einen Waffenstillstand ablehnten, Zweikämpfe vorzuschlagen hatte, deren Ausgang das Schicksal dieses Krieges entscheiden sollte. Denn derlei entsprach durchaus altgewohntem ritterlichen Brauch, daß man einige Auserwählte immer dann einen Zweikampf auf Leben und Tod austragen ließ, wenn die Situation eine allzu verfahrene, undurchsichtige, unlösbare war; oder wenn man des wahllosen Tötens müde geworden war. Man legte also das Schicksal einer Armee, einer Burg, einer Stadt in die Hände eines begabten Schwertkämpfers und unterwarf sich dann dem Ausgang dieses Duells, wie immer es auch enden sollte. Und genau das dürfte Peter den Türken angetragen haben. Aber Kerbogha lehnte ab, und die beiden Europäer kehrten unverrichteter Dinge in die belagerte Stadt zurück.

Das war am 27. Juni geschehen. Bereits am Morgen des folgenden Tages, also am 28. Juni, ließ Bohemund die Armee der Kreuzfahrer zum Sturmangriff gegen das Lager der Türken antreten. »Die Unsrigen schritten dahin wie die Geistlichen in einer Prozession, und es war wirklich eine Prozession, nämlich Priester und viele Mönche in weißen Gewändern schritten vor dem Heer der Soldaten her, singend um Gottes Hilfe und die Fürbitte der Heiligen anrufend . . .« – So schilderte Raimund von Agiles den Aufbruch der Pilger, die sich an diesem schicksalhaften Tag tatsächlich wieder einmal als Soldaten Christi betrachteten, zumal ihnen allen gewiß deutlich bewußt war, daß nur ein vollkommener Sieg über die Armee Kerboghas eine radikale

Veränderung der bedrückenden Situation erlaubte; und daß schon ein unentschiedener Ausgang dieser Schlacht, die sich nun mit Heftigkeit zu entwickeln begann, das Ende aller Illusionen, Hoffnungen und hochgemuten Pläne bedeutete. Raimund von Agiles, dem provençalischen Geschichtsschreiber und Vertrauten des Grafen von Toulouse, wurde dabei die außerordentliche Ehre zuteil, als Träger der Heiligen Lanze dem Heer voranzuschreiten. Und die Soldaten, geschwächt von den Strapazen, die sie bisher hatten erdulden müssen, hungernd und von Krankheit gezeichnet, gehorchten, als ob sie verzaubert worden wären, dieser Reliquie, die vielleicht wirklich nur das Ergebnis eines Schelmenstreiches oder einer allzu blühenden Phantasie war. Aber darüber zerbrach sich in diesem wichtigen Augenblick, da die Pilger aus den Stadttoren Antiochias drängten und sich in der Ebene des Orontes, die sich vor den Mauern dehnte, sogleich eine Reihe von erbitterten Einzelgefechten entwickelte, wahrscheinlich niemand den Kopf. Man glaubte an diese Reliquie. Und man war vom Erfolg überzeugt. Es scheint in der Tat dieses Stück Eisen, das Raimund von Agiles den Soldaten feierlich vorantrug, eine Art Wunderkraft besessen zu haben, von einer Magie durchtränkt gewesen zu sein, die in jedem einzelnen christlichen Kämpfer jene Zuversicht wachsen ließ, die angeblich Berge zu versetzen vermag. Derlei mag sich heute ein wenig kurios anhören; aber wir dürfen nicht vergessen, daß der mittelalterliche Mensch zutiefst davon überzeugt war, in gewissen Reliquien, in gewissen Erscheinungen jene unzerstörbare Kraft zu finden, die ihn auch das scheinbar Unüberwindliche bezwingen ließ. Außerdem hatten die Soldaten aus Europa nichts mehr zu verlieren. Denn alle wußten, was sie im Falle einer Niederlage erwartete; und daß es nach einer solchen Niederlage keinen Waffenstillstand oder eine Atempause geben würde; selbst die Möglichkeit einer Flucht schien ausgeschlossen.

Die Schlacht am Orontes entschied nicht bloß über das Schicksal Antiochias und dieses Ersten Kreuzzuges, der, hätten die Türken an diesem 28. Juni 1098 gesiegt, endgültig gescheitert wäre, wobei es mehr als fraglich ist, ob sich dann noch in Europa jene Begeisterung entwickelt hätte, die für die nächsten Jahrzehnte einen unaufhörlichen Nachschub an Menschen garantierte, welche die ganze östliche Levante wie eine Sturmflut überschwemmten; auch die tiefe und nachhaltige Wirkung, welche die orientalische Kultur auf die halbbarbarische europäische nehmen sollte, nachdem erst einmal Jerusalem gefallen und christliche Fürstentümer und Königreiche sich inmitten der arabischen Welt etabliert hatten, wäre für den Fall eines türkischen Sieges an diesem Tag vollständig ausgeblieben. Der Einsatz, um den es ging, war also ein hoher, obgleich das weder die einfachen Soldaten noch die Anführer begriffen haben mögen, weil es ihnen nur ums Überleben, nur um die Zersprengung dieses Würgegriffes ging, den Kerboghas Armee um Antiochia und die christlichen Truppen gelegt hatte. Dennoch scheint eine Ahnung von der übergeordneten Bedeutung dieser Schlacht die Menschen ergriffen zu haben; denn die Art und Weise des christlichen Vormarsches, wie sie uns von Augenzeugen geschildert wird, die eindrucksvolle Selbstverständlichkeit, mit der Normannen, Südfranzosen, Italiener durch den dichten Pfeilhagel der türkischen Bogenschützen schritten und durch die jener übermenschliche Heroismus deutlich wird, dem wir heutzutage zwar keinen Geschmack mehr abgewinnen können, weil wir gegen jeden Heroismus mißtrauisch geworden sind, und der damals in mehr als einer Hinsicht doch mitentscheidend gewesen war für das künftige Schicksal eines Abendlandes, das sich nach diesem Ersten Kreuzzug ein christliches würde nennen dürfen: Dies alles sowie der übereinstimmende Bericht vieler Soldaten und Ritter, daß sie mitten in der Schlacht, als noch gar nichts entschieden war, an einem Bergabhang, der die Ebene nach Osten zu abschirmte, eine Schar von Rittern auf weißen Pferden gesehen hätten, die ernst und stumm weiße Banner geschwenkt hätten und an deren Spitze die heiligen Merkurius, Demetrius und Georg geritten wären, was eine höchst merkwürdige Vision war angesichts des blutigen Tumultes, der die Ebene am Orontes in Aufruhr versetzte. Im türkischen Heer zeigten sich gewisse Auflösungserscheinungen, die durch die Eifersucht rivalisierender Emire verursacht wurden, denn mancher türkische Fürst fürchtete insgeheim einen vollkommenen Sieg Kerboghas, was wahrscheinlich schwerwiegende Konsequenzen gehabt hätte zugunsten einer Neuordnung der türkischen Situation; dies alles ermöglichte schließlich das Unwahrscheinliche. Das türkische Heer begann zu wanken. Plötzlich erschien ein Herold im Lager der Christen und bot diesen einen Waffenstillstand an. Aber Bohemund lehnte ab und warf seine Reserven in die Schlacht. Und immer im dichtesten Getümmel dieses Stück Eisen in den Händen Raimunds von Agiles. Und jetzt auch immer der alte vertraute Schrei »Gott will es«, der so lange schon nicht mehr den Männern über die Lippen gekommen war. Ein Blutrausch überkam auch jene, die vielleicht noch am Tag zuvor an Aufgabe und Flucht gedacht hatten. Selbst als die Schlacht schon entschieden war und die Armee Kerboghas sich in voller Auflösung befand, wüteten diese Pilger Christi immer noch gegen das Leben der Feinde, verfolgten sie die Fliehenden und metzelten erbarmungslos nieder, was ihnen unter die Hände kam. Es wurde kein Erbarmen gegeben, es wurden keine Gefangenen gemacht. »Gott will es«, klang es schrill und böse aus Tausenden von Mündern. »Gott will es!« – Und als der Abend hereinbrach über die grünen Ebenen vor Antiochia, da existierte die Armee Kerboghas praktisch gar nicht mehr, da war der Sieg der Kreuzfahrer ein vollkommener.

FÜNFTER TEIL

Die Eroberung Jerusalems

Es ist gewiß müßig, heute noch darüber nachzudenken, was eigentlich diese Schlacht von Antiochia letztlich entschieden hatte: Bohemunds ebenso kühne wie rücksichtslose Strategie, alles auf eine Karte zu setzen und sich dabei der erbitterten Verzweiflung der Kreuzfahrer zu bedienen, um einen überlegenen Feind mit jener Wut zu attackieren, die ihn schließlich zur Flucht zwang; oder aber die mythische Kraft einer Reliquie, für die diese halbverhungerten und erschöpften Männer eine letzte Anstrengung wagten, für die sie das Äußerste auf sich nahmen, weil sie sich durch einen religiösen Zauber beschützt und dadurch unverwundbar wähnten. Es ist sinnlos, irgendeiner Spekulation nachzuhängen, wie weit hier der Glaube eine Rolle gespielt hatte oder wie sehr sich die Kreuzfahrer von ihrem frommen Instinkt leiten ließen, wobei man heute kaum noch imstande sein wird, einen Unterschied zwischen religiöser Gläubigkeit und heidnischem Aberglauben festzustellen, weil manches, was diesen unerwarteten Triumph über den türkischen Feind ermöglichte, mit rationalen Mitteln nicht erklärbar scheint. Aber gerade deshalb erscheint es notwendig, die Fortsetzung dieser Geschichte zu erzählen, die mit den Männern zu tun hat, die diese Heilige Lanze erfunden oder entdeckt oder aber ihren Wert, ihre Echtheit bezweifelt hatten, weil erst dadurch, daß man diese Geschichte bis zu ihrem tragischen Ende schildert, ein wenig vom latenten Widerspruch und der Disharmonie deutlich wird, die diese Idee vom Heiligen Krieg immer stärker beherrschten, je länger dieser Krieg andauerte und je größer die Opfer wurden, die jeder neue Sieg kostete.

Die Lage war nämlich auch nach dem Sieg der Christen über Kerbogha um nichts weniger verworren und widerspruchsvoll wie zuvor. Bohemund erhob nachdrücklichen Anspruch auf Antiochia. Gottfried von Bouillon unterstützte diesen Anspruch; wahrscheinlich beneidete er seinen Bruder Balduin und dessen erstaunliche Karriere in Edessa, der er eine ähnliche Leistung und Eroberung entgegenzusetzen wünschte; dazu war es notwendig, daß auch andere Fürsten ein Beispiel für diese einträgliche Art des Kolonialismus gaben, wie eben Balduin das getan hatte und Bohemund das in Antiochia zu tun beabsichtigte. Die dringende Warnung Raimunds, daß sich Kaiser Alexios eine solche Politik nicht würde gefallen lassen, fruchtete wenig, zumal sich der Kaiser durch seinen raschen Rückzug aus Anatolien alle Sympathien im Lager der Kreuzfahrer verscherzt hatte; viele Ritter fühlten sich jetzt, da sie sich von Alexios verraten glaubten, nicht mehr an den Lehenseid gebunden, den sie ihm geleistet hatten. Diese Haltung Raimunds, der nun nahezu als einziger unter den Anführern der Armee dem byzantinischen Kaiser gegenüber loyal zu sein versuchte, verlor vollends an Bedeutung, als Adhemar, der Legat des Papstes und einflußreiche Freund Raimunds, der wie dieser jeden Konflikt mit Konstantinopel zu vermeiden suchte, an einer Seuche, die im Frühsommer des Jahres 1098 ausgebrochen war, erkrankte und ihr innerhalb von wenigen Tagen erlag. Der Tod dieses Mannes war, wie Steven Runciman das charakterisiert, eine der größten Tragödien dieses Kreuzzuges: »Adhemars Tod war eine der größten Tragödien des Kreuzzugs. Durch die Seiten der zeitgenössischen Chroniken zieht er als eine einigermaßen schattenhafte Gestalt; aber es geht aus ihnen hervor, daß er größeren persönlichen Einfluß ausübte als irgendein anderer Kreuzfahrer. Als Vertreter des Papstes genoß er Achtung; sein eigenes Wesen gewann ihm die Zuneigung des ganzen Heeres. Er war barmherzig und sorgte für die Armen und Kranken. Er war bescheiden und niemals streitsüchtig; doch war er allzeit, selbst in militärischen Fragen, mit klugem Rat zur Hand, und als Feldherr war er ebenso mutig wie scharfsinnig.«

Diese Tragödie sollte noch ein dramatisches Nachspiel haben. Denn jener Peter Bartholomäus, der als Entdecker der Heiligen Lanze außerordentliches Ansehen genoß, scheint nicht nur ein durchtriebener, sondern auch ein rachsüchtiger Charakter gewesen zu sein; oder es war ihm, wie das gewisse nachfolgende Ereignisse bestätigen sollten, ganz einfach sein Ruhm zu Kopf gestiegen. Jedenfalls behauptete er wenige Tage nach dem Tod Adhemars, dieser sei ihm in einer Vision erschienen und habe ihm reuevoll mitgeteilt, daß er seines Mißtrauens wegen, das er gegen Peter Bartholomäus an den Tag gelegt hatte, nunmehr in der Hölle seine Sünden abbüßen müsse. Das war natürlich ein Affront nicht nur einem Toten gegenüber, der im ganzen Heer hochangesehen gewesen war, sondern auch gegen die Politik, die in seinem und Raimunds Namen betrieben wurde. Außerdem entfachte diese angebliche Vision neuerlich die Diskussion über die Echtheit der Heiligen Lanze; sie entzweite die Südfranzosen unter Raimund von Toulouse, die an die wunderbare Wirkung der Reliquie glaubten, von den Nordfranzosen und Normannen, die eine eher skeptische Meinung von dieser ganzen Angelegenheit hatten. Peter Bartholomäus, der sich in seinem Ruhm sonnte und nicht müde wurde, immer neue Geschichten zu erfinden, die seine Bedeutung für das Heer unterstreichen sollten, gewann auf diese Weise viele neue Anhänger und viele neue Feinde, bis er schließlich über seine eigenen Möglichkeiten und Fähigkeiten hinauswuchs und sich, um alle Zweifler an seiner visionären Begabung endgültig zu bekehren, zur Tollkühnheit verstieg, sich freiwillig der sogenannten Feuerprobe auszusetzen.

Diese Feuerprobe wurde am Karfreitag des Jahres 1099 inszeniert, als sich das Heer der Kreuzfahrer unter Raimund vor der Stadt Arga befand, etwa eine Tagesreise von Tripolis entfernt; und sie bestand darin, daß man in einem Hohlweg zwei große Holzstöße errichtete, die, bevor man sie entzündete, von Geistlichen gesegnet wurden. Dann sprang Peter Bartholomäus, die angebliche Reliquie mit beiden Händen fest umklammernd, in die lodernden Flammen. Sollte er diesem Inferno unversehrt entkommen, war seine Unschuld bewiesen, war die Echtheit der Reliquie sozusagen durch himmlischen Zuspruch bestätigt.

Peter Bartholomäus hatte alles riskiert, um seine Ehre zu retten; oder auch bloß seines übertriebenen Selbstgefühls wegen, das durch die wachsende Kritik an seinen visionären Erzählungen empfindlich gekränkt worden war. Und jetzt, da er, wie er glaubte, den letzten Schritt zur Erringung unverlierbaren Ruhms wagte, stürzte er ab. Zwar entkam er den Flammen, allerdings mit lebensgefährlichen Verbrennungen, denen er etliche Tage später erlag. Und die Heilige Lanze, die in der Schlacht gegen Kerbogha noch die Massen bewegt hatte, verlor nun so gut wie jede Bedeutung. Man begriff wohl, daß man einer Chimäre aufgesessen war. Und mancher Pilger mag sich nachdenklich gefragt haben, ob das, was hier im Namen Gottes geschah, tatsächlich den Segen Gottes besaß.

Jener Sieg vom 28. Juni 1098 über Kerbogha, der weit über das Militärische hinaus ein grandioser Erfolg der christlichen Sache gewesen war, hatte also, was das eigentliche Dilemma der Kreuzfahrer anging, in Wahrheit noch gar nichts entschieden. Es standen einander nach wie vor die alten Rivalen Bohemund und Raimund unversöhnlich gegenüber. Der Tod Adhemars war zudem ein weiterer schwerer Verlust, denn die moralische und politische Integrität des päpstlichen Legaten hatte manchen Streit besänftigt, manchen Gegensatz ausgeglichen. Raimund von Toulouse, der als Verwalter und Bewahrer dieser Politik seines verstorbenen Freundes hätte auftreten müssen, besaß bei weitem nicht die Autorität Adhemars, die diesen immer wieder befähigt hatte, ausgleichend und schlichtend zu wirken. Alles, was Raimund vorerst erreichte, war eine Zusammenkunft der Fürsten am 11. September in Antiochia, bei welcher man einen ebenso phantastischen wie hochtrabenden Katalog an Forderungen erarbeitete, dessen einziges konkretes Ergebnis ein Brief an den Papst war, darin man nicht mehr und nicht weniger forderte, als daß Urban möglichst unverzüglich nach Antiochia aufbrechen solle, um hier den Oberbefehl über das Heer zu übernehmen. Man wird wohl annehmen dürfen, daß diese Botschaft, die ebenso hochtrabend wie töricht war, lediglich eine diplomatische List bedeutete, um jede Entscheidung über das Schicksal Antiochias hinauszögern zu können. Einen praktischen Wert besaß das alles ohnedies nicht. Denn es mußten die Fürsten wohl wissen, daß der Papst kaum binnen Jahresfrist, wie sie es in ihrem Sendschreiben gefordert oder dringend angeraten hatten, in der Levante erscheinen würde; und Bohemund, der diesen sonderbaren Traktat mitunterzeichnet hatte, wußte wiederum ganz genau, daß ihm niemand die Herrschaft über Antiochia streitig machen konnte. Zudem verschärften sich die Gegensätze zwischen Normannen, Provençalen und Nordfranzosen, arteten sie gelegentlich bis zum drohenden Bürgerkrieg aus, kam es immer wieder zu Scharmützeln unter den Christen, die jetzt, da nur mehr die letzte Wegstrecke des langen Marsches nach Jerusalem zu bewältigen war, das beschämende Bild einer heillos untereinander zerstrittenen, einander feindselig und argwöhnisch belauernden Gemeinschaft boten, die nur noch durch das gemeinsame Schicksal zusammengehalten wurde, diesen Heiligen Krieg um jeden Preis gewinnen zu müssen, weil für viele dieser Soldaten und Ritter eine Rückkehr nach Europa unmöglich schien. Es waren alle Brücken abgebrochen, in der alten Heimat alle Bastionen aufgegeben worden. Die meisten dieser Pilger standen, was ihre materielle Existenz betraf, buchstäblich mit dem Rücken zur Wand. Und auch die Mehrzahl der Fürsten hatte keine Wahl: Man mußte entweder dem glänzenden Erfolg eines Balduin nacheifern und darauf hoffen, nach der Eroberung Jerusalems ein neues, einträgliches Besitztum in den Weiten Syriens zu erobern; oder man ergab sich in ein elendes Schicksal, das irgendwo auf einem arabischen Sklavenmarkt beginnen und enden würde.

Im übrigen zog es mancher Ritter vor, nicht erst die Eroberung Jerusalems abzuwarten, um sich eine neue Existenz aufzubauen; das Beispiel Balduins und Bohemunds wirkte ansteckend. Der politische Streit tobte um den Besitz Antiochias mit unverminderter Heftigkeit weiter. Am 5. November versammelten sich die Fürsten neuerlich zu Antiochia, in der Kathedrale von St. Peter, um diese leidige Frage zu klären, ohne daß es jedoch zu irgendeiner vernünftigen Einigung kommen konnte, da die Fronten längst hoffnungslos verhärtet waren und keine der Parteien nachzugeben bereit schien. Allerdings geschah hier etwas, das späteren Generationen von Machthabern und Politikern eigentlich als mahnendes Beispiel hätte dienen sollen: Es murrten die Pilger, von denen die meisten dieser langandauernden, von Habgier und Eitelkeit diktierten Auseinandersetzung überdrüssig zu werden begannen; es empörten sich viele, die in der Tat ihr Gelübde zu erfüllen wünschten, gegen diese Politik der Fürsten, die sich hartnäckig um eine Beute zankten, die ihnen gar nicht gehörte; und es sorgten auch Peter Bartholomäus und andere fromme oder fanatische Prediger dafür, daß immer neue Erzählungen von Traumgesichten, in denen Christus oder irgendein Heiliger den unverzüglichen Aufbruch nach Jerusalem forderte, die Meinung jener beeinflußten, die zutiefts gläubig oder auch bloß abergläubisch waren, um Gottes Zorn zu fürchten. Und das dürfte wohl die Mehrzahl gewesen sein, denn nach einigen Tagen des vergeblichen Zuwartens auf eine konkrete Entscheidung »unterbreiteten sie ihren Fürsten ein Ultimatum. Darin erklärten sie mit gleicher Verachtung für Bohemunds und Raimunds ehrgeizige Vorhaben, jene, die sich der Einkünfte Antiochias zu erfreuen wünschten, sollten es nur tun, und jene, denen der Sinn nach Geschenken vom Kaiser stehe, sollten nur auf ihn warten; sie selbst aber würden gen Jerusalem ziehen, und wenn ihre Führer weiter um den Besitz Antiochias feilschten, würden sie seine Mauern dem Erdboden gleich machen, ehe sie von dannen zögen.« (S. Runciman)

Jetzt endlich, da sie die Macht der aufgebrachten Menge fürchten mußten, einigten sich die Fürsten auf einen Kompromiß. Es zeigte sich plötzlich der Graf von Toulouse mit jeder Regelung einverstanden, auch mit jener, die Bohemund in den Besitz Antiochias brachte, sofern dieser einen heiligen Eid leistete, den Kreuzzug bis Jerusalem zu begleiten. Anscheinend wollte Raimund die ganze Sache noch weiter hinauszögern; vielleicht glaubte er auch daran, daß der Papst gegen alle Erwartungen persönlich in Antiochia erscheinen würde; oder er hoffte auf das Eingreifen des byzantinischen Kaisers, dem er sich im Gegensatz zu Bohemund und den meisten anderen Fürsten immer noch durch den Eid verpflichtet fühlte, den er zugunsten Alexios' abgelegt hatte. Man vermochte sich nicht einmal unter dem Druck der Soldaten über die Aufteilung Antiochias endgültig zu einigen. Raimund und Bohemund erhielten, ohne daß dies allerdings dokumentarisch beglaubigt worden wäre, verschiedene Stadtviertel zugesprochen, über die sie nach Belieben herrschen konnten. Es war der Kompromiß, der hier ausgehandelt wurde, während vor den Toren der Kathedrale die aufgebrachten Pilger lärmten, also wenig befriedigend. Nicht einmal zu einer gemeinsamen Aktion in Richtung Jerusalem konnte man sich entschließen, sondern verzögerte auch diese notwendige Entscheidung auf einen späteren Zeitpunkt, indem man vorerst, nur um die ungeduldigen Truppen zu beschäftigen, eine Stadt namens Marra in der Nähe Antiochias angriff. Es war dies nichts anderes als eine Fortsetzung jener Strategie, welche gegen den religiösen Sinn dieses Heiligen Krieges gerichtet war und die Gefühle jener verletzen mußte, die dieses Unternehmen immer noch als einen großartigen Pilgerzug betrachteten. In Wahrheit – und niemals wurde das deutlicher als vor Marra – war fast jeder der Fürsten nur darauf bedacht, möglichst viel an Beute zu gewinnen. Denn als zum Beispiel Marra nach langer Belagerung endlich eingenommen werden konnte, begann die Mehrzahl der Kreuzfahrer, die dem Beispiel ihrer Anführer folgten, sogleich zu plündern, obgleich Bohemund die Einwohner der Stadt seines Schutzes versichert hatte, wenn sie sich ihm ergeben wollten. Es wurden dann freilich alle jene, die töricht genug gewesen waren, diesem Versprechen Glauben zu schenken, ebenso umgebracht wie die anderen Bürger von Marra, die ihr Hab und Gut zu verteidigen suchten. Die Christen wüteten hier mit einer ähnlichen Entschlossenheit, wie das ein Jahr zuvor die zerlumpten Scharen des Volkskreuzzuges in Deutschland getan hatten, wo der Reihe nach die jüdischen Stadtviertel erstürmt und deren Einwohner erschlagen worden waren.

Auch jetzt kam es wieder zum Streit zwischen Bohemund und Raimund, denn jeder der beiden Fürsten beanspruchte Marra für sich, wie sie das zuvor bei Antiochia versucht hatten; und es scheint sie nicht im mindesten berührt zu haben, daß sie den Pilgersoldaten, von denen viele ungeachtet der schrecklichen Dinge, die sie erlebt und verursacht hatten, immer noch aufrichtig frommen Gemüts waren und an ihre Mission glaubten, ein beschämendes Beispiel boten. Schließlich waren es auch tatsächlich die einfachen Soldaten, die wiederum eine Entscheidung herbeizwangen, indem sie die Mauern der eroberten Stadt Marra niederrissen und alle Häuser anzündeten, so daß Graf Raimund, der zuvor durch Bestechung die anderen Fürsten auf seine Seite zu bringen versucht hatte, nunmehr endgültig einsehen mußte, daß er gegen den Willen seiner Armee nicht mehr vorgehen konnte. Mitte Jänner brach er, barfüßig wie der geringste Pilger, von Marra aus in Richtung Jerusalem auf. Es folgten ihm die meisten Fürsten, wenngleich einige, vor allem Gottfried von Bouillon und Robert von Flandern, etliche Wochen lang zögerten, bevor sie sich ihm anschlossen. Zuletzt blieb nur Bohemund, der sich endgültig in Antiochia festgesetzt hatte, diesem letzten Aufgebot fern, über das nun Graf Raimund das Oberkommando führte.

Man gerät als objektiver Chronist dieses Unternehmens, das trotz aller Schwierigkeiten seine konsequente Fortsetzung erfuhr, nunmehr einigermaßen in Verlegenheit, welches Detail dieses letzten Aktes eines dramatischen Schauspiels, welches die mittelalterliche Welt zutiefst verändern sollte, man hervorheben darf und bei welchem man sich mit einigen Hinweisen begnügen kann. Denn die Politik, diese Triebfeder des Heiligen Krieges, der nur in den einfachen Menschen jene tiefe Gläubigkeit entfacht hatte, die sie alle Strapazen und Rückschläge vergessen ließ, während die Machthaber und Verursacher dieses Krieges als raffinierte, ehrgeizige Regisseure in Erscheinung traten, die nur fallweise, nur bedarfsweise jene Frömmigkeit demonstrierten, die der Mehrzahl der Pilger ganz selbstverständlich war, die Politik also war in dem Augenblick schon längst wieder in Bewegung geraten, da Bohemund sich nach Antiochia zurückgezogen hatte, um daraus ein normannisches Fürstentum in der orientalischen Levante zu gestalten, und Raimund von Toulouse vom zerstörten Marra aus südwärts marschiert war, um endlich das ersehnte Ziel dieses Kreuzzuges, nämlich Jerusalem, zu erreichen. Es war nämlich inzwischen ein ägyptisches Heer im südlichen Palästina eingefallen, denn die Fatimiden, die Beherrscher Ägyptens, betrachteten den Vormarsch der Europäer und die Tatsache, daß diese den Türken einige empfindliche Niederlagen beigebracht hatten, als einen Wink des Schicksals, nunmehr selbst aktiv zu werden und sich aus dem zerfallenden Herrschaftsbereich der Türken jene Beute zu holen, die allerdings auch den Kreuzfahrern begehrenswert erschien: Palästina mit Jerusalem. Und so kam es, daß die Fatimiden zu einem Zeitpunkt, da die Christen nach ihrem Triumph über Kerbogha noch damit beschäftigt waren, um den Besitz von Antiochia zu feilschen, bereits Palästina besetzt hatten und, weil sie über die Pläne der Kreuzfahrer genau unterrichtet waren, die Befestigungsanlagen Jerusalems sorgfältig erneuerten.

Aber auch von Konstantinopel aus erreichten neue, alarmierende Nachrichten das christliche Heer; Alexios sei, so hieß es, jetzt bereit, in die Kämpfe um Syrien einzugreifen und mit einer Armee in Antiochia zu erscheinen, um die Kreuzfahrer zu verstärken. Unausgesprochen blieb dabei, was ohnedies selbstverständlich war und sowohl Bohemund als auch Graf Raimund, freilich jeden aus einem anderen Grund, aufhorchen ließ: Kaiser Alexios betrachtete alles levantinische Land, das jetzt von den Kreuzfahrern erobert wurde, nach wie vor als byzantinisches Eigentum; und es war für ihn wie auch für manchen europäischen Ritter gar keine Frage, daß er, wenn er erst einmal in Syrien eintraf, das Oberkommando über das ganze Unternehmen zu erhalten hatte. Das wiederum behagte den einflußreicheren, selbstbewußteren unter den Fürsten nicht – mit Ausnahme Raimunds, der sich Alexios gegenüber stets loyal verhalten hatte –, denn erstens war »der Großteil des Heeres ungeduldig und wollte nach Jerusalem weiterziehen«, und zweitens »wünschte keiner der übrigen Fürsten, unter kaiserliche Lehenshoheit zu geraten« (S. Runciman); es kam schließlich zu einer scharfen Ablehnung dieser kaiserlichen Pläne; in der weiteren Folge fühlte sich Alexios dazu animiert, den ägyptischen Fatimiden, mit denen er, der ein kluger Diplomat war, in Verbindung stand, nachdrücklich zu erklären, daß er weder der Initiator dieses Heiligen Krieges noch verantwortlich für die Taten sei, die dieser Kreuzzug in Syrien setzte. Er distanzierte sich also in dem Augenblick von seinen Verbündeten, die zugleich seine Lehensleute waren, da ein gemeinsames Vorgehen von großer Bedeutung gewesen wäre. »Er hatte durchaus Grund zu diesem Schritt. Bohemunds Vorgehen hatte ihn gelehrt, daß er auf die Loyalität der Franken nicht zählen konnte; außerdem war er an Palästina nicht sonderlich interessiert. Es lag außerhalb der Gebiete, die er für das Kaiserreich zurückzugewinnen gehofft hatte. Seine einzige Verpflichtung in Palästina bestand gegenüber den rechtgläubigen Christen, deren Schutzherr er war. Er dürfte der Auffassung gewesen sein, daß es ihnen unter der duldsamen Herrschaft der Fatimiden besser ergehen werde als unter den Franken, die sich bereits in Antiochia gegenüber den einheimischen Christen ausgesprochen feindselig verhalten hatten. Zugleich jedoch wollte er seine Verbindung mit dem Kreuzzug, der dem Kaiserreich noch nützlich sein konnte, nicht abbrechen. Sein Briefwechsel mit Ägypten fiel späterhin den Kreuzfahrern in die Hände; sie waren über diese Beweise seiner Treulosigkeit aufrichtig empört, obwohl ihnen ihr eigener Wortbruch durchaus recht und billig erschien.« (S. Runciman)

Das also war die politische Situation, war sozusagen die übergeordnete Realität dieses Kreuzzuges, der nun in seine letzte entscheidende Phase eintreten sollte.

Die Kreuzfahrer langten am 7. Juni 1099 vor Jerusalem ein und begannen unverzüglich mit den Vorbereitungen zur Erstürmung dieser schwerbefestigten und, gemessen an den damaligen technischen Möglichkeiten der Kriegführung, so gut wie uneinnehmbaren Stadt, die zudem durch die Umsicht des fatimidischen Statthalters Iftikhar ad-Daula, der über ein starkes Kontingent arabischer und sudanesischer Soldaten verfügte, in jeder Hinsicht auf eine lange Belagerung wohlvorbereitet war. Die Fatimiden hatten außerdem nicht nur dafür gesorgt, daß die Vorratskammern gut gefüllt waren, sondern sie ordneten jetzt auch unverzüglich die Evakuierung der christlichen Bevölkerung an, die zu jener Zeit in der Überzahl gegenüber den Mohammedanern und Juden war. Diese kluge Vorsichtsmaßnahme verringerte einerseits die Menge jener, die ernährt werden mußten, und garantierte andererseits jene Sicherheit innerhalb der Stadtmauern, die nicht gegeben war, solange Christen in Jerusalem lebten und eine christliche Armee die Stadt belagerte. Außerdem hatten arabische Kommandos in aller Eile die wenigen Brunnen und Wasserlöcher in der näheren und weiteren Umgebung zerstört oder vergiftet, so daß die Europäer rasch erkannten, daß sie sich allein schon aus diesem Grund auf eine langanhaltende Belagerung, wie sie in Antiochia letztlich erfolgreich gewesen war, hier vor Jerusalem nicht einrichten konnten. Wilhelm von Tyrus führte über dieses Problem, das bald eine ernste Gefahr für die christliche Armee darstellen sollte, beredte Klage: »Das Heer litt jedoch schrecklich unter dem Durst. Ich sagte schon, daß die Umgebung von Jerusalem dürr und wasserarm ist und man nur in ziemlich großer Entfernung ein paar Bäche, Quellen oder Brunnen findet, die Wasser enthalten. Selbst diese Quellen waren kurz vor der Ankunft unserer Truppen von den Feinden zugeschüttet worden, damit sie weniger lange ausreichten bei der Belagerung der Festung. Sie hatten Erde hineingeworfen oder sie durch verschiedene andere Mittel verstopft; sie hatten auch die Zisternen geöffnet und die anderen Behälter von Regenwasser, die es durch dieses Verfahren nicht mehr zurückhalten konnten, oder hatten sie auch boshaft verborgen, damit die von Durst gequälten armen Unglücklichen nicht kommen konnten, dort Linderung zu suchen.«

Außerdem hatten die Zerwürfnisse im Heer der Kreuzfahrer, deren Ursachen stets der Ehrgeiz und die Habgier einzelner Anführer gewesen waren, keineswegs dadurch ein Ende gefunden, daß jetzt Bohemund im fernen Antiochia residierte und Graf Raimund von Toulouse fast unangefochten als Oberkommandierender auftreten konnte, was diesem alten Haudegen anscheinend so viel bedeutete, daß er darüber jede vorausblickende Vorsicht vergaß und sich immer wieder zu Gesten hinreißen ließ, die es ihm später, nach der Eroberung Jerusalems, verwehren sollten, in die Entscheidung rund um die Wahl eines Königs von Jerusalem einzugreifen. Jetzt, da man noch vor der Stadt lagerte, die zu groß war und deren Befestigungen zu gewaltig schienen, um sie vollends einzuschließen und dadurch jeden Nachschub sowie jeden Ausfall der mohammedanischen Soldaten zu unterbinden, jetzt also begann man schon wieder um die Beute, die erst gemacht werden mußte, heftig zu streiten. Begonnen hatte diese unselige Auseinandersetzung damit, daß der Normanne Tankred das Recht beanspruchte, über Bethlehem zu herrschen, das er im Handstreich eingenommen hatte. Dagegen wandte sich die Geistlichkeit mit großer Entschiedenheit, wobei man argumentierte, daß jener Ort, an welchem Christus geboren worden war, unmöglich einen weltlichen Beherrscher dulden konnte. Diese Meinung vertraten auch viele Fürsten, wobei man allerdings nicht mit Sicherheit behaupten kann, daß es ausschließlich religiöse Motive waren, die ihr Urteil beeinflußten. Denn fast jeder dieser europäischen Ritter, die sich bis Jerusalem durchgeschlagen hatten und nunmehr nichts anderes vorweisen konnten als den fragwürdigen und wenig einträglichen Ruhm, an einem grandiosen militärischen Unternehmen beteiligt zu sein, war eifersüchtig auf die Erfolge eines Balduin und Bohemund – um nur die beiden berühmtesten Namen zu nennen, denn auch andere, weniger bedeutende Ritter hatten es in der Zwischenzeit verstanden, sich ein Lehen zu erobern, eine Ortschaft, eine Handvoll Dörfer untertan zu machen, über die sie nun nach Belieben verfügen konnten –; fast jeder Ritter also wollte es einem Bohemund, einem Balduin gleichtun und wartete nur auf eine Gelegenheit, um das zu realisieren, was unausgesprochen alle beherrschte: Landnahme im Namen Christi. Andererseits mißgönnte man einem erfolgreicheren oder rücksichtsloseren Konkurrenten jede Eroberung, aus der man selbst keinen Nutzen zu ziehen vermochte. Und daß nun die Fahne des Normannen Tankred von der Geburtskirche des Erlösers wehte, mißfiel manchem Ritter nicht so sehr aus religiösen Gründen – wie das von einigen frommen Chronisten behauptet wird –, sondern dieses Unbehagen hatte andere, handfestere Ursachen; der Neid war eine davon.

Aber auch über Jerusalem, das scheinbar unbezwingbar unter der mörderischen Sommerhitze Judäas aus dem elfenbeinfarbenen Felsboden himmelwärts wuchs, machte man sich ehrgeizige Gedanken, während man noch gar nicht wußte, wie man eine Bresche in die starken Mauern schlagen, wie man die mächtigen Bastionen überwinden sollte, die das Heer der Kreuzfahrer von den heiligsten Stätten der Christenheit trennten. Man überlegte sich, während man noch damit beschäftigt war, schweres Belagerungsgeschütz zu konstruieren, in der Tat allen Ernstes schon die Verwaltung der Stadt; ein Teil des Adels trat dafür ein, einen König von Jerusalem auszurufen; andere wollten die Stadt durch die Kirche verwaltet sehen. Es kam zu heftigen Auseinandersetzungen, ohne daß man vorerst imstande gewesen wäre, einen konkreten Entschluß zu fassen. Und währenddem wüteten schwere, heiße Sommerstürme, litten die Soldaten unerträglichen Durst, kam es wieder einmal zu Meutereien und Desertionen und wiederholten sich also alle schlimmen Erfahrungen, die man bereits vor Antiochia gemacht hatte. Mitte Juni unternahmen die meisten Fürsten, allen voran Raimund von Toulouse und Gottfried von Bouillon, die nunmehr als die beiden unangefochtenen Protagonisten des Heeres gelten durften, eine Art Pilgerzug hinauf zum Ölberg, wo ein Eremit lebte, von dem es hieß, er sei zu aufsehenerregenden Visionen fähig. Ihn befragten die Europäer, die in dieser schwierigen Situation keinesfalls davor zurückschreckten, selbst einem finsteren, antichristlichen Aberglauben zu gehorchen, wenn ihnen dadurch bloß eine Ermutigung für ihr schwieriges Vorhaben zuteil wurde. Der Einsiedler, über den wir nichts Näheres wissen, scheint die Fürsten nachdrücklich ermutigt zu haben, bereits am nächsten Tag einen Sturmangriff gegen Jerusalem zu unternehmen, der, wie er sich wohl ausgedrückt haben dürfte, erfolgreich sein würde, wenn sie, die Pilger aus Europa, nur den rechten Glauben hätten. Es ist fast überflüssig zu sagen, daß dieser Angriff, der ohne technische Hilfsmittel vorgetragen wurde, in einer peinlichen Niederlage endete und zahllose nutzlose Opfer kostete.

Wenige Tage später landeten im Hafen von Yaffa sechs europäische Schiffe, darunter zwei genuesische Galeeren unter dem Kommando eines Bruderpaares namens Embriaco. Diese kleine Armada war nur mit Mühe der ägyptischen Flotte entgangen, die wachsam vor der palästinensischen Küste kreuzte; und nunmehr, da man in der Bucht von Yaffa wie in einer Falle saß, hatte man keine andere Wahl, als die Schiffe aufzugeben und die Seeleute dem christlichen Landheer einzugliedern. Was aber wesentlich bedeutsamer war und letztlich mithelfen sollte, daß die Entscheidung über Jerusalem doch noch zugunsten der Christen ausfiel, war der Umstand, daß man die gesamte Schiffsfracht bergen konnte; und darunter befanden sich alle jene Materialien, die man für den Bau von Belagerungstürmen dringend benötigte; denn ohne solche Türme, die mehrere Stockwerke hoch waren und die man auf gewaltigen Rädern gegen die hochaufragenden Mauern rollen konnte, um dann von mehreren geschützten Plattformen aus die arabischen Soldaten sozusagen von gleicher Höhe aus zu bekämpfen, ohne diese hölzernen Ungetüme – die damals freilich das modernste Kriegsgerüst darstellten, gleichsam der letzte Schrei waren, was an technischem Rüstzeug eingesetzt wurde – war an einen erfolgreichen Angriff auf Jerusalem gar nicht zu denken.

Aber wieder benötigte man die nachdrückliche Hilfe eines Visionärs, war der Auftritt eines jener Gaukler oder frommen Phantasten notwendig, um das Unternehmen zu einem erfolgreichen Abschluß zu bringen. Denn als Anfang Juli erste Nachrichten darüber ins Lager der Christen drangen, daß ein gewaltiges arabisches Entsatzheer für Jerusalem aus Ägypten aufgebrochen sei, sank die ohnedies gedämpfte Stimmung unter den europäischen Soldaten ins Bodenlose. Wieder kam es zu Massendesertionen, entfernten sich ganze Gruppen, um an die Küste zu ziehen und von dort irgendwie nach Europa zu gelangen, während andere wiederum in eine heillose religiöse Ekstase verfielen und zum Jordanfluß hinabwanderten, wo sie einem merkwürdigen Taufzeremoniell gehorchten. Und gerade in diesen Augenblicken, da die Disziplin der Truppe gefährlich nachzulassen begann, trat ein gewisser Peter Desiderius in Erscheinung, ein Priester, der sich bei früheren Gelegenheiten bereits dadurch auffällig gemacht hatte, daß er visionäre Bilder erzählt, Traumgesichte berichtet hatte, denen man damals allerdings keine besondere Aufmerksamkeit geschenkt hatte, da man zu jener Zeit noch mit den Geschichten eines Peter Bartholomäus beschäftigt gewesen war.

Nunmehr jedoch schien man eher geneigt, jedem Fingerzeig Gottes zu gehorchen; außerdem brachte dieser Priester den Bischof Adhemar von Le Puy ins Spiel, einen Mann also, der auch jetzt noch, Monate nach seinem Tod, im Heer allerhöchstes Ansehen genoß. Der Bischof, so berichtete Peter Desiderius, sei ihm im Traum erschienen und habe ihm nachdrücklich aufgetragen, die Kreuzfahrer zu ermahnen, daß sie von ihren allzu ehrgeizigen und hoffärtigen Plänen ablassen und sich nur noch auf das hohe Ziel konzentrieren sollten, nämlich auf die Eroberung Jerusalems. Und das würde ihnen auch gelingen, und zwar innerhalb weniger Tage, wenn sie bloß ernsthaft dazu bereit wären, eine strenge Fastenzeit abzuhalten und dann barfuß eine fromme Prozession zu veranstalten, die rings um die Mauern der Stadt führen mußte. In der weiteren Folge, so der Geistliche, der sich als Sprachrohr des toten Bischofs ausgab, stünde einem erfolgreichen Angriff auf Jerusalem nichts mehr entgegen.

Und die Fürsten und Ritter, die sich als die Elite der europäischen Aristokratie betrachteten, gehorchten auch diesmal wieder den Erzählungen eines halbverrückten oder auch nur ungemein phantasiebegabten Mannes, beugten sich neuerlich dem düsteren Aberglauben jenes Zeitalters, das manchmal die glänzendsten Leistungen überhaupt erst dadurch ermöglichte, daß es sich dem Irrationalen bedingungslos unterordnete. Und so machte sich das ganze christliche Heer nach einer dreitägigen Fastenzeit an einem Freitag, es war der 8. Juli 1099, auf den Weg rund um die Mauern Jerusalems, wobei jedermann barfuß über den glutheißen Boden schritt, voran die Bischöfe und Priester, alle mit irgendwelchen Reliquien beladen – oder was man eben dafür gehalten hat –, dahinter die stolzen Fürsten, die Ritter, die Soldaten, auch der Troß mit den Frauen und Kindern: Eine düstere und zugleich ergreifende Prozession muß es gewesen sein, die singend und betend Jerusalem umkreiste, inbrünstig an Gott und das Gelingen der guten Sache glaubend und in Wahrheit von einem abergläubischen

Fieber erfaßt, das dann noch durch eine fanatische Predigt Peters gesteigert wurde, jenes Propheten und angeblichen Einsiedlers, der vom Anbeginn dieses Heiligen Krieges dessen leidenschaftlichster Propagandist gewesen ist.

Einige Tage später, in der Nacht vom 13. auf den 14. Juli, begann dann der entscheidende Angriff auf Jerusalem, der, wäre er gescheitert, zweifellos das Ende des Kreuzzuges bedeutet hätte. Durch den Chronisten Raimund von Agiles wissen wir, daß die Zahl der kampffähigen Männer nur noch annähernd 15 000 betrug, wovon überdies an die zweitausend Pilger, die sich in den Monaten zuvor dem Heer angeschlossen hatten, nicht als vollwertige Soldaten zu zählen waren. Um so bewundernswerter oder erstaunlicher erscheint uns daher auch heute noch der Mut, die Todesverachtung, mit welcher sich diese dezimierte und erschöpfte Armee über die gewaltigen Mauern Jerusalems und einen ausgeruhten, gefährlichen Feind warf.

Die Schlacht um Jerusalem dauerte zwei Tage. Sie begann damit, daß die Leute Gottfrieds und Raimunds jene riesigen hölzernen Belagerungstürme, die man in den letzten Tagen und Wochen errichtet hatte, langsam bis dicht an die Stadtmauern heranschoben, so daß es schließlich gelang, von diesen Türmen Sturmbrücken an den Mauerkronen zu befestigen, damit jetzt – und da war schon die erste Nacht verstrichen – flämische und lothringische Ritter eine erste tiefe Bresche in die Reihen der Verteidiger schlagen konnten. Eine besondere Rolle spielte dabei der Normanne Tankred, dem es als erstem Ritter gelang, über die Verteidigungswälle hinweg ins Innere der Stadt vorzudringen und bis zum heiligen Bezirk des Felsendoms und der Al-Aksa-Moschee vorzustoßen, wo er mit blutiger Gewalt den Versuch der Araber vereitelte, die berühmte Moschee in eine Festung zu verwandeln. Und hier begann auch bereits jenes schreckliche Gemetzel, dem letztlich nur der Statthalter und seine Leibgarde entgehen sollten, denn Iftikhar hatte sich, nachdem er das Ausmaß der Niederlage und die Aussichtslosigkeit seiner Bemühungen erkannt hatte, die Stadt doch noch zu halten, von Raimund durch eine beträchtliche Summe losgekauft. Selbst Wilhelm von Tyrus, der in den letzten Monaten gewiß manche abscheuliche Szene miterlebt hatte, entsetzte sich über den Anblick, den die christlichen Sieger boten: »Man konnte nicht ohne Entsetzen diese Menge von Toten sehen, und der Anblick der Sieger, die von Kopf bis Fuß mit Blut bedeckt waren, war nicht minder entsetzlich.« – Ein anonymer Teilnehmer an diesem Gemetzel schrieb erschüttert: »Niemand hat jemals von einem ähnlichen Blutbad unter dem heidnischen Volk gehört oder es gesehen. Scheiterhaufen gab es wie Ecksteine, und niemand außer Gott kennt ihre Zahl.« – Wahrscheinlich bezog sich der Chronist dabei auf die Holzstöße, auf die man die Leichen der erschlagenen arabischen und sudanesischen Soldaten sowie jene der ermordeten Einwohner Jerusalems legte, um sie zu verbrennen, weil man befürchten mußte, daß andernfalls eine Seuche ausbrechen könnte.

Dieses Blutbad von Jerusalem, das weder Kinder noch Frauen verschonte und bei welchem wieder einmal auch die Juden, die sich vor den rasenden Kreuzfahrern in eine Synagoge geflüchtet hatten, erbarmungslos ausgerottet wurden, indem man das jüdische Gebetshaus einfach anzündete und den verzweifelten Opfern jede Möglichkeit verwehrte, sich ins Freie zu retten, dieses Blutbad kostete nahezu der gesamten Bevölkerung der Stadt das Leben. Arabische und christliche Augenzeugen und Geschichtsschreiber berichteten übereinstimmend von »häuserhohen Leichenhaufen«, während andere wieder beeindruckt davon erzählten, wie groß die Beute war, welche die plündernden und mordenden Sieger in den verlassenen Häusern der Stadt machten. Es scheint dies tatsächlich so etwas wie eine kollektive Raserei gewesen zu sein, welche die Kreuzfahrer in dem Augenblick überwältigte, als sie erkennen durften, daß der Widerstand des Feindes gebrochen war und die Stadt sich ihnen wehrlos ausliefern mußte. Denn irgendein militärischer Anlaß für diesen ekelhaften Massenmord war nicht gegeben. Auch hatten sich die Araber tapfer gewehrt, so daß sie wohl die Achtung der Sieger verdient hätten. Ebenso schien es gegen jede Vernunft, die Juden Jerusalems vollkommen zu vernichten. Am erschütterndsten mutet die Tatsache an, daß keiner der Fürsten diesem mörderischen Treiben ein Ende setzte oder zumindest den Versuch unternahm, sich dem Blutrausch seiner Ritter und Soldaten entgegenzustellen. Lediglich von Tankred wissen wir, daß ihn »beim Anblick der enthaupteten Feinde Entrüstung erfüllte«. – Dafür wüteten Mönche und Priester mit besonderem Eifer gegen das Leben der Mohammedaner; und selbst ehrwürdige Bischöfe waren blutbesudelt.

Die Ernüchterung kam erst später. Mancher einsichtsvolle Christ begriff, daß der moralische Preis für die Eroberung Jerusalems zu hoch gewesen war. Außerdem hatte das Massaker auch politische Folgen, die der Kreuzzugsidee in den folgenden Jahrzehnten noch verheerenden Schaden zufügen sollten. Denn es begriffen jetzt nicht nur manche Europäer schaudernd, daß sich hinter den schönen Phrasen vom Heiligen Krieg ein gräßlicher Dämon verbarg, der alle christliche Moral aufs entschiedenste Lügen strafte, sondern auch die Araber erkannten, daß diesem rücksichtslosen unmenschlichen Gegner nur mit Rücksichtslosigkeit und Unmenschlichkeit beizukommen war. »Es war dieser blutrünstige Beweis christlichen Fanatismus, der den Fanatismus des Islam neu entfachte. Als klügere Lateiner sich in späteren Zeiten im Osten bemühten, eine gemeinsame Grundlage für das Zusammenwirken von Christen und Mohammedanern zu finden, stand die Erinnerung an dieses Gemetzel immer im Weg.« (S. Runciman)

Der Sieg war also ein vollkommener. Und Jerusalem, auch wenn es jetzt eine entvölkerte, verwüstete und völlig ausgeplünderte Stadt war, durfte sich wieder zu Recht als eine von Mohammedanern und Juden befreite oder eigentlich gesäuberte heiligste Stadt der Christenheit betrachten. Allerdings – und das konnten die triumphierenden europäischen Fürsten natürlich noch nicht vorhersehen, die am 17. Juli, also nur zwei Tage nach dem Fall der Stadt, zusammengekommen waren, um einen aus ihrer Mitte zum Herrscher über die heilige Stadt zu ernennen – sollte der Urheber dieses ganzen Unternehmens, Papst Urban II., am 29. Juli 1099 sterben. Es ist wenig wahrscheinlich, daß ihn, bevor er die Augen für immer schloß, noch eine Nachricht von diesem glänzendsten Triumph der Christenheit erreichen würde, einem Triumph, der bald ganz Europa in freudige Unruhe versetzen, eine neue Welle der Begeisterung zugunsten des Heiligen Krieges auslösen und viele geschäftstüchtige Spekulanten ebenso wie manchen honorigen Kaufmann kühne Pläne wälzen lassen sollte, was freilich alles im Widerspruch stand zur eher erbärmlichen, tragischen Biographie dieses Ersten Kreuzzuges, der sich von Zufall zu Zufall und allzeit bedroht von Tragödien vorangeschleppt hatte und eine schreckliche Spur der Verwüstung hinterließ, bis er entgegen den vernünftigen Erwartungen sein hochgestecktes Ziel erreichte, was nunmehr allen jenen, die daran teilgenommen hatten, ohnedies wie ein Wunder erscheinen mußte. Aber in Europa ahnte man nichts von den düsteren und gelegentlich auch absurden Begleitumständen. In Europa jubelte man, läuteten die Kirchenglokken, quollen die Kirchen über, in denen Dankmessen für die Rückeroberung Jerusalems abgehalten wurden, rüsteten zahlreiche junge Ritter zum Aufbruch ins Heilige Land, wo, wie sie fest überzeugt waren, Milch und Honig flossen und reiche Fürstentümer nur darauf warteten, mit starker Hand erobert zu werden. Genua, Pisa, Venedig entsandten jetzt, da die Zeit des vorsichtigen Taktierens und geschickten Zögerns endgültig vorbei schien, Handelsflotten in die Levante; auch englische und skandinavische Schiffe segelten der aufgehenden Sonne entgegen. Ein Fieber hatte die Menschen erfaßt, das wohl vergleichbar schien mit jener entschlossenen Leidenschaft, die einige Jahrhunderte später die abenteuerlichsten und kühnsten Charaktere Spaniens in die Neue Welt treiben sollte.

Und der Verursacher all dessen, Papst Urban II., dem es bis zur Stunde seines Todes nie wirklich vergönnt gewesen war, als wahrer Fürst der Kirche aufzutreten, weil ihm Rom, die Hauptstadt der Christenheit, nie vollkommen untertan wurde, er, der Größeres, Folgenreicheres geleistet hatte als sein Lehrmeister Gregor VII., dessen geniale Idee vom Heiligen Krieg er nicht nur verwirklicht, sondern über die erahnten Möglichkeiten hinaus zum lebenswichtigen Sieg des Westens über den Osten geführt hatte, er also, Urban, ohne dessen radikalen Einsatz dieser Feldzug, der jetzt zum Triumph geworden war, niemals möglich gewesen wäre, er starb wie irgendein Verbannter in einem finsteren, fast ärmlichen Palast, der einem seiner wenigen römischen Beschützer gehörte. Und selbst sein Leichnam mußte auf gefährlichen Umwegen durch Trastevere nach St. Peter gebracht werden, weil immer noch die Masse der Römer seine Gegner unterstützte, weil nach wie vor die beklagenswerte Zerrissenheit der Kirche andauerte, was freilich bloß ein Spiegelbild des allgemeinen Unheils war, das überall in Europa und in der Levante regierte. Es bot die Christenheit im Augenblick ihres vollkommensten Sieges ein erbarmungswürdiges und zugleich verabscheuungswürdiges Bild. Und es sank mit dem Papst einer jener wenigen Männer ins Grab, deren charakterliche Vorzüge, deren Mut, Intelligenz, Weitblick und kühne Entschlossenheit dieses düstere Bild ein wenig erhellt hatten.

Denn der Tod hielt in jenem Jahr 1099 gerade unter den Besten reiche Ernte, soweit es diesen Ersten Kreuzzug betraf. Bischof Adhemar war tot; und der Bischof von Orange, einer der tüchtigsten Charaktere unter den Vertrauten Adhemars, war ihm wenig später nachgefolgt. Schließlich war auch der Patriarch von Jerusalem, Symeon, ein ehrwürdiger Greis, der die Achtung der lateinischen Christen wohl verdient hatte, in der Verbannung auf Zypern gestorben, was jetzt, da die Fürsten sich anschickten, in Jerusalem eine Monarchie zu etablieren, für einige Verlegenheit sorgte. Denn die erste Frage, welche diese Versammlung, die am 17. Juli in Jerusalem zu tagen begonnen hatte, sogleich heftig bewegte, war die nach der Wahl eines

Patriarchen, der als Oberhaupt sowohl der orthodoxen als auch der lateinischen Christen allgemeine Anerkennung finden mußte. Es zeigte sich nämlich, daß der militärische Erfolg über die fatimidische Armee diese Probleme nicht aus der Welt geschafft, sondern sie eher noch vergrößert hatte, daß also mit der Eroberung Jerusalems gleichsam erst ein Tor aufgestoßen war in ein Niemandsland, das es nun mit brauchbaren Ideen und charakterstarken Figuren zu besetzen galt. Die christliche Bevölkerung, die jetzt zurückströmte in die befreite Stadt, war mehrheitlich orthodox; viele syrische, armenische, griechische und koptische Christen betrachteten mit wachsendem Mißtrauen, das sich bald zum unverhüllten Haß steigern sollte, die selbstgefällige Betriebsamkeit der europäischen Christen, deren Geistlichkeit und deren weltliche Führer sich rasch darauf geeinigt hatten, Jerusalem zu latinisieren, das heißt, die vorgegebene geistliche Situation durch kolonialistische Maßnahmen nach ihren eigenen, reichlich egoistischen Vorstellungen zu reformieren. Denn nicht nur unter den Fürsten gab es Widerspruch und häßliche Intrigen; auch die Priester waren in zwei Lager gespalten: Es bekämpfte die europäische Geistlichkeit voll erbitterter Eifersucht die Anführer der rechtgläubigen Griechen und Syrer und auch jene der Jakobiter und Kopten. Ein Beispiel für die Heillosigkeit, die sich schon wenige Tage nach dem Fall Jerusalems aller Christen bemächtigt hatte, war der entwürdigende Streit um eine der kostbarsten Reliquien der Christenheit; das war ein Stück vom Kreuz Christi – zumindest behaupteten dies die Verwalter der Reliquie –, das dem Zugriff der Sieger entzogen worden war.

Und erst als die europäischen Bischöfe, unterstützt von den Fürsten, mit der Folter drohten und Soldaten ausgesandt wurden, um das Versteck dieser Reliquie auszukundschaften, gab die orthodoxe Geistlichkeit nach. Aber ihre Erbitterung war groß. Die später folgende endgültige Spaltung der Christenheit in ein westliches und ein östliches Lager wurde durch solche Ereignisse ungemein begünstigt.

Es tagten also die Fürsten, um die geistliche und weltliche Ordnung in Jerusalem wiederherzustellen. Ein Patriarch war in der Person des italienischen Normannen Arnulf von Marturana verhältnismäßig rasch gefunden, obgleich die Südfranzosen heftig dagegen opponierten, wobei uns ihre Argumentation ein düsteres Bild vom Charakter dieses Mannes vermittelt, der, nachdem er am 1. August gewählt worden war, sogleich die Priester der orthodoxen Gläubigen aus der Grabeskirche verbannte und dafür zwanzig europäische Domherren einsetzte, die am Heiligen Grab täglich Gottesdienste abzuhalten hatten; das war eindeutig ein Bruch mit der bisher geübten geistlichen Tradition, denn selbst unter der Herrschaft der Türken und Fatimiden waren die Altäre und Riten der verschiedenen christlichen Sekten in der Grabeskirche unangetastet geblieben. Im übrigen aber scheint Arnulf von Marturana, dem seine Gegner Sittenlosigkeit und mangelnde geistliche Ausbildung vorwarfen, ein durchaus vernünftiger Politiker gewesen zu sein, der sich in die Angelegenheiten der weltlichen Fürsten nicht einmischte, was freilich eine Tugend war, die der Not gehorchte, denn bei den meisten Fürsten erreichte Arnulf nicht jene Achtung, die seinem hohen Rang entsprochen hätte. Es scheint überhaupt die allgemeine Unordnung, die Verwirrung unter den Kreuzfahrern nunmehr, da sie das ersehnte Ziel erreicht hatten, größer als je zuvor gewesen zu sein, geradeso, als wüßten sie mit dem Sieg, den sie errungen hatten, plötzlich nichts mehr anzufangen. Graf Raimund zum Beispiel, der bald erkennen mußte, daß die Mehrzahl der Fürsten gegen seine Ernennung zum König von Jerusalem eintrat, weil man ihm seinen übersteigerten Ehrgeiz nicht verzeihen konnte, mit welchem er das Oberkommando über die Armee angestrebt und auch erreicht hatte, ohne aber tatsächlich ein glänzender Heerführer zu sein –, Graf Raimund verließ enttäuscht Jerusalem und pilgerte mit vielen seiner Männer hinab zum Jordan, wo er sich seltsamen und wenig frommen Exerzitien unterwarf. Schließlich schlug er in Jericho sein Feldlager auf. Im Heer selbst hatten sich Sekten gebildet, die bald einen merkwürdigen Einfluß ausübten. Frömmigkeit entartete zum übersteigerten Mystizismus, christliche Demut und Askese verwandelten sich in ein Ritual, das in den nachfolgenden Jahrzehnten in Europa noch weitreichende Folgen haben sollte. Guibert von Nogent lieferte darüber eine genaue Schilderung: »Außerdem gab es im Heer eine andere Art von Menschen, die immer barfuß gingen, keine Waffen trugen, nicht das geringste Geld haben durften und die, ekelhaft wegen ihrer Entblößung und Dürftigkeit, vor allen anderen herzogen und sich von Wurzeln, Kräutern und den gröbsten Erzeugnissen des Erdbodens nährten. Ein aus der Normandie stammender Mann, der, wie man sagt, durchaus nicht von dunkler Herkunft und dennoch Ritter zu Fuß geworden war und kein Lehen besaß, sah diese Menschen überall als Vagabunden herumirren; er legte seine Waffen und die Kleider ab, die er gewöhnlich trug, und wollte sich zu ihrem König machen. Er begann damit, einen Namen aus der barbarischen Sprache des Landes anzunehmen und ließ sich den »König der Tafurs« nennen; man nennt nämlich Tafur unter den Heiden diejenigen, die wir, um literarisch zu reden, Landstreicher nennen, das heißt, Menschen, die leichtsinnig ein Vagabundenleben führen.«

Es scheint die Kreuzfahrer eine allgemeine Erschöpfung ergriffen zu haben, die nicht bloß eine körperliche, sondern mehr noch eine geistige war. Jetzt, da keine Wegstrecke mehr zu bewältigen, keine unvorhergesehene Schwierigkeit mehr zu meistern und keine starkbefestigte Stadt mehr zu bezwingen war, da also alles getan schien, was den erfolgreichen Abschluß dieses Heiligen Krieges sicherte, erschlaffte die Anspannung der Männer, verwandelte sich ihre fromme Begeisterung in Lethargie oder schlug sie um in eine Raserei, die sich in manchen extremen Fällen sogar gegen die Grundlagen des christlichen Glaubens wandte. Man hatte die heiligsten Stätten der Christenheit erobert und die christlichen Brüder in Jerusalem aus ihrer Knechtschaft befreit, ohne ihnen, die unter den Arabern keineswegs gelitten hatten, eine umfassende Freiheit zu gewähren. Aber nun hatte es den Anschein, als wüßten die Pilger, die längst abgestumpft und völlig verroht waren, mit ihrem Erfolg nichts Rechtes mehr anzufangen. Die alten Intrigen entflammten von neuem mit unverminderter Heftigkeit. Es standen die verschiedenen Nationen einander feindselig gegenüber. Und es brachen jene Gegensätze wieder auf, die schon in Europa zu unaufhörlichem Bruderkrieg und Blutvergießen geführt hatten. Einen ernsthaften Gedanken darauf, daß nicht der Krieg, sondern lediglich eine weitere Schlacht gegen den mohammedanischen Gegner gewonnen worden war, erwog man erst gar nicht. Jerusalem und Bethlehem waren bezwungen, die Banner der europäischen Fürsten wehten von der Geburts- und der Grabeskirche, des Papstes Auftrag war zufriedenstellend befolgt, Gottes Wille war erfüllt worden; jetzt galt es, an den eigenen Vorteil zu denken. Eine Fortsetzung des Krieges schien allen unvorstellbar. Gelegentlich eine Schlacht, manchmal ein Beutefeldzug, mitunter eine Eroberung: Das entsprach den Vorstellungen dieser Krieger, deren frommer Idealismus mit jedem Tag, den sie länger in Jerusalem und mit ihren Intrigen und eifersüchtigen Auseinandersetzungen zubrachten, zum rücksichtslosen Egoismus entartete. Es fehlte ihnen der formende Wille eines Regisseurs, wie der Papst einer gewesen war, wie Adhemar von Le Puy einer zu sein versucht hatte. Es mangelte ihnen überdies an Phantasie, um sich vorzustellen, was nun, da alles getan schien, wirklich zu tun sei. Das Verhängnis, an dem letztlich die Kreuzzugsidee kläglich scheitern sollte, hatte praktisch mit dem Tag begonnen, da der erste europäische Ritter die Festungswälle Jerusalems mit dem Schwert in der Hand betreten hatte.

Und nun also das umständliche Procedere einer Königswahl, zu der eigentlich niemand autorisiert war, da nach der Meinung der Geistlichkeit und der meisten Pilger Jerusalem nicht irgendeiner weltlichen Herrschaft untergeordnet werden durfte. Aber diese moralischen Bedenken wurden von jenen, die sich immer schon ein europäisches Königreich in der orientalischen Levante erträumt hatten, mit ebensolcher Leichtigkeit zerstreut, wie es ihnen gelang, die führenden Geistlichen dazu zu gewinnen, diese absonderliche Wahl zu unterstützen, damit das illegale Schauspiel, das hier inszeniert wurde, einen legalen Anstrich erhielt. Immerhin durfte die Mehrzahl der sogenannten Wahlmänner, die sich nun mit den verschiedenen Kandidaten für eine Krönung in Jerusalem beschäftigten, aus jenen Bischöfen bestanden haben, die noch wenige Tage zuvor voll eiferndem Fanatismus die Soldaten ermutigt hatten, Juden und Mohammedaner abzuschlachten. Unterstützung fanden sie jetzt durch einige auserwählte Ritter, von denen natürlich jeder die Interessen seines Herrn zu fördern suchte, so daß wir uns diese Wahl als ein recht würdeloses Spektakel vorstellen dürfen, bei welchem Scheinheiligkeit, übersteigerter Ehrgeiz und schamlose Lüge triumphierten.

Zur Wahl standen Raimund von Toulouse, Gottfried von Lothringen, Robert von Flandern und Robert von der Normandie. Raimund, der kriegserfahrene Graf von St. Gilles, dem nach Alter und Reputation die Krone eigentlich wie selbstverständlich in den Schoß hätte fallen sollen, war der Maßlosigkeit wegen, mit der er sich von seiner Eitelkeit hatte beherrschen lassen, wenig beliebt. Und da nach den Vorstellungen aller der Herrscher über Jerusalem eher ein untadeliger Christ denn ein erfolgreicher oder ehrgeiziger Soldat sein sollte, trug man ihm die Krone zwar an, erledigte dies aber auf eine Art und Weise, die es Raimund unmöglich machte, die Wahl, die in diesem Fall eher ein Akt der Verlegenheit war, tatsächlich anzunehmen.

Er wußte, daß er nicht beliebt war. Und er wußte wohl auch, mit welchen Schwierigkeiten er innerhalb seiner eigenen Fraktion würde rechnen müssen, sollte er die ohnedies nur zögernde Entscheidung zu seinen Gunsten akzeptieren. Es war eine vernünftige Entscheidung, die Krone abzulehnen. Aber es muß für Raimund qualvoll gewesen sein, denn seine unmittelbare Reaktion darauf war sein Abzug aus Jerusalem.

Nachdem Robert von Flandern und Norbert von der Normandie nachdrücklich darauf bestanden, nach Europa zurückzukehren und Tankred, der vor allem von den Soldaten favorisiert wurde, seiner verwandtschaftlichen Bindung mit Bohemund wegen erst gar nicht in Betracht gezogen wurde, blieb Gottfried von Bouillon, der sich allgemeiner Wertschätzung erfreute und, was in diesem besonderen Fall wohl den Ausschlag gegeben haben dürfte, den Ruf eines frommen Mannes und mustergültigen Ritters besaß. Die Abgefeimtheit, derer er noch kurz vor seinem Aufbruch in den Orient in seiner Heimat fähig gewesen war, als er die lothringischen und rheinischen Juden durch einen Akt gemeiner Erpressung dazu gebracht hatte, an ihn hohe Summen auszuzahlen, war, so schien es, längst vergessen. Außerdem galten die Juden ohnedies als vogelfrei, als Vertreter einer minderwertigen Rasse, die zu vertilgen ein gottgefälliges Werk war; die Ermordung der jüdischen Minderheit in Jerusalem hatte diese Haltung nachdrücklich bestätigt. Man darf sogar annehmen, daß jene Anklage, derer sich Gottfried in Lothringen bedient hatte, um den Juden Geld abzupressen, nämlich sie als Mörder Christi anzuprangern, jetzt bei der Wahl zugunsten des Herzogs durchaus positiv vermerkt wurde. Ein Mann, welcher der christlichen Idee sozusagen an allen Fronten und bei jeder Gelegenheit dienlich zu sein wünschte und der die Feinde der Religion auf eine Weise bestrafte, die ihm selbst einen nicht unerheblichen materiellen Vorteil einbrachte, mußte wohl auch hervorragend geeignet sein für das hohe Amt eines Königs von Jerusalem.

Aber Gottfried von Bouillon zauderte; oder zumindest gab er vor, sich dieses ehrenvolle Angebot noch überlegen zu müssen. Im übrigen lehnte er, als er endgültig in die Wahl einwilligte, die Königskrone ab. Er bestand darauf, nichts anderes zu sein als ein Advocatus Sancti Sepulchri, ein Vertreter und Verteidiger des Heiligen Grabes, eine Haltung, die, ohne daß wir über ihre Ursachen und Hintergründe Bescheid wissen, gewiß Achtung verdient, zumal sie zu bestätigen scheint, daß der gewichtigste Vorzug dieses ersten und allerdings ungekrönten Königs von Jerusalem seine tiefe Frömmigkeit war. Sein Nachfolger, nämlich sein Bruder Balduin, der jetzt noch in Edessa regierte, würde sich voll ungestümer Heftigkeit die Krone des Königs von Jerusalem aufs Haupt drücken und dieses christliche Königreich in Palästina weniger durch Frömmigkeit als durch energische Rücksichtslosigkeit und eine Politik, die er mit harter Hand durchsetzte, zu einer europäischen Enklave inmitten der orientalischen Welt machen. Gottfried, der sich in der Tat als nichts anderes denn als einen Beschützer des Heiligen Grabes betrachtete und dessen politische Fähigkeiten zu ungenügend waren, um ihn einen bedeutenden Herrscher nennen zu können, Gottfried überstrahlt dennoch in der Erinnerung alle seine Mitkonkurrenten. Er würde nunmehr, da er in Jerusalem residierte, an Bedeutung gewinnen, ohne wirklich ein bedeutender Mann zu sein. Und bald sollte sich die Legende seiner bemächtigen, wie überhaupt dieses ganze Unternehmen jetzt, da es erfolgreich abgeschlossen schien, einen legendären Anstrich erhielt, der alle bitteren und ernüchternden Wahrheiten verwischte.

Europa aber triumphierte. Das Papsttum sah sich auf dem Höhepunkt seines Einflusses und seiner Macht. Und in den Kontoren Venedigs, Pisas und Genuas herrschte fieberhafte Tätigkeit, während Scharen landloser Ritter in die Levante aufbrachen, um sich dort eine neue Existenz zu erobern. Das Zeitalter des europäischen Kolonialismus war angebrochen; und noch ahnte niemand, welche schrecklichen Konsequenzen sich daraus ergeben sollten.

Ausgewählte Literatur

[illegible]

Ausgewählte Literatur

Beck, Hans G., *Das byzantinische Jahrtausend.* München 1978, München 1983

Burckhardt, Jacob, *Die Zeit Constantins des Großen.* München 1978

Gabrieli, Francesco, Hrsg., *Die Kreuzzüge aus arabischer Sicht.* München/Zürich 1973, München 1975

Grant, Michael, *Jesus.* Bergisch-Gladbach 1979, Bergisch-Gladbach 1981

Gregorovius, Ferdinand, *Geschichte der Stadt Rom im Mittelalter, vom V. bis XVI. Jhd.* München 1978

Gurjewitsch, Aaron J., *Das Weltbild des mittelalterlichen Menschen.* München 1980

Haupt, Thea, *Wallfahrt in Waffen, Ein Kreuzfahrer-Roman.* Stuttgart 1982

Heer, Friedrich, Hrsg., *Kindlers Kulturgeschichte des Abendlandes.* 22 Bde. München 1974 Bd. 9: Heer, Friedrich, *Frühes Mittelalter.* Bd. 10: Heer, Friedrich, *Hoch- und Spätmittelalter.*

Hoenerbach, Wilhelm, *Islamische Geschichte Spaniens.* München/Zürich 1970

Mayer, Hans E., *Geschichte der Kreuzzüge.* 5. Aufl. Stuttgart 1980

Mayer, Hans E., *Bibliographie zur Geschichte der Kreuzzüge.* Hannover 1960–1965

Pernoud, Régine, Hrsg., *Die Kreuzzüge in Augenzeugenberichten.* München 1971, 2. Aufl. 1980

Pörtner, Rudolf, *Operation Heiliges Grab. Legende und Wirklichkeit der Kreuzzüge.* Düsseldorf 1977, München 1979

Runciman, Steven, *Der erste Kreuzzug.* München 1981.

Runciman, Steven, *Geschichte der Kreuzzüge.* München 1957–1960, 14.–17. Tsd. München 1978

Runciman, Steven, *Kunst und Kultur in Byzanz, Ein Überblick.* München 1978

Schneider, Carl, *Kulturgeschichte des Hellenismus.* 2Bde., München 1967/1969,
dass. in Auswahl: *Die Welt des Hellenismus. Lebensformen in der spätgriechischen Antike.* München 1975

Personenregister

Ortsregister

H

I

J

K

L

M

N

O

Humbert Fink

Ich bin der Herr der Welt
Friedrich II., der Staufer.
Eine Biographie.
320 Seiten mit Namen- und Ortsregister, Leinen.

Kaiser Friedrich II., König von Sizilien und Jerusalem (1194–1250), dieser „vollständigste und genialste Mensch seines Jahrhunderts" (Gregorovius), ist noch heute eine von Mythen und Legenden umwobene Figur.

Für viele seiner Zeitgenossen war der große Staufer der leibhaftige Antichrist – ein Ketzer und Freigeist, über den die Päpste immer wieder ihren Bann verhängen, ja ihn schließlich für abgesetzt erklären. Friedrich hingegen läßt sich als Friedensfürst und Heilsbringer verherrlichen. Für die einen ist er der „wunderbare Verwandler der Welt", für die anderen der „Schrecken der Welt".

Humbert Finks Porträt dieses weit über sein Jahrhundert hinausweisenden Fürsten ist eine Umkreisung: Die Politik hat Vorrang; aber auch die Kulturgeschichte und die Physiognomik des Herrschers kommen nicht zu kurz.